高等职业教育"互联网+"新形态教材

经济法实务

（第四版）

主　编　原秋华　赖文燕　方　烨
副主编　王丽琴　刘轩溢　丰壮丽
　　　　樊忠平　雷　雨

南京大学出版社

图书在版编目（CIP）数据

经济法实务 / 原秋华，赖文燕，方烨主编. -- 4 版.
南京：南京大学出版社，2025. 6. -- ISBN 978-7-305
-28695-7

Ⅰ. D922.29

中国国家版本馆 CIP 数据核字第 2025AQ6383 号

出版发行　南京大学出版社
社　　址　南京市汉口路 22 号　　　　　邮　编　210093
书　　名　**经济法实务**
　　　　　JINGJIFA SHIWU
主　　编　原秋华　赖文燕　方　烨
责任编辑　陈　嘉　　　　　　　　编辑热线　025 - 83592315
照　　排　南京紫藤制版印务中心
印　　刷　南京京新印刷有限公司
开　　本　787 mm×1092 mm　1/16 开　印张 15.75　字数 413 千
版　　次　2025 年 6 月第 4 版
印　　次　2025 年 6 月第 1 次印刷
ISBN 978 - 7 - 305 - 28695 - 7
定　　价　49.80 元

网址：http://www. njupco. com
官方微博：http://weibo. com/njupco
微信公众号：njupress
销售咨询热线：(025)83594756

前　言

　　本书是在一线教学经验总结的基础上，结合新的经济法立法信息，根据与职业岗位关系的密切度，对相关法律法规的内容进行筛选，按照"项目—任务"的基本模式进行重新编排。同时，基于职业教育的应用性要求，本书以案例和实务思考作为基本的编排形式，力求做到理论和实践的有效结合。每个项目前会列举本项目涉及的主要法律法规，拟实现的知识目标、技能目标和素质目标，导入案例等，每个项目后附有项目训练，如选择题、判断题、案例分析题等，以巩固所学知识，真正体现了"教—学—做"相统一的职业教育的特点。

　　本书的内容和编排体现了以下特点：

　　（1）内容新，紧扣最新立法信息。本书力求做到给学习者传达最新知识，在编排的时候充分吸收了新的立法内容，做到与时俱进。

　　（2）实践操作性强。本书的内容是在一线教学和法律实务的基础上精心组织而成的，在编写前编者做了大量的调研和分析，以期能最大限度地满足相关岗位对经济法律法规知识的要求。大部分案例是实际发生并经过改造而来的，也有相当部分的案例是编者在实践中遇到并经过改造而来，有着很强的实践指导意义。在内容的编排上，也体现了较强的操作性。

　　（3）体例编排新颖。我们力求做到编排合理，突出"应用性"的特点。全书分为五大模块，模块下分列项目和任务，每个项目都列举了所涉及的法律法规、知识目标、技能目标、素质目标、导入案例、实务思考、拓展知识等内容，项目后面还附有实务训练题，以加强学生的认识和处理实际法律事务的能力。

　　本书由东莞职业技术学院原秋华、广东理工职业学院赖文燕、东莞职业技术学院方烨担任主编。其中，原秋华负责全书整体结构设计、编写、统稿、审核、修改；赖文燕参与编写、审稿；方烨参与编写和修改工作。广东理工职业学院王丽琴、东莞职业技术学院刘轩溢、广东开放大学丰壮丽、广西机电职业技术学院樊忠平、东莞职业技术学院雷雨担任副主编。

本书的编写得到行业企业：招投研究院（广州）有限公司、三方诚信招标有限公司、广东有德招标采购有限公司等企业高管和业务骨干的鼎力支持；同时得到众多律师同仁及法院法官的支持和帮助，在此一并致谢。

由于编者水平所限，书中纰漏、不妥之处在所难免，恳请同行专家和广大读者批评斧正。

编　者

2025 年 6 月

目　录

第一模块　导论部分

第二模块　市场主体法律制度

第三模块　市场交易法律制度

第四模块　市场管理法律制度

第五模块　纠纷解决法律制度

第一模块 导论部分

项目一
认识经济法

【本项目涉及的主要法律法规文件】

《中华人民共和国民法典》,2021年1月1日起施行,主要涉及第一编总则。

【本项目拟实现的目标】

知识目标:(1)知晓经济法的法律地位。(2)知晓经济法的概念。(3)掌握经济法律关系的三要素。(4)自然人的民事行为能力。(5)法人的特点。(6)代理的种类和效力。

技能目标:(1)能够分析经济法律关系的三要素。(2)能够分析自然人民事行为的效力。(3)识别法人。(4)能够判断民事代理行为的效力。

素质目标:(1)增强法治观念。(2)践行法治、诚信的社会主义核心价值观。

[导入案例]

某时装公司产品积压,急于推销产品、周转资金,便号召每个职工都去销售时装,并宣布凡本公司职工推销出去的时装,按合同标的总额的百分比发给奖金。该公司女职员张某有一位朋友李某在某百货公司当业务员,张某就去找李某帮忙。

百货公司进货都得领导批准,最近该百货公司刚进了几批时装,所以领导不会同意进货。但李某有盖过章的空白合同书,为讨好张某,李某就用它和张某签订了一份购买时装公司10万元时装的服装买卖合同,交给了张某。张某向领导交差后,时装公司很高兴,按规定发给了张某一大笔奖金。不久,时装公司按这份合同给百货公司发去了价值10万元的时装,并通过银行托收货款。百货公司的负责人得知此事后,认为其从未授权李某购买过这批货,所以他们不能对此负责,并通知银行拒付货款。时装公司则认为,合同上盖了百货公司的公章,怎么能说没有授权呢?时装公司为了履行这一合同,开支了一大笔钱,因此他们坚持合同必须履行,双方协商不成,时装公司起诉至人民法院。

【问题】

1. 本案中是否存在经济法律关系?

2. 本案涉及哪些民事主体?

3. 李某与百货公司之间是否存在代理关系?代理行为是否有效?

任务一　认识经济法在社会生活中的地位

【案例 1-1】　2025 年 6 月 27 日,修订的《中华人民共和国反不正当竞争法》(简称《反不正当竞争法》)自 2025 年 10 月 15 日起施行,这是 1993 年《反不正当竞争法》实施以来第三次修订。修订后的《反不正当竞争法》多处涉及数字经济领域的内容,如互联网领域的不正当竞争行为,一部分属于传统不正当竞争行为在互联网领域的延伸,一部分则属于互联网领域大数据、人工智能中特有的、利用技术手段进行的不正当竞争行为。

【问题】
1. 我国立法对互联网不正当竞争行为进行规制是否属于经济法的调整范围?
2. 什么是经济法?

一、法律基础

(一) 法和法律的概念
法是由国家制定或认可,并由国家强制力保证实施的,反映统治阶级意志的规范体系。

(二) 法的本质和特征

1. 法的本质
法的本质是统治阶级意志的体现,统治阶级意志内容由统治阶级的物质生活条件所决定。

2. 法的特征
法作为一种特殊的行为规则和社会规范,不仅具有行为规则、社会规范的一般共性,还具有自己的特征:
(1) 法是经过国家制定或认可才得以形成的规范,具有国家意志性。
(2) 法凭借国家强制力的保证而获得普遍遵循的效力,具有强制性。
(3) 法是确定人们在社会关系中的权利和义务的行为规范,具有利导性。
(4) 法是明确而普遍适用的规范,具有规范性。

(三) 法的形式与分类

1. 法的形式
我国法的形式主要包括以下几种:
(1)《中华人民共和国宪法》(简称《宪法》)(具有最高的法律效力):全国人民代表大会制定。我国现行宪法是 1982 年宪法,至今经过 5 次修改(1988 年、1993 年、1999 年、2004 年、2018 年)。
(2) 法律(法律效力仅次于宪法):① 基本法律,由全国人民代表大会制定;② 其他法律,由全国人大及其常务委员会制定。
(3) 行政法规(法律效力次于宪法和法律,高于地方性法规):国务院制定的规范性文件。
(4) 地方性法规:省级人大及其常务委员会、地方人大及其常务委员会制定的规范性文件。
(5) 自治法规:民族自治地方的人民代表大会制定的规范性文件。
(6) 特别行政区法律。

（7）行政规章：① 部门规章，由国务院所属部委制定的规范性文件；② 地方政府规章，由地方人民政府制定的规范性文件。

（8）国际条约。

提示：法院的判决书、裁定书等非规范性文件不是法的形式。

【拓展】 法的效力等级

形　式		效　力	制定机关
宪法		最高	全国人民代表大会
法律		仅次于宪法	全国人民代表大会及其常务委员会
法规	行政法规	次于宪法和法律	国务院
	地方性法规	低于行政法规	省级、自治区、直辖市的人大及其常务委员会
	自治法规		民族自治地方（自治区、自治州、自治县）的人大及其常务委员会
特别行政区的法			全国人民代表大会
行政规章	部门规章	不得与上级和同级地方性法规相抵触	国务院各部委及直属机构
	政府规章		省、自治区、直辖市和较大的市的人民政府
国际条约			国家之间

2. 法的分类

根据不同的标准，可以对法做不同的分类。

成文法和不成文法	根据法的创制方式和发布形式所做的分类
根本法和普通法	根据法的内容重要性、效力层级和制定修改程序的严格程度所做的分类
实体法和程序法	根据法的内容所做的分类
一般法和特别法	根据法的空间效力、时间效力或对人的效力所做的分类
国际法和国内法	根据法的主体、调整对象和渊源所做的分类
公法和私法	根据法律运用的目的所做的分类

（四）法律部门与法律体系

法律部门又称部门法，是指根据一定标准和原则所划定的同类法律规范的总称。法律部门划分的标准首先是法律调整的对象，即法律调整的社会关系。

根据九届人大常委会的意见，我国现行法律体系划分为以下七大法律部门：

（1）宪法及宪法相关法；

（2）民法商法；

（3）行政法；

（4）经济法；

（5）社会法；

（6）刑法；

（7）诉讼与非诉讼程序法。

我国的诉讼制度分为刑事诉讼、民事诉讼、行政诉讼三种。发生经济纠纷,除诉讼外,还可以通过仲裁这种非诉讼的方式解决。

二、经济法概述

经济法体现的是国家对经济生活的干预,是平衡协调市场与国家的法。它对经济生活的法律调整始终坚持平衡协调原则,从整个国家的经济协调发展和社会整体利益出发,协调经济利益关系,以促进、引导或强制实现社会整体目标与个体利益目标的统一,这在本质上决定了经济法在构建社会秩序中必然发挥重要作用。

(一)经济法的概念

经济法是调整宏观经济调控关系和市场规制关系的法律规范的总称。

(二)经济法的调整对象

经济法的调整对象是在社会生产和再生产过程中发生的宏观经济调控关系和市场规制关系。

1. 宏观调控关系

现代市场经济的运行是一个极其复杂的过程,当经济运行到一定复杂与发达的程度,"市场之手"的缺陷就会暴露,其个体利益取向的单一与短视会令社会经济发展的整体陷入资源配置无序化与严重浪费的泥潭,社会迫切需要另一种超然于市场之上的力量对此进行规制与引导。同时由于经济全球化导致了竞争的无国界,各个国家无论大小、强弱,都在全力推动经济增长,在世界经济一体化的今天,任何国家任由其经济的自然发展与演变是远远不能适应各国经济发展的需要的,需要"国家之手"全面的干预与促进,我们把这种国家引导和促进,由此产生的经济关系称之为"宏观调控关系"。相应地,调整这类经济关系的法律可称为"宏观调控法",包括计划法、产业结构法、财政税收法、金融调控法和价格法等。

2. 市场规制关系

竞争是市场经济的必然要求,无竞争则无市场。然而竞争优胜劣汰的过程会使市场主体之间力量差距拉大,这一差距达到一定程度之后,垄断与限制竞争就随之产生;除了垄断,竞争的发展必伴随着不正当竞争。不管是垄断还是不正当竞争,都会使市场机制失灵,严重者使国家经济整体发展受到影响。因此对市场这只无形之手的消极影响应由国家予以修正。同时由于垄断组织实力强大,不正当竞争普遍猖獗,为保证法律的顺利实施,这些法律规定多以强制性规范为主。具体以反垄断法为龙头,还包含有反不正当竞争法、反倾销与反补贴法、消费者权益保护法、产品质量法、广告法等。其意义在于对市场障碍的排除,维护经济发展的微观秩序。

任务二　理解经济法律关系及内容

【案例1-2】　A公司将闲置的厂房出租给B公司,双方签订了厂房租赁合同,租期1年,租金3万元,B公司应于合同签订之日起3天内一次付清,A公司收到租金的当天将厂房移交B公司使用。

【问题】

1. A公司和B公司之间是否形成了经济法律关系?

2. 如果形成了经济法律关系,请分析其三要素各是什么?

一、经济法律关系的概念

法律关系是一种社会关系,它是社会关系被法律规范确认和调整之后所形成的权利、义务关系。经济法律关系是指经济关系被经济法律规范确认和调整之后所形成的权利、义务关系,即经济法主体根据经济法律规范产生的、经济法主体之间在国家管理与协调经济过程中形成的权利与义务关系。

二、经济法律关系的要素

经济法律关系的要素是指构成经济法律关系的必要条件,由主体、内容、客体三个要素构成,三者缺一不可。

(一)经济法律关系的主体

经济法律关系的主体,是指在经济法律关系中享有一定权利,承担一定义务的当事人或参与者。经济法律关系主体可分为以下几种:

(1)经济决策主体,指在经济法律关系中享有经济决策权利的各级国家机关和企业单位。

(2)经济管理主体,指在经济关系中享有经济管理权利的行政机关、事业单位、社会团体、企业单位。

(3)经济实施主体,指按照法律规定,在经济法律关系中,为实现决策和调控主体所确立的目标和任务以及自身需要而具体进行生产经营活动的经济组织和内部机构、承包经营户、个体工商户及公民。

(二)经济法律关系的内容

经济法律关系的内容,是指经济法主体享有的经济权利和承担的经济义务。它是经济法律关系的核心。

(1)经济权利,指经济法主体依法具有的自己为或不为一定行为和要求他人为或不为一定行为的资格,主要包括经济职权、所有权和他物权、法人财产权、债权、知识产权等。

(2)经济义务,指经济法主体依法承担的为一定行为和不为一定行为的责任。

(三)经济法律关系的客体

经济法律关系的客体,是指经济法主体享有的经济权利和承担的经济义务所共同指向的对象,包括以下几个方面:

(1)物,指能够为人类控制和支配的,具有一定经济价值的,可通过具体物质形态表现存在的物品,包括自然物、人造物以及固定充当一般等价物的货币和有价证券等。

(2)经济行为,指经济法主体为达到一定经济目的,实现其权利和义务所进行的经济活动,包括经济管理行为、完成工作行为和提供劳务行为。

(3)非物质财富,又称为精神财富,包括智力成果、道德产品和经济信息。智力成果是指经济法主体从事智力劳动所创造取得的成果,如专利、商标、专有技术、文学、艺术作品等。道德产品是指人们在各种社会活动中取得的非物质化的道德价值,如荣誉称号、嘉奖表彰等。经济信息是指反映社会经济活动发生、变化等情况的各种消息、数据、资料等。

此外,在现实经济生活中,权利亦可能成为经济法律关系的客体。权利本是经济法律关系的内容,但是当某种权利成为另一权利的对象时,该权利就成为客体的组成部分。例如,土地使用权的客体是土地,但当土地使用权在土地出让和转让法律关系中成为这一法律关系指向的对象时,土地使用权就构成该法律关系的客体。

三、经济法律事实

经济法律事实是指由经济法律规范所规定的,能够引起经济法律关系发生、变更和消灭的客观现象。依据是否以人们的意志为转移的标准,经济法律事实可做如下划分。

(一)经济法律事件

经济法律事件,是指不以人的主观意志为转移的,能够引起经济法律发生、变更和消灭的法定情况或现象。它包括绝对事件和相对事件。绝对事件指自然现象,如地震、台风等自然灾害;相对事件指社会现象,如战争、重大政策的改变等。自然灾害可引起保险赔偿关系的发生或合同关系的解除;人的出生可引起抚养关系、户籍管理关系的发生;人的死亡可引起抚养关系、婚姻关系、劳动合同关系的消灭,继承关系的发生。

(二)经济法律行为

经济法律行为,是指以经济法律关系主体意志为转移的,能够引起经济法律关系发生、变更和消灭的人们有意识的活动。按其性质可分为合法行为和违法行为,这两种行为都可以引起经济法律关系发生、变更和消灭。

有的经济法律关系的发生、变更、消灭,只需要一个法律事实出现即可成立。有些经济法律关系的发生、变更、消灭则需要两个以上的法律事实同时具备,如保险赔偿关系的发生,需要订立保险合同和发生保险事故两个法律事实出现才能成立。

四、经济法律责任

经济法律责任则是经济法主体违反经济法律法规依法应承担的法律后果。承担经济法律责任的形式包括民事责任、行政责任和刑事责任。

(一)民事责任

民事责任是指经济法主体违反经济法律法规给对方造成损害时依法应承担的民事法律后果。承担民事责任的方式主要有停止侵害、排除妨碍和消除危险,返还财产、恢复原状以及修理、更换和重作,赔偿损失,支付违约金,消除影响、恢复名誉等。

(二)行政责任

行政责任是指经济法主体违反经济法律法规应承担的行政法律后果,包括行政处罚和行政处分。行政处罚的种类有:① 警告、通报批评;② 罚款、没收违法所得、没收非法财物;③ 暂扣许可证件、降低资质等级、吊销许可证件;④ 限制开展生产经营活动、责令停产停业、责令关闭、限制从业;⑤ 行政拘留;⑥ 其他。

(三)刑事责任

刑事责任是指经济法主体违反经济法律法规应承担的刑事法律后果,即刑罚。我国刑法规定的刑罚分为主刑和附加刑。其中,主刑包括管制、拘役、有期徒刑、无期徒刑、死刑。附加刑包括罚金、剥夺政治权利、没收财产。附加刑可以独立适用。单位犯罪的,将对单位判处罚金,并对直接负责的主管人员和其他直接责任人员判处刑罚。

任务三　掌握民事主体、代理制度

【案例 1-3】 阿花系年满 14 周岁且存在智力障碍的人士。一日父母外出办事,阿花一个人在家,无人照看。她玩打火机不慎把邻居家的房子烧毁。

【问题】

1. 试分析责任由谁来承担。

2. 若阿花是年满 18 周岁的智力正常的人,责任由谁来承担?

一、自然人

(一) 自然人的概念

民法上的自然人是指基于出生而享有民事权利和承担民事义务地位的人,与法人相对,在中国和其他一些国家称为公民。但公民仅指具有一国国籍的自然人,而自然人还包括外国人和无国籍人。

(二) 自然人的民事权利能力和民事行为能力

自然人的民事权利能力是指国家通过法律赋予的,自然人享有民事权利和承担民事义务的地位和资格。自然人民事权利能力始于出生,终于死亡。

自然人民事行为能力是指自然人能够通过自己的行为行使民事权利和承担民事义务,并对自己的违法行为承担民事责任的资格。根据《中华人民共和国民法典》(简称《民法典》)的规定,自然人的民事行为能力分为以下三种:

(1) 完全民事行为能力。具有完全民事行为能力的人群包括:① 18 周岁以上的自然人是成年人,具有完全的民事行为能力;② 16 周岁以上不满 18 周岁的自然人,以自己的劳动收入为主要生活来源的,视为完全民事行为能力人。完全民事行为能力人可以独立进行民事活动。

(2) 限制民事行为能力。限制民事行为能力的人群包括:① 8 周岁以上的未成年人可以进行与其年龄、智力相适应的民事活动,其他民事活动由其法定代理人代理,或者征得其法定代理人的同意;② 不能完全辨认自己行为的精神病人是限制民事行为能力人,可以进行与其精神健康状况相适应的民事活动,其他民事活动由其法定代理人代理,或者征得其法定代理人的同意。

(3) 无民事行为能力。无民事行为能力的人群包括:① 不满 8 周岁的未成年人;② 不能辨认自己行为的成年人。

二、法人

《民法典》第五十七条规定,法人是具有民事权利能力和民事行为能力,依法独立享有民事权利和承担民事义务的组织。法人是特定组织的人格化,是自然人的对称,是法律拟制的"人格"。社会组织被赋予一定主体资格后,就可以像自然人一样,独立参加经济活动,并独立享有民事权利、独立承担民事义务。

（一）法人成立的条件

（1）依法成立。这一条件包括两个方面的要求：一是法人的目的和宗旨必须合法，其组织机构、经营范围、经营方式等必须符合法律规定；二是法人设立的程序必须合法。前者是实质要件，后者是程序要件。

（2）有必要的财产或经费。法人的必要财产或者经费是指组织、发起人以及法人成员的财产。这是法人享有权利、承担义务的物质基础，也是法人独立承担民事责任的财产保障。"必要的财产或经费"应与组织的性质、经营的规模、业务活动的内容相适应。

（3）有自己的名称、组织机构和场所。法人必须有自己的名称才能成为特定化的组织。而法人的组织机构则是管理法人事务、代表法人从事民事活动的机构的总称。法人的组织机构因其性质、任务及经营范围的不同而各不相同。法人还需要有从事生产经营及其他活动的场所。

（4）能够独立承担民事责任。法人是独立的民事主体，必须以其自身意志从事民事活动，独立享有民事权利、承担民事义务，并以其所有的财产独立承担有限责任，独立起诉或应诉。独立责任使得法人和其成员在人格上彻底分离，使法人取得独立的法人人格。

（二）我国法人的分类

根据《民法典》的规定，法人可以分为三大类：① 营利法人，指以取得利润并分配给股东等出资人为目的成立的法人，包括有限责任公司、股份有限公司和其他企业法人等。② 非营利法人，指为公益目的或其他非营利目的成立，不向出资人、设立人或会员分配所得利润的法人，包括事业单位、社会团体、基金会、社会服务机构等。③ 特别法人，主要指机关法人、农村集体经济组织法人、城镇农村的合作经济组织法人、基层群众性自治组织法人。

（三）法人的民事权利能力和民事行为能力

法人的民事权利能力是指法人作为民事权利主体，享有民事权利、承担民事义务的资格。法人的民事行为能力，是指法人以自己的意愿独立进行民事活动，取得权利并承担义务的资格。《民法典》第五十九条规定，法人的民事权利能力和民事行为能力，从法人成立时产生，到法人终止时消灭。

（四）法人的财产和责任

（1）法人的独立财产。法人的财产必须是独立财产，法人以其独立财产对外承担民事责任，其创立人及成员不再对法人的债务负责。因此，在法律上，法人必须有自己的独立财产。

（2）法人的有限责任。法人应以自己的名义承担责任，其债务不能转嫁给国家、创立人、其他法人或法人成员；法人仅以自己所有或经营管理的财产为限，对外承担债务的清偿责任。如果法人的独立财产是由其成员的出资形成的，那么，法人的成员也仅以其投资的财产为限承担责任。由于法人的债权人不得请求法人的创立人和其他成员清偿法人的债务，这就会出现法人以自己的独立财产承担的责任范围会小于其实际负担的债务范围的情形。

三、代理

（一）代理的概念

代理是指代理人以被代理人或以自己的名义，在代理权限范围内向第三人为意思表示或受领意思表示,而该意思表示产生的法律后果由被代理人来承担的民事法律行为。在代理关系中,被代理人也称本人,第三人也称相对人。

（二）代理的特征

（1）代理人须以被代理人或以自己的名义来进行民事行为。代理有广义和狭义之分,狭义的代理仅指代理人以被代理人的名义进行活动即所谓的直接代理,而广义的代理不仅包括直接代理,也包括代理人以自己名义代理被代理人的民事行为。我国现行的民事立法采用广义的代理。

（2）代理人以意思表示为职能。代理人进行代理行为,以代本人实施民事行为为使命,因此,代理人以自己的技能为本人的利益独立为意思表示,是代理人的职能。但凡意思表示具有严格的人身性质,必须由表意人亲自做出决定和进行表达的行为,尽管包含有意思表示因素,也不得适用代理。例如,订立遗嘱、婚姻登记、收养子女等行为,不得代理。

（3）代理行为的法律效果归属于被代理人。代理是被代理人经由代理人进行的民事法律行为,是为了设定本人自己的民事权利并负担民事义务。所以,代理人在代理权限范围内与第三人进行的一切民事法律行为所生的法律效果均由被代理人负责。

（三）代理的类型

依据代理权产生的原因不同,可将代理分为委托代理和法定代理。

（1）委托代理。委托代理是代理人根据被代理人授权而进行的代理。民事法律行为的委托代理,可以用书面形式,也可以用口头形式。法律规定用书面形式的,应当用书面形式。书面委托代理的授权委托书应当载明代理人的姓名或者名称、代理事项、权限和期间,并由被代理人签名或者盖章。委托书授权不明的,被代理人应当向第三人承担民事责任,代理人负连带责任。

（2）法定代理。法定代理主要是为民事法律行为能力欠缺者设计的,它是法律根据自然人之间的亲属关系而直接规定产生的代理权。

（四）代理权的行使

1. 代理权行使的规则

（1）代理人行使代理权应当符合代理人的职责要求。

（2）代理人应当亲自完成代理事务,不得擅自转委托。

（3）代理人应当在代理权限范围内行使代理权,不得超越代理权限。

（4）代理人行使代理权应当维护被代理人的利益。

2. 滥用代理权的行为

滥用代理权,是指代理人行使代理权违背代理的宗旨而实施损害被代理人的利益的行为。

滥用代理权的构成:① 代理人拥有代理权;② 代理人实施了代理行为;③ 代理人损害了被代理人的利益。

滥用代理权的行为具体包括以下几个方面:

（1）双方代理。双方代理指代理人既代理本人又代理第三人为同一民事法律行为的代理。

（2）自己代理。这是指代理本人与自己订立合同,也称"自己契约"。

（3）利己代理。这是代理人利用地位之便,实施利于自己却不利于被代理人的代理。

（五）代理的终止

我国《民法典》第一百七十三条规定，有下列情形之一的，委托代理终止：① 代理期限届满或代理事务完成；② 被代理人取消委托或代理人辞去委托；③ 代理人丧失民事行为能力；④ 代理人或被代理人死亡；⑤ 作为被代理人或代理人的法人、非法人组织终止。第一百七十五条规定，有下列情形之一的，法定代理终止：① 被代理人取得或者恢复完全民事行为能力；② 代理人丧失民事行为能力；③ 代理人或被代理人死亡；④ 法律规定的其他情形。

（六）无权代理

1. 无权代理的概念及构成要件

无权代理，是指没有代理权的人以他人的名义为民事行为的现象。无权代理有广义和狭义之分。广义的无权代理包括表见代理和表见代理以外的无权代理。狭义的无权代理仅指表见代理以外的无权代理。

构成无权代理，需要以下构成要件：

（1）行为人既没有法定的或约定的代理权，也没有令人相信其有代理权的事实或理由；

（2）行为人以本人的名义与第三人为民事行为；

（3）第三人须为善意；

（4）行为人与第三人所为的行为不是违法行为；

（5）行为人与第三人具有相应的民事行为能力。

2. 无权代理的效力

（1）无权代理的生效。无权代理的生效是指通过被代理人的追认，可使无权代理行为中欠缺的代理权得以补足，转化为有权代理，发生法律效力。这就是我们通常所说的在无权代理中被代理人享有的追认权。

（2）无权代理的无效。无权代理的无效是指被代理人对无权代理行为不作追认，从而使无权代理行为不产生法律效力，无权代理行为自始无效。与被代理人享有追认权相对应的是善意第三人享有撤回权。

（七）表见代理

1. 表见代理的概念

表见代理，是指代理人虽不具有代理权，但因某种表面现象，足以使善意第三人相信代理人对本人有代理权而与代理人为法律行为，由此产生的法律效果依法直接归本人承担的代理。表见代理制度的作用在于维护善意第三人利益，维护交易安全。

2. 表见代理的构成条件

（1）代理人不具有代理权。表见代理人实施表见代理行为时，对该代理行为不具有代理权，这是成立表见代理的首要条件。

（2）客观上存在使第三人相信表见代理人有代理权的外表现象。比如，表见代理人持有被代理人的授权委托书、被代理人的介绍信、合同专用章、盖有印章的空白合同书等。

（3）第三人为善意。第三人为善意是指表见代理人以被代理人名义在与第三人为法律行为时，第三人不知道，也不应当知道表见代理人实际上不具有代理权。反之，第三人在行为当时已经知道或依情况应当知道表见代理人不具有代理权，而仍然与其发生代理行为的就有恶意，就不成立表见代理，表见代理只维护善意第三人利益。

（4）表见代理人与第三人实施的代理行为除不具备代理权要件外,须具备代理民事法律行为的其他有效要件。

3. 表见代理的效力

表见代理对第三人与被代理人发生有权代理的法律效果,产生代理行为所引起的民事法律关系,第三人有权以表见代理为理由要求被代理人承受其权利义务,被代理人不得以表见代理人无代理权抗辩善意第三人。被代理人因向第三人履行债务或承担责任而遭受损失的,其只能向表见代理人追偿;如果损失是由被代理人与表见代理人双方过错造成的,依过错程度由被代理人与表见代理人分担损失。第三人也可以放弃向被代理人主张表见代理的权利,而主张狭义无权代理,要求无权代理人向其履行所实施法律行为引起的债务,或赔偿其因此遭受的经济损失。对第三人承担了责任的表见代理人也可以向有过错的被代理人追偿,但表见代理人故意实施表见代理行为的,不得向被代理人追偿。

【案例解析】

【导入案例】解析:

1. 是,代理法律关系。

2. 时装公司、百货公司、李某。

3. 是,代理行为有效。

【案例1-1】解析:

1. 属于。《反不正当竞争法》属于市场规制关系。

2. 经济法是调整宏观调控关系和市场规制关系的法律规范的总称。

【案例1-2】解析:

1. A公司和B公司之间形成了经济法律关系。

2. 主体是A公司、B公司。客体是厂房。内容是A公司负有按时出租厂房的义务,收取租金的权利;B公司享有要求A公司按时交付租赁厂房的权利,负有支付租金的义务。

【案例1-3】解析:

1. 阿花的父母。因为阿花是无民事行为能力人。

2. 阿花。因为年满18周岁的智力正常的人为完全民事行为能力人,要对自己的民事行为负法律责任。

【项目小结】

本项目主要知识点:法律基础知识,包括法的概念、本质、特征;法的形式与分类;经济法在社会生活中的地位;经济法的概念;经济法的调整对象;经济法律关系的概念和三要素,包括主体、内容和客体;经济法律事实是引起经济法律关系产生、变更和消灭的原因,包括事实和行为。民事主体包括自然人、法人和其他社会组织。自然人的民事行为能力按年龄和智力状况划分为完全民事行为能力人、限制民事行为能力人和无民事行为能力人。法人区别其他非法人组织的重要特征是法人能够独立承担民事责任。民事代理制度是在民事主体能力和时间有限的情况下,由代理人代理其完成民事行为的法律行为制度。无权代理是效力待定行为,如果被代理人追认,代理行为有效;被代理人否认,代理行为无效。表见代理是有效行为,被代理人要承担代理发生的法律后果。

【项目训练】

一、不定项选择题

1. 下列法的形式中,由全国人民代表大会及其常务委员会经一定立法程序制定、颁布的规范性文件是(   )。

A. 宪法   B. 行政法规   C. 法律   D. 行政规章

2. 根据我国法律制度的规定,下列各项中,能够成为法律关系主体的有(   )。

A. 自然人   B. 商品   C. 法人   D. 行为

3. 下列各项中,可以成为我国经济法律关系客体的有(   )。

A. 自然人   B. 发明专利   C. 劳务   D. 物质资料

4. 下列各项中,能够引起法律关系发生、变更和消灭的事实的有(   )。

A. 自然灾害   B. 公民死亡   C. 签订合同   D. 提起诉讼

5. 下列各项中,属于行政责任的是(   )。

A. 停止侵害   B. 罚款   C. 返还财产   D. 支付违约金

6. 根据民事法律制度的规定,下列各项中,属于民事责任形式的有(   )。

A. 返回财产   B. 没收非法财产   C. 赔偿损失   D. 罚款

7. 下列对法所做的分类中,以法的创制方法和发布形式为依据进行分类的是(   )。

A. 成文法和不成文法   B. 根本法和普通法

C. 实体法和程序法   D. 一般法和特别法

二、判断题

1. 一个国家的现行法律规范分为若干个法律部门,由这些法律部门组成的具有内在联系的、互相协调的统一整体构成一国的法律体系。（   ）

2. 最高人民法院对法律的解释也是经济法的形式之一。（   ）

3. 经济法律关系的主体是指经济权利和经济义务所共同指向的对象。（   ）

4. 经济法主要调整两类社会关系,即宏观调控关系和市场规制关系。（   ）

三、案例分析题

1. 广东农校、啤酒厂的生产车间、工厂的厂长、尚未领取营业执照的商场、个体工商户、个人独资企业,哪些属于法人?

2. 百货公司从家电公司购买了 200 台彩电,双方签订了买卖合同,试分析其经济法律关系的构成要素。

3. 小张年满 17 周岁,初中毕业后在工厂务工,月收入 1 000 元。小张向外借债 3 000 元做生意,但亏本了,小张无力偿还债务。债主找小张父母要求还款。问:小张父母是否应替小张还款?

4. 甲商场经理派采购员赵某采购 100 台电风扇,单价在 200 元以内。赵某便与乙电器公司签订了单价为 198 元、数量为 100 台的电风扇买卖合同。乙电器公司近期供货,商场经理认为价位高了,以代理人就价格问题未征求自己的意见为由拒绝收货。

问题:

(1) 商场经理能否拒绝收货,为什么?

(2) 若乙电器公司是赵某个人投资设立的,商场经理能否拒绝收货,为什么?

项目二
劳动合同法律制度

【本项目涉及的主要法律法规文件】

1.《中华人民共和国劳动合同法(2012修正)》,2013年7月1日起施行。

2.《中华人民共和国劳动合同法实施条例》,2008年9月18日起施行。

3.《中华人民共和国劳动法(2018修正)》,2018年12月29日起施行。

4.《中华人民共和国劳动争议调解仲裁法》,2008年5月1日起施行。

5.《最高人民法院关于审理劳动争议案件适用法律问题的解释(一)》(法释〔2020〕26号),2021年1月1日起施行。

6.《最高人民法院关于审理劳动争议案件适用法律问题的解释(二)》(法释〔2025〕12号),2025年9月1日起施行。

【本项目拟实现的目标】

知识目标:(1)区分劳动关系与劳务关系、事实劳动关系。(2)正确认识无固定期限劳动合同。(3)劳动合同法关于未签订书面劳动合同的处理办法。(4)熟知劳动合同的必备条款和约定条款。(5)知晓试用期和医疗期的规定。(6)劳动者和用人单位单方解除劳动合同的规定。(7)知晓劳动仲裁和劳动诉讼的规定。

技能目标:(1)能够判断劳动者与用人单位形成何种劳动关系,是否享受工伤待遇。(2)知晓劳动者符合什么条件可以申请无固定期限劳动合同。(3)知晓用人单位未与劳动者签订书面劳动合同,劳动者如何维权。(4)能够判断劳动合同的效力。(5)会审查劳动合同。(6)能够按照劳动合同法规定解除劳动关系,维护自身权益。(7)能够处理一般的劳动合同纠纷。

素质目标:(1)引导企业和劳动者践行诚信、公平、平等、和谐的社会主义核心价值观。(2)增强企业依法用工意识,提高劳动者依法维权能力。

［导入案例］

李辉于2023年5月20日到深圳某科技有限公司应聘,面试结束后次日,该公司总经理电话通知李辉三天后到公司报到上班。李辉于2023年5月24日到该公司报到上班,岗位为程序设计员,主要负责电子产品的程序设计。总经理跟他说每月工资5 000元,五天八小时工作制。公司于2023年8月12日与李辉签订为期3年的劳动合同,合同约定,若李辉在合同期满前离职,需支付公司违约金3万元,方能办理离职手续。公司于2023年8月12日开始为李辉购买社会保险。2025年3月12日,李辉向公司提出辞职,公司以合同未到期为由,要求李辉支付 3 万元违约金,才能为其办理离职手续。李辉不同意,遂发生纠纷。

【问题】

1. 李辉与该公司什么时候建立劳动关系?

2. 合同中约定的 3 万元违约金是否合法,为什么?

3. 该公司应于什么时候为李辉购买社会保险?

4. 李辉能否在合同未到期前单方解除劳动合同,为什么?

5. 李辉如何维护自己的合法权益?

任务一　认识劳动合同

【案例 2-1】　陈某于 2025 年 3 月 15 日进入东莞某文化有限公司工作,双方口头约定月工资为 3 000 元,一周工作 5 天半,一天工作 8 小时,超出算加班,另付加班费。2025 年 7 月 5 日,陈某在工作中受伤需进行工伤认定,由于公司没有为陈某购买工伤保险,因此公司认为双方没有签订书面劳动合同,双方并未建立劳动关系,公司不为其申请工伤认定,不需要支付陈某工伤赔偿。陈某遂与该公司发生纠纷。

【问题】

1. 陈某与该公司是否已经建立了劳动关系?若已建立劳动关系,劳动关系建立的时间是何时?

2. 两者没有签订书面劳动合同是否影响工伤赔偿?

3. 陈某如何维护自己的合法权益?

劳动者进入用人单位,以自己的劳力和智力为用人单位提供服务,进而创造经济价值和社会价值。同时,用人单位也会支付相应的劳动报酬给劳动者,劳动者据此获得生活所需的物质。也就是说,劳动者通过提供劳动换取生活所需的物质,而用人单位则通过支付劳动报酬换取劳动者为其创造的经济利益或社会利益。两者间所建立的关系就是劳动关系,受法律的保护。

建立劳动关系,应当订立书面劳动合同。非全日制用工双方当事人可以订立口头协议。作为劳动者要树立订立劳动合同的法律意识,一旦与用人单位发生纠纷,劳动合同就是维权的有利证据。而从用人单位的角度来说,也要及时与劳动者订立书面劳动合同,以防要支付未与劳动者签订书面劳动合同的双倍工资惩罚。

劳动合同是劳动者与用人单位之间确立劳动关系,明确双方权利和义务的书面协议。劳动合同是确立劳动关系的普遍性法律形式,是用人单位与劳动者履行劳动权利义务的依据。订立劳动合同,应当遵循合法、公平、平等自愿、协商一致、诚实信用的原则。依法订立的劳动合同具有法律约束力,用人单位与劳动者应当履行劳动合同约定的义务。

子任务一　劳动关系的建立与判断

【案例 2-2】　李先生与北京某科技有限公司维持了三年的劳动关系,但是一直没有签订劳动合同。在此期间,李先生的月薪为 8 000 元,但是每月都扣发 20% 作为风险抵押金。2024 年 9 月,李先生跳槽,并去北京市海淀区劳动争议仲裁委员会提起仲裁,要求单位支付未签订书面劳动合同的双倍工资以及要求公司与之签订无固定期限劳动合同,并同时要求公司返还风险抵押金。公司在提交答辩状期间对劳动仲裁的管辖权提出异议,认为李先生与公司之间的关系是劳务关系,双方所产生的纠纷是民事纠纷,应向人民法院起诉,所以请求驳回李先生的仲裁申请,转由法院判决处理。

【问题】

本案应当如何处理?

劳动者通过应聘被用人单位录用,并且自实际到单位报到上班之日起,两者即建立了劳动关系,受到法律的保护。法律的严肃性与确定性要求将两者的劳动关系通过书面的形式固定下来,以便于明确双方的权利义务,而这个书面的形式就是劳动合同。也就是说,劳动合同是劳动者与用人单位之间依法确立劳动关系、明确双方权利义务的书面协议。

一、劳动法律法规

用来规范劳动合同的法律主要是劳动合同法,2012 年修正、2013 年 7 月 1 日起施行的《中华人民共和国劳动合同法(2012 修正)》(简称《劳动合同法》)。《劳动合同法》是现今劳动法领域规范劳动合同的最新法律。《中华人民共和国劳动法》1995 年 1 月 1 日实施,2009 年 8 月 27 日做出一次修正,2018 年 12 月 29 日又做出一次修正,并于 2018 年 12 月 29 日正式施行,主要是修改了与《劳动合同法》不相适应的部分。狭义的劳动法是指《中华人民共和国劳动法》(简称《劳动法》),广义的劳动法泛指我国现行的有关劳动关系方面的法律、法规和规章。如《中华人民共和国劳动合同法》《中华人民共和国劳动合同法实施条例》《中华人民共和国劳动争议调解仲裁法》等。

二、劳动关系

劳动关系,是指在一定的生产资料所有制形式下,劳动者与用人单位之间在实现集体劳动过程中所发生的社会关系。它涉及的范围十分广泛,包括劳动就业、劳动报酬、劳动安全与卫生、劳动保障、劳动奖惩等,其中劳动用工、工资分配、劳动保障是劳动关系的核心内容。同其他社会关系相比较,劳动关系具有以下特征:① 劳动关系是劳动者在参加用人单位某种集体劳动过程中发生的关系,劳动是这种关系的实质和内容;② 在劳动关系中,一方是劳动者,另一方是用人单位,双方的法律地位是平等的,彼此的权利与义务是相互依存、不可分割的;③ 劳动者必须成为用人单位集体劳动的成员,遵守其内部劳动规则和劳动规程,用所在单位提供的生产资料并根据所在单位的要求按质按量地完成生产定额和工作任务,两者在生产和工作上具有管理与被管理的关系;④ 劳动关系的发生、变更、终止以及在劳动过程中当事人的权利与义务,一般是由劳动法和劳动合同予以调整和规定的。

实践中,有两组关系难以区分,即劳动关系与劳务关系、劳动关系与事实劳动关系。而这两类关系的区分对劳动者的权利义务影响很大,关系到法律适用,而适用的法律不同,调整结果也就不同。

劳务关系是指平等主体之间因提供劳务而发生的一种法律关系,如加工承揽关系、建设工程承包关系。当劳务关系的当事人是两个,且一方是自然人,另一方是用人单位时,它的情形与劳动关系很相似:从现象上看都是一方提供劳动力,另一方支付劳动报酬。但劳务关系属于民事关系,由民法调整;而一旦形成劳动关系,就适用劳动法。劳动法对劳动者的保护更全面。

事实劳动关系是指用人单位与劳动者没有订立书面合同,但双方实际履行了劳动权利义务而形成的劳动关系。其认定要件有三个:一是用人单位和劳动者双方主体适格;二是用人单位与劳动者之间存在管理和被管理的关系;三是劳动者提供报酬性业务劳动。实践中,事实劳动关系分为两种类型:一种是自始即无合同类,即劳动者与用人单位建立劳动关系时未签订书面劳动合同而形成的事实劳动关系;二是合同到期未续签类,即劳动者与用人单位本来有劳动合同,但该期劳动合同到期后未及时续签也未明确终止而形成的事实劳动关系。前种类型的数量往往多于后者,并且在遭遇劳动争议时企业更为被动,企业应当多加注意。后种类型的情形在实践中也有不少,多数是由企业过失导致的,企业也应加以防范。事实劳动关系受劳动法保护,但在认定方面需要保存多方证据,如签到本、工作证、工作服、工资条等。

【拓展】 劳动关系与劳务关系

劳动关系和劳务关系的区别主要有以下几个方面:

(1)规范劳动关系和劳务关系的法律依据不同。由劳动关系引发的争议和纠纷由劳动法调整,而由劳务关系引发的争议和纠纷则由民法典调整。

(2)劳动关系和劳务关系涉及的主体不同。劳动关系主体的一方当事人是符合法律法规规定的用人单位,另一方当事人是自然人,且必须符合法定劳动年龄,具有劳动能力。劳务关系主体涉及的范围比较宽,可以是两个单位,也可以是两个自然人,还可以是用人单位和个人,法律法规对劳务关系主体的要求不如劳动关系主体要求得严格。

(3)当事人之间隶属关系的不同。劳动关系的劳动者和用人单位存在隶属关系,这种隶属关系具有较强的稳定性。因此,劳动者只能同一家用人单位建立劳动关系,这是劳动关系的主要特征之一。劳务关系则不具有一方当事人隶属于另一方当事人的特征,劳动者可以与多家用工单位建立劳务关系。例如,某劳动者为多家用人单位均打扫卫生 1 小时。

(4)当事人承担的义务不同。劳动关系中的用人单位必须按照法律法规的规定为劳动者承担相应的义务。例如,帮助的义务、缴纳社会保险费的义务等,这些义务是用人单位的法定义务。劳务关系中的一方当事人则不具有为另一方当事人承担相应义务的责任。

(5)人事管理的不同。在劳动关系中,用人单位具有对违反劳动规章制度的劳动者进行处罚、处分的管理权;在劳务关系中,一方当事人虽然具有不再雇用另一方当事人的权利,有依法追究经济损失的权利,但是不具有处罚、处分的管理权。

(6)支付报酬的依据不同。在劳动关系中,用人单位对劳动者具有行使工资、奖金等方面收入分配的权利。用人单位向劳动者支付工资遵循按劳分配、同工同酬的原则,遵守国家法律法规的有关规定,遵守当地最低工资标准的规定。在劳务关系中,一方当事人向另一方当事人支付的劳动报酬是由双方协商确定的,当事人得到的劳动报酬是根据权利义务对等、公平的原则约定的。

(7)劳动关系中为劳动者承担相应责任是用人单位的法定义务。劳务关系中的一方当事人则不具有为另一方当事人承担相应义务的责任。

【思考】 劳动关系与事实劳动关系的区别。

子任务二　劳动合同主体与劳动合同类型

【案例 2-3】 王某于 2015 年 4 月被招工到 A 企业,双方签订了为期 10 年的劳动合同。在劳动合同履行期间,王某于 2018 年 3 月至 9 月和 2020 年 4 月至 10 月,因病休假两次。

2025 年 4 月底,劳动合同期满。王某与企业均同意续订劳动合同,但在劳动合同的期限上发生争议。王某认为自己在该企业工作满 10 年,应当订立无固定期限的劳动合同。A 企业认为,王某在工作期间因病休假两次,累计 12 个月,依此计算,王某在该企业连续工作时间不满 10 年,不符合订立无固定期限劳动合同的法定条件。A 企业主张,根据企业的生产经营状况和劳动用工需要,签订为期 5 年的劳动合同。王某认为企业的做法侵犯了其合法权益,遂向当地劳动争议仲裁委员会提请仲裁。

【问题】

王某是否有权要求企业与其订立无固定期限的劳动合同?

一、劳动合同的主体

劳动合同主体主要包括劳动者和用人单位。劳动者必须是达到法定年龄、具有劳动能力,以从事某种社会劳动获取收入为主要生活来源的自然人。订立劳动合同的劳动者需年满 16 周岁(文艺、体育、特种工艺单位录用人员例外),有劳动权利能力和行为能力。用人单位是指依法招用和管理劳动者,并按法律规定或合同约定向劳动者提供劳动条件、劳动保护和支付劳动报酬的组织。我国现阶段用人单位包括企业、事业单位、国家机关、社会团体和个体经济组织。

二、劳动合同的种类

劳动合同分为固定期限劳动合同、无固定期限劳动合同和以完成一定工作任务为期限的劳动合同。固定期限劳动合同,是指用人单位与劳动者约定合同终止时间的劳动合同;无固定期限劳动合同,是指用人单位与劳动者约定无确定终止时间的劳动合同;以完成一定工作任务为期限的劳动合同,是指用人单位与劳动者约定以某项工作的完成为合同期限的劳动合同。上述劳动合同类型的选择,均可由用人单位与劳动者协商一致确定。

有下列情形之一,劳动者提出或者同意续订、订立劳动合同的,除劳动者提出订立固定期限劳动合同外,应当订立无固定期限劳动合同。

(1)劳动者在该用人单位连续工作满 10 年的(在其他单位的工作时间不算)。

(2)用人单位初次实行劳动合同制度或者国有企业改制重新订立劳动合同时,劳动者在该用人单位连续工作满 10 年且距法定退休年龄不足 10 年的。

(3)连续订立两次固定期限劳动合同,且劳动者没有下述情形续订劳动合同的:

① 严重违反用人单位规章制度的。

② 严重失职、营私舞弊,给用人单位造成重大损害的。

③ 劳动者同时与其他用人单位建立劳动关系,对完成本单位的工作任务造成严重影响,或者经用人单位提出,拒不改正的。

④ 以欺诈、胁迫的手段或者乘人之危,使用人单位在违背真实意思的情况下订立或者变更劳动合同,致使劳动合同无效的。

⑤ 被依法追究刑事责任的。

⑥ 劳动者患病或者非因工负伤,在规定的医疗期满后不能从事原工作,也不能从事由用人单位另行安排的工作的。

⑦ 劳动者不能胜任工作,经过培训或者调整工作岗位,仍不能胜任工作的。

【拓展】 无固定期限合同订立条件注意要点

(1) 连续工作满 10 年的起始时间,应当自用人单位用工之日起计算,包括《劳动合同法》施行前的工作年限。

(2) 劳动者非因本人原因从原用人单位被安排到新用人单位工作的,劳动者在原用人单位的工作年限合并计算为新用人单位的工作年限。原用人单位已经向劳动者支付经济补偿的,新用人单位在依法解除、终止劳动合同计算支付经济补偿的工作年限时,不再计算劳动者在原用人单位的工作年限。

(3) 连续订立固定期限劳动合同的次数,应当自《劳动合同法》2008 年 1 月 1 日施行后,续订固定期限劳动合同时开始计算。

(4) 地方各级人民政府及县级以上地方人民政府有关部门为安置就业困难人员提供的给予岗位补贴和社会保险补贴的公益性岗位,其劳动合同不适用《劳动合同法》有关无固定期限劳动合同和支付经济补偿的规定。

任务二 劳动合同订立

【案例 2-4】 小李是东莞某公司员工,每月工资 3 000 元。2024 年 12 月 31 日,小李与公司的劳动合同期满后继续留在该公司工作。期间,公司多次通知其续签劳动合同,但小李总是找各种理由拖延不签。2025 年 6 月 1 日,小李因个人原因辞工,并要求公司按照《劳动合同法》的规定支付其未签订劳动合同期间的双倍工资。公司不同意支付,理由是并非公司不与其签订劳动合同,而是小李自己不愿意。小李因此申请劳动仲裁。

【问题】

1. 订立劳动合同时,公司有哪些义务?

2. 公司应当在多长时间内与小李签订劳动合同?

3. 此案中这种情况,公司是否要向小李支付未签劳动合同期间的双倍工资?

用人单位自用工之日起即与劳动者建立劳动关系。对于已建立劳动关系,未同时订立书面劳动合同的,应当自用工之日起 1 个月内订立书面劳动合同。

用人单位应当建立职工名册备查。订立劳动合同双方互负如实告知义务,用人单位告知义务是如实告知劳动者工作内容、工作条件、工作地点、职业危害、安全生产状况、劳动报酬,以及劳动者要求了解的其他情况;用人单位有权了解劳动者与劳动合同直接相关的基本情况,劳动者应当如实说明。用人单位招用劳动者,不得扣押劳动者的居民身份证和其他证件,不得要求劳动者提供担保或者以其他名义向劳动者收取财物。

用人单位未及时与劳动者签订书面劳动合同,并且非因不可抗力导致未订立,或非因劳动者本人故意或重大过失未订立。在不同阶段要承担不同的法律责任。

时间阶段	第一阶段	第二阶段	第三阶段
阶段界定	自用工之日起 1 个月	自用工之日起 1 个月不满 1 年	自用工之日起满 1 年以后

续表

时间阶段	第一阶段	第二阶段	第三阶段

用人单位须履行的法律义务及因怠于履行而引发的法律责任	① 书面通知劳动者订立劳动合同
	② 如劳动者不与用人单位订立劳动合同
	  A. 用人单位应当书面通知劳动者终止劳动关系
	  B. 无需向劳动者支付经济补偿
	  C. 依法向劳动者支付其实际工作时间的劳动报酬
		① 依法向劳动者每月支付2倍的工资(2倍工资的起算时间为用工之日起满1个月的次日,截止时间为补订书面劳动合同的前一日)
		② 与劳动者补订书面劳动合同
		③ 如劳动者不与用人单位订立书面劳动合同
		  A. 用人单位应当书面通知劳动者终止劳动关系
		  B. 依法支付经济补偿
			① 应当立即与劳动者补订书面劳动合同
			② 自用工之日起满1年的当日,用人单位与劳动者视为已订立无固定期限劳动合同

子任务一　劳动合同内容审查

【案例2-5】　小陈与某企业签订劳动合同,企业将一份打印好的劳动合同交给小陈签字。合同中规定,小陈试用期1年,试用期过后,合同期限3年。试用期间不交社会保险。签订竞业限制条款,时间为3年。若小陈提前跳槽,企业有权要求小陈支付违约金3 000元。

【问题】

审查以上劳动合同内容有哪些违法之处。

劳动合同的内容即劳动合同条款,它作为劳动者与用人单位合意的对象和结果,将劳动关系当事人双方的权利和义务具体化。

劳动合同的内容是指合同当事人双方的权利和义务通过合同条款表现出来。劳动合同的条款分为法定条款和约定条款两部分。法定条款是国家劳动立法要求劳动合同必须具备的内容;约定条款是劳动法律、法规无规定或无明确规定,双方当事人根据各自的具体情况自愿协商确定的内容。根据劳动合同合法的原则,约定条款的内容不能违背国家有关的法律规定,否则无效。

一、劳动合同的法定条款

根据《劳动合同法》第十七条的规定,法定条款有以下九项内容:

(1)用人单位的名称、住所和法定代表人或者主要负责人。

(2)劳动者的姓名、住址和居民身份证或者其他有效身份证件号码。

(3)劳动合同期限。劳动合同期限是劳动合同开始和终止的时间界限,表明双方当事人相互享有权利、承担义务的时间。

(4)工作内容和工作地点。工作内容是对劳动者设立的义务条款,指在劳动合同有效期内,劳动者的工种、岗位或职务以及在生产或工作中应当完成的工作任务或工作目标。这是用人单位对劳动者工作的具体要求以及劳动者获得劳动报酬的依据。

(5)工作时间和休息休假。工作时间是指劳动者根据国家法律的规定,在一定时间内应该劳动的时数。我国法律规定的标准工作时间为每日工作八小时,每周工作四十小时。

（6）劳动报酬。劳动报酬是劳动者履行劳动义务后必须享受的一项劳动权利,也是用人单位依据劳动法律、行政法规以及劳动合同的约定支付给职工的劳动报酬,包括工资、奖金和各项津贴在内的劳动收入。在市场经济条件下,用人单位享有分配自主权,但是劳动合同双方当事人在约定劳动报酬时不得违反国家法律法规的规定,如工资不得低于当地政府规定的最低工资标准,工资支付形式和期限不得违反有关的法律、法规和政策。

（7）社会保险。根据法律的规定,劳动者享有的社会保险有养老保险、医疗保险、工伤保险、失业保险和生育保险。

（8）劳动保护、劳动条件和职业危害防护。劳动保护和劳动条件是对用人单位设定的义务条款。这一条款要求用人单位按照国家劳动安全卫生法规的标准为劳动者的劳动提供必要的劳动条件,建立劳动保护设施和相关的劳动保护制度,保证劳动者在劳动过程中的身体健康和生命安全。

（9）法律、法规规定应当纳入劳动合同的其他事项。

二、劳动合同的约定条款

劳动合同除法定条款外,用人单位与劳动者可以约定试用期、培训、保守秘密、补充保险和福利待遇等其他事项,约定条款主要有以下几个方面。

（一）试用期

试用期是劳动合同双方当事人在合同中约定的互相考察对方、相互熟悉适应的时间。在试用期内,劳动者发现用人单位的条件不符合事先介绍的情况或者不适应其工作环境,用人单位发现劳动者不符合招用条件,则双方都可以提出解除劳动合同。

为了实现以上的要求,《劳动合同法》第十九条对试用期做了如下的规定:劳动合同期限三个月以上不满一年的,试用期不得超过一个月;劳动合同期限一年以上不满三年的,试用期不得超过二个月;三年以上固定期限和无固定期限的劳动合同,试用期不得超过六个月。同一用人单位与同一劳动者只能约定一次试用期。以完成一定工作任务为期限的劳动合同或者劳动合同期限不满三个月的,不得约定试用期。试用期包含在劳动合同期限内。劳动合同仅约定试用期的,试用期不成立,该期限为劳动合同期限。

（二）培训和服务期

服务期是指劳动者因接受用人单位给予的特殊待遇而承诺必须为用人单位服务的最短期限。只要用人单位出资培训劳动者,受训劳动者就有义务为用人单位服务一定年限。所以,劳动者接受用人单位付费专项培训后,用人单位可以与劳动者约定接受专业技术培训以后的服务期。

服务期与劳动合同期限不是同一法律概念:劳动合同期限是双方约定的劳动关系存续期限,但在此期限内双方尤其是劳动者可以提前解除劳动合同。如果劳动者按照法定条件和程序提前解除劳动合同不需要承担任何责任。如果是服务期,劳动者不能提前解除,否则要承担相应的责任。

劳动者违反服务期约定的,应当按照约定向用人单位支付违约金。违约金的数额不得超过用人单位提供的培训费用。用人单位要求劳动者支付的违约金不得超过服务期尚未履行部分所应分摊的培训费用。《劳动合同法》实施之前,用人单位巧立名目,设定多种违约金,限制了劳动者的合法权益,针对这一情况,《劳动合同法》规范了违约金制度,明确只有服务期和竞业限制两种情况可以约定违约金,除此之外,用人单位不得与劳动者约定由劳动者承担违约金。

(三)保密条款和竞业限制

《劳动法》规定,劳动合同当事人可以在劳动合同中约定保守用人单位商业秘密的有关事项。商业秘密,是指不为公众所知悉,能为用人单位带来经济利益,具有实用性并经用人单位采取保密措施的技术信息和经营信息。竞业限制是指根据劳动者和用人单位签订的竞业限制条款或协议在双方劳动关系解除和终止后,限制劳动者一定时期的择业权,对于因此给劳动者造成的损害,用人单位给予劳动者相应的经济补偿。用人单位如果要求劳动者签订竞业限制条款,就必须给予劳动者经济补偿,否则该条款无效。竞业限制条款适用范围应限定为负有保守用人单位商业秘密义务的劳动者,限于用人单位的高级管理人员、高级技术人员和其他负有保密义务的人员,竞业限制期限不得超过两年。

(四)补充保险和福利待遇

国家鼓励用人单位根据本单位实际情况为劳动者建立补充保险。劳动合同当事人双方在国家基本保险的基础上,可以根据本单位实际情况在劳动合同中约定补充保险事项和福利待遇。

【拓展】 广东省各地最低工资标准(2025 年起施行)

类别	月最低工资标准(元/月)	非全日制职工小时最低工资标准(元/小时)	适用地区
一类	2 500	23.7	广州
	2 520		深圳
二类	2 080	19.8	珠海、佛山、东莞、中山
三类	1 850	18.3	汕头、惠州、江门、湛江、肇庆
四类	1 750	17.4	韶关、河源、梅州、汕尾、阳江、茂名、清远、潮州、揭阳、云浮

广东省劳动合同范本

甲方(用人单位)名称:_____

法定代表人:_____

经济类型:_____

联系电话:_____

乙方(职工)姓名:_____

身份证号码:_____

现住址:_____

联系电话:_____

地址:_____

根据《中华人民共和国劳动法》和国家及省的有关规定,甲乙双方按照平等自愿、协商一致的原则订立本合同。

一、合同期限

(一) 合同期限

双方同意按以下第_____种方式确定本合同期限:

1. 有固定期限:从_____年____月____日起至_____年____月____日止。

2. 无固定期限:从_____年____月____日起至本合同约定的终止条件出现时止(不得将法定解除条件约定为终止条件)。

3. 以完成一定的工作为期限:从_____年____月____日起至_____工作任务完成时止。

(二) 试用期限

双方同意按以下第_____种方式确定试用期期限(试用期包括在合同期内):

1. 无试用期。

2. 试用期从_____年____月____日起至_____年____月____日止。(试用期最长不超过六个月。其中合同期限在六个月以下的,试用期不得超过十五日;合同期限在六个月以上一年以下的,试用期不得超过三十日;合同期限在一年以上两年以下的,试用期不得超过六十日。)

二、工作内容

(一) 乙方的工作岗位(工作地点、部门、工种或职务)为_____

(二) 乙方的工作任务或职责是_____

(三) 甲方因生产经营需要调整乙方的工作岗位,按变更本合同办理,双方签章确认的协议或通知书作为本合同的附件。

(四) 如甲方派乙方到外单位工作,应签订补充协议。

三、工作时间

(一) 甲乙双方同意按以下第_____种方式确定乙方的工作时间:

1. 标准工时制,即每日工作_____小时,每周工作_____天,每周至少休息一天。

2. 不定时工作制,即经劳动保障部门审批,乙方所在岗位实行不定时工作制。

3. 综合计算工时工作制,即经劳动保障部门审批,乙方所在岗位实行以_____为周期,总工时_____小时的综合计算工时工作制。

(二) 甲方因生产(工作)需要,经与工会和乙方协商后可以延长工作时间。除《劳动法》第四十二条规定的情形外,一般每日不得超过一小时,因特殊原因最长每日不得超过三小时,每月不得超过三十六小时。

四、工资待遇

(一) 乙方正常工作时间的工资按下列第_____种形式执行,不得低于当地最低工资标准。

1. 乙方试用期工资_____元/月;试用期满工资_____元/月(_____元/日)。

2. 其他形式。

(二) 工资必须以法定货币支付,不得以实物及有价证券替代货币支付。

(三) 甲方根据企业的经营状况和依法制定的工资分配办法调整乙方工资,乙方在六十日内未提出异议的视为同意。

（四）甲方每月_____日发放工资。如遇节假日或休息日,则提前到最近的工作日支付。

（五）甲方依法安排乙方延长工作时间的,应按《劳动法》第四十四条的规定支付延长工作时间的工资报酬。

五、劳动保护和劳动条件

（一）甲方按国家和省有关劳动保护规定提供符合国家劳动卫生标准的劳动作业场所,切实保护乙方在生产工作中的安全和健康。如乙方工作过程中可能产生职业病危害,甲方应按《职业病防治法》的规定保护乙方的健康及其相关权益。

（二）甲方根据乙方从事的工作岗位,按国家有关规定,发给乙方必要的劳动保护用品,并按劳动保护规定每（_____年____季____月）免费安排乙方进行体检。

（三）乙方有权拒绝甲方的违章指挥、强令冒险作业,对甲方及其管理人员漠视乙方安全和健康的行为,有权要求改正并向有关部门检举、控告。

六、社会保险和福利待遇

（一）合同期内,甲方应依法为乙方办理参加养老、医疗、失业、工伤、生育等社会保险的手续,社会保险费按规定的比例,由甲乙双方负责。

（二）乙方患病或非因工负伤,甲方应按国家和地方的规定给予医疗期和医疗待遇,按医疗保险及其他相关规定报销医疗费用,并在规定的医疗期内支付病假工资或疾病救济费。

（三）乙方患职业病、因工负伤或者因工死亡的,甲方应按《工伤保险条例》的规定办理。

（四）甲方按规定给予乙方享受年休假、婚假、丧假、探亲假、产假、看护假等带薪假期,并按本合同约定的工资标准支付工资。

七、劳动纪律

（一）甲方根据国家和省的有关法律、法规通过民主程序制定的各项规章制度,应向乙方公示;乙方应自觉遵守国家和省规定的有关劳动纪律、法规和企业依法制定的各项规章制度,严格遵守安全操作规程,服从管理,按时完成工作任务。

（二）甲方有权对乙方履行制度的情况进行检查、督促、考核和奖惩。

（三）如乙方掌握甲方的商业秘密,乙方有义务为甲方保守商业秘密,并做如下约定:

_____

八、本合同的变更

（一）任何一方要求变更本合同的有关内容,都应以书面形式通知对方。

（二）甲乙双方经协商一致,可以变更本合同,并办理变更本合同的手续。

九、本合同的解除

（一）经甲乙双方协商一致,本合同可以解除。由甲方解除本合同的,应按规定支付经济补偿金。

（二）属下列情形之一的,甲方可以单方解除本合同:

1. 试用期内证明乙方不符合录用条件的。

2. 乙方严重违反劳动纪律或甲方规章制度的。

3. 严重失职、营私舞弊,对甲方利益造成重大损害的。

4. 乙方被依法追究刑事责任的。

5. 甲方歇业、停业、濒临破产处于法定整顿期间或者生产经营状况发生严重困难的。

6. 乙方患病或非因工负伤,医疗期满后不能从事本合同约定的工作,也不能从事由甲方另行安排的工作的。

7. 乙方不能胜任工作,经过培训或者调整工作岗位,仍不能胜任工作的。

8. 本合同订立时所依据的客观情况发生重大变化,致使本合同无法履行,经当事人协商不能就变更本合同达成协议的。

9. 本合同约定的解除条件出现的。

甲方按照第 5、6、7、8、9 项规定解除本合同的,需提前三十日书面通知乙方,并按规定向乙方支付经济补偿金,其中按第 6 项解除本合同并符合有关规定的还需支付乙方医疗补助费。

(三)乙方解除本合同,应当提前三十日以书面形式通知甲方。但属下列情形之一的,乙方可以随时解除本合同:

1. 在试用期内的。

2. 甲方以暴力、威胁或者非法限制人身自由的手段强迫劳动的。

3. 甲方不按本合同规定支付劳动报酬,克扣或无故拖欠工资的。

4. 经国家有关部门确认,甲方劳动安全卫生条件恶劣,严重危害乙方身体健康的。

(四)有下列情形之一的,甲方不得解除本合同:

1. 乙方患病或非因工负伤,在规定的医疗期内的。

2. 乙方患有职业病或因工负伤,并经劳动能力鉴定委员会确认,丧失或部分丧失劳动能力的。

3. 女职工在孕期、产期、哺乳期内的。

4. 法律、法规规定的其他情形。

(五)解除本合同后,甲乙双方在七日内办理解除劳动合同有关手续。

十、本合同的终止

本合同期满或甲乙双方约定的本合同终止条件出现,本合同即行终止。

本合同期满前一个月,甲方应向乙方提出终止或续订劳动合同的书面意向,并及时办理有关手续。

十一、违约情形及责任

(一)甲方的违约情形及违约责任:

_____

(二)乙方的违约情形及违约责任:

_____

十二、调解及仲裁

双方履行本合同如发生争议,可先协商解决;不愿协商或协商不成的,可以向本单位劳动争议调解委员会申请调解;调解无效,可在争议发生之日起六十日内向当地劳动争议仲裁委员会申请仲裁;也可以直接向劳动争议仲裁委员会申请仲裁。对仲裁裁决不服的,可在十五日内向人民法院提起诉讼。

十三、其他

(一)本合同未尽事宜,按国家和地方有关政策规定办理。在合同期内,如本合同条款与国家、省有关劳动管理新规定相抵触的,按新规定执行。

(二)下列文件规定为本合同附件,与本合同具有同等效力:

1. _____

2. ＿＿＿＿＿＿＿＿＿＿
3. ＿＿＿＿＿＿＿＿＿＿
（三）双方约定（内容不得违反法律及相关规定，可另加双方签名或盖章后附页）：

甲方：（盖章）＿＿＿＿＿＿＿   乙方：（签名或盖章）＿＿＿＿＿＿
＿＿＿＿＿＿年＿＿月＿＿日   ＿＿＿＿＿＿年＿＿月＿＿日
法定代表人：＿＿＿＿＿＿
（或委托代理人）
＿＿＿＿＿＿年＿＿月＿＿日

鉴证机构（盖章）：＿＿＿＿＿＿
鉴证人：＿＿＿＿＿＿
鉴证日期：＿＿＿＿＿＿年＿＿月＿＿日

子任务二　劳动合同效力判定

【案例 2－6】　肖某为某大学毕业的硕士研究生，经参加某房地产开发有限责任公司（以下简称房地产公司）的招工应聘活动被录用，双方订立了期限为 5 年的劳动合同。劳动合同中有以下内容的约定：在劳动关系建立后的 2 年内公司员工不得结婚，5 年之内不得生育。否则，房地产公司有权解除劳动合同，并不承担违约责任。肖某工作 1 年后与男友登记结婚。房地产公司得知后，以肖某结婚构成违约为由，通知肖某解除双方的劳动合同。肖某以劳动合同中所约定的禁止员工结婚的内容为无效约定为由，要求房地产公司继续履行劳动合同。但房地产公司以劳动合同中的上述内容系双方自愿订立，双方应当切实履行为由，执意与肖某解除劳动关系并办理了劳动合同解除手续。肖某为此向劳动争议仲裁机构申请仲裁，要求房地产公司支付 4 个月的工资作为解除劳动合同的赔偿金。

【问题】

1. 本案中肖某"自愿"签订的 2 年内不得结婚条款是否有效？
2. 肖某有权主张哪些权益？
3. 哪些情况会导致劳动合同无效？

劳动合同依法订立，即具有法律效力，对双方当事人都有约束力。《劳动法》第十七条第二款规定，劳动合同依法订立即具有法律约束力，当事人必须履行劳动合同规定的义务。

劳动合同的无效，是指劳动合同的当事人违反法律法规订立的不具有法律效力的劳动合同。根据《劳动合同法》第二十六条规定，劳动合同无效的原因有以下三种：

（1）以欺诈、胁迫的手段或者乘人之危，使对方在违背其真实意思的情况下订立劳动合同。

例如，用人单位凭借劳动者的某项条件（如高级技工、海外留学经历、研究生学历证明等）得以与其签订劳动合同，后来发现劳动者的相关资质、证明是本人伪造的，此时，劳动者构成了欺诈，用人单位签订的劳动合同亦非真实意愿所致，因此构成劳动合同无效的认定理由。

（2）用人单位免除自己的法定责任、排除劳动者权利的。

例如,用人单位在劳动合同中用格式条款写明,单位对职工在上班过程中发生的工伤事故不承担任何责任。虽然劳动者在签订劳动合同时已阅读此条并同意签字,但是用人单位负赔偿责任是其一项法定义务,用人单位不能通过双方约定来免除自己的法定责任,排除劳动者的相应权利。如有此类约定,约定无效。

（3）违反法律、行政法规强制性规定的。

《劳动合同法》第二十五条规定,除本法第二十二条和第二十三条规定的情形之外,用人单位不得与劳动者约定由劳动者承担违约金。如果用人单位在法律允许的范围之外随意约定违约金,该项条款就会因违反法律的强制性规定而无效。

劳动合同的无效或者部分无效不能自行认定,需要通过法定途径,包括向劳动争议仲裁机构申请确认和向人民法院申请确认,两者存在先后关系,同样需要遵守仲裁前置的原则。

《劳动合同法》第八十六条规定,劳动合同依照本法第二十六条规定被确认无效,给对方造成损害的,有过错的一方应当承担赔偿责任。

任务三　掌握劳动合同履行与劳动合同解除及终止

【案例2-7】　小丽是东莞一家酒店的服务员,截至2025年小丽已工作3年,月工资3000元。2025年春天,该酒店被原来的老板出售给了王某,王某在接收酒店之后,为了有更好的效益便对酒店工作人员进行了全面考察并进行部分更换。因为小丽只有初中文化水平,王某认为她服务不了较高层次的客人,新招聘来的服务员都是高中或专科水平,于是王某以酒店的名义给小丽发了辞退通知。小丽觉得自己在酒店干得不错,客人也很喜欢自己,接受不了王某的辞退理由。在协商不成的情况下,小丽向劳动仲裁委员会提出了仲裁申请。因为王某的此番行为,小丽也不想继续在该酒店工作,所以要求酒店给予补偿。

【问题】

1. 此案中,王某能否以文化水平低为由辞退小丽?
2. 若小丽与酒店解除劳动合同,能否获得酒店的工资补偿? 补偿多少?
3. 用人单位可以在哪些情况下单方辞退员工?

子任务一　熟知劳动合同履行规则

一、劳动合同的履行

劳动合同的履行是指劳动合同生效后,劳动者和用人单位按照合同规定的各项条款,完成各自承担的义务和实现各自享有的权利,使双方当事人订立合同的目的得以实现。

根据《劳动合同法》第二十九条的规定,用人单位与劳动者应当按照劳动合同的约定,全面履行各自的义务。劳动合同的全面履行要求劳动合同的双方当事人必须按照合同约定的时间、期限、地点,用约定的方式,按质、按量全部履行自己承担的义务,既不能只履行部分义务而将其他义务置之不顾,也不得擅自变更合同,更不得随意不履行合同或者解除合同。劳动合同的全面履行要求劳动合同主体必须亲自履行劳动合同。

二、劳动报酬的支付

用人单位在生产过程中支付给劳动者的全部报酬包括以下三个部分：① 货币工资。用人单位以货币形式直接支付给劳动者的各种工资、奖金、津贴、补贴等；② 实物报酬。用人单位以免费或低于成本价提供给劳动者的各种物品和服务等；③ 社会保险。

根据《劳动合同法》第三十条的规定，用人单位应当按照劳动合同约定和国家规定，向劳动者及时足额支付劳动报酬。用人单位拖欠或者未足额支付劳动报酬的，劳动者可以依法向当地人民法院申请支付令，人民法院应当依法发出支付令。

三、加班

加班也称延长劳动时间，是指用人单位经过一定程序，要求劳动者超过法律、法规规定的最高限制的日工作时数和周工作天数工作。宪法规定了公民有休息权。为了保障公民的休息权，《劳动法》规定了完整的工作时间。

根据《劳动法》第三十六条的规定，国家实行劳动者每日工作时间不超过八小时、平均每周工作时间不超过四十四小时的工时制度。《国务院关于职工工作时间的规定》又在《劳动法》的基础上对八小时工作制做了进一步的规定，即职工每周工作四十小时。在特殊条件下从事劳动和有特殊情况，需要适当缩短工作时间的，按照国家有关规定执行；国家机关、事业单位实行统一的工作时间，星期六和星期日为周休息日；企业和不能实行星期六和星期日为周休息日的事业单位，可以根据实际情况灵活安排周休息日。

根据《劳动合同法》第三十一条的规定，用人单位应当严格执行劳动定额标准，不得强迫或者变相强迫劳动者加班。用人单位安排加班的，应当按照国家有关规定向劳动者支付加班费。

根据《劳动法》第四十四条的规定，有下列情形之一的，用人单位应当按照下列标准支付高于劳动者正常工作时间工资的工资报酬：

（1）安排劳动者延长工作时间的，支付不低于工资的百分之一百五十的工资报酬；

（2）休息日安排劳动者工作又不能安排补休的，支付不低于工资的百分之二百的工资报酬；

（3）法定休假日安排劳动者工作的，支付不低于工资的百分之三百的工资报酬。

四、劳动安全与卫生

所谓劳动安全，一般是指在劳动过程中防止中毒、触电、机械外伤、车祸、坠落、塌陷、爆炸、火灾及劳动者人身安全事故发生的防范性措施。国家通过制定完善各项劳动安全卫生方面的规章制度，采取各种措施，改善劳动条件，保护劳动者在生产过程中的安全与健康。我国《劳动法》对此做出了详细的规定。

根据《劳动合同法》第三十二条的规定，劳动者拒绝用人单位管理人员违章指挥、强令冒险作业的，不视为违反劳动合同。劳动者对危害生命安全和身体健康的劳动条件，有权对用人单位提出批评、检举和控告。

五、用人单位发生变化后劳动合同的履行

根据《劳动合同法》第三十三条、第三十四条的规定，用人单位变更名称、法定代表人、主要

负责人或者投资人等事项,不影响劳动合同的履行。用人单位发生合并或者分立等情况,原劳动合同继续有效,劳动合同由承继其权利和义务的用人单位继续履行。

子任务二 依法解除劳动合同

一、劳动合同解除的概念

劳动合同的解除,是指劳动合同订立后,尚未全部履行以前,由于某种原因导致劳动合同一方或双方当事人提前消灭劳动关系的法律行为。

劳动合同的解除分为法定解除和约定解除两种。约定解除是指合同双方当事人因某种原因,在完全自愿的情况下,互相协商,达成一致,提前终止劳动合同的效力。根据《劳动合同法》第三十六条的规定,用人单位与劳动者协商一致,可以解除劳动合同。法定解除是指出现国家法律、法规或合同约定的可以解除劳动合同的情况时,不需双方当事人协商一致,合同效力可以自然或单方提前终止。

劳动合同的解除,只对未履行的部分发生效力,不涉及已履行的部分。

劳动合同既可以由单方依法解除,也可以双方协商解除,因此一般将劳动合同的解除分为协商解除和法定解除。其中,协商解除又称为双方解除,法定解除又称为单方解除。法定解除是指出现国家法律、法规或合同规定的可以解除劳动合同的情况时,不需双方当事人一致同意,合同效力可以自然终止或单方提前终止。

协商解除是指合同双方当事人因某种原因,在完全自愿的情况下互相协商,在彼此达成一致的基础上提前终止劳动合同的效力。

(一)协商解除的条件

根据《劳动合同法》第三十六条的规定,用人单位与劳动者协商一致,可以解除劳动合同。

(二)法定解除的条件

1. 劳动者单方解除

劳动者单方解除劳动合同可以分为以下两类:

(1)劳动者单方任意解除。根据《劳动合同法》第三十七条的规定,劳动者提前三十日以书面形式通知用人单位,可以解除劳动合同。劳动者在试用期内提前三日通知用人单位,可以解除劳动合同。

(2)因用人单位的过错劳动者解除劳动合同。根据《劳动合同法》第三十八条的规定,用人单位有下列情形之一的,劳动者可以解除劳动合同:

① 未按照劳动合同约定提供劳动保护或者劳动条件的;

② 未及时足额支付劳动报酬的;

③ 未依法为劳动者缴纳社会保险费的;

④ 用人单位的规章制度违反法律、法规的规定,损害劳动者权益的;

⑤ 因欺诈、胁迫或乘人之危订立的劳动合同被确认无效的;

⑥ 法律、行政法规规定劳动者可以解除劳动合同的其他情形。

用人单位以暴力、威胁或者非法限制人身自由的手段强迫劳动者劳动的,或者用人单位违章指挥、强令冒险作业危及劳动者人身安全的,劳动者可以立即解除劳动合同,不需事先告知用人单位。

2. 用人单位单方解除

用人单位单方解除劳动合同可以分为以下三类:

(1) 因劳动者的过失而使用人单位单方解除劳动合同。根据《劳动合同法》第三十九条的规定,劳动者有下列情形之一的,用人单位可以解除劳动合同:

① 在试用期间被证明不符合录用条件的;

② 严重违反用人单位的规章制度的;

③ 严重失职、营私舞弊,给用人单位造成重大损害的;

④ 劳动者同时与其他用人单位建立劳动关系,对完成本单位的工作任务造成严重影响,或者经用人单位提出,拒不改正的;

⑤ 因欺诈、胁迫或乘人之危订立的劳动合同被确认无效的;

⑥ 被依法追究刑事责任的。

(2) 用人单位单方无过失性辞退。根据《劳动合同法》第四十条的规定,有下列情形之一的,用人单位提前三十日以书面形式通知劳动者本人或者额外支付劳动者一个月工资后,可以解除劳动合同:

① 劳动者患病或者非因工负伤,在规定的医疗期满后不能从事原工作,也不能从事由用人单位另行安排的工作的;

② 劳动者不能胜任工作,经过培训或者调整工作岗位,仍不能胜任工作的;

③ 劳动合同订立时所依据的客观情况发生重大变化,致使劳动合同无法履行,经用人单位与劳动者协商,未能就变更劳动合同内容达成协议的。

(3) 用人单位因经济性裁员而解除劳动合同。根据《劳动合同法》第四十一条的规定,有下列情形之一,需要裁减人员二十人以上或者裁减不足二十人但占企业职工总数百分之十以上的,用人单位提前三十日向工会或者全体职工说明情况,听取工会或者职工的意见后,裁减人员方案经向劳动行政部门报告,可以裁减人员:

① 依照企业破产法规定进行重整的;

② 生产经营发生严重困难的;

③ 企业转产、重大技术革新或者经营方式调整,经变更劳动合同后,仍需裁减人员的;

④ 其他因劳动合同订立时所依据的客观经济情况发生重大变化,致使劳动合同无法履行的。

裁减人员时,应当优先留用下列人员:

① 与本单位订立较长期限的固定期限劳动合同的;

② 与本单位订立无固定期限劳动合同的;

③ 家庭无其他就业人员,有需要扶养的老人或者未成年人的。

用人单位依照上述规定裁减人员,在六个月内重新招用人员的,应当通知被裁减的人员,并在同等条件下优先招用被裁减的人员。

3. 用人单位单方解除劳动合同时工会的权利

根据《劳动合同法》第四十三条的规定,用人单位单方解除劳动合同,应当事先将理由通知工会。用人单位违反法律、行政法规规定或者劳动合同约定的,工会有权要求用人单位纠正。

用人单位应当研究工会的意见,并将处理结果书面通知工会。

二、劳动合同解除的限制

为了切实保障劳动者的合法权益,《劳动合同法》第四十二条规定,劳动者有下列情形之一的,用人单位不得依照上述的规定解除劳动合同:

(1) 从事接触职业病危害作业的劳动者未进行离岗前职业健康检查,或者疑似职业病病人在诊断或者医学观察期间的;

(2) 在本单位患职业病或者因工负伤并被确认丧失或者部分丧失劳动能力的;

(3) 患病或者非因工负伤,在规定的医疗期内的;

(4) 女职工在孕期、产期、哺乳期的;

(5) 在本单位连续工作满十五年,且距法定退休年龄不足五年的;

(6) 法律、行政法规规定的其他情形。

子任务三 了解劳动合同终止

一、劳动合同终止的概念和情形

所谓劳动合同终止,是指劳动合同的法律效力依法被消灭,即劳动关系由于一定法律事实的出现而终结,劳动者与用人单位之间原有的权利义务不再存在。但劳动合同终止并不意味着劳动关系的消灭,可能因劳动合同延长、劳动合同续订、事实劳动法律关系的存在而继续劳动法律关系。

(一) 劳动合同终止的情形

根据《劳动合同法》第四十四条的规定,有下列情形之一的,劳动合同终止:

(1) 劳动合同期满的;

(2) 劳动者开始依法享受基本养老保险待遇的;

(3) 劳动者死亡,或者被人民法院宣告死亡或者宣告失踪的;

(4) 用人单位被依法宣告破产的;

(5) 用人单位被吊销营业执照、责令关闭、撤销或者用人单位决定提前解散的;

(6) 法律、行政法规规定的其他情形。

(二) 劳动合同期满不得终止的情形

根据《劳动合同法》第四十五条的规定,劳动合同期满,有《劳动合同法》第四十二条规定的不得解除劳动合同的情形之一的,劳动合同应当续延至相应的情形消失时终止。但是,《劳动合同法》第四十二条第二项规定丧失或者部分丧失劳动能力劳动者的劳动合同的终止,按照国家有关工伤保险的规定执行。

(三) 用人单位违法解除或者终止劳动合同的法律后果

根据《劳动合同法》第四十八条的规定,用人单位违反《劳动合同法》规定解除或者终止劳动合同,劳动者要求继续履行劳动合同的,用人单位应当继续履行;劳动者不要求继续履行劳动合同或者劳动合同已经不能继续履行的,用人单位应当依照《劳动合同法》第八十七条的规定支付赔偿金。

（四）劳动合同终止后的义务

劳动合同依法解除或者终止，劳动关系结束后，劳动合同中约定的权利义务结束，但是原劳动合同双方当事人仍应履行有关法定义务。

根据《劳动合同法》第五十条的规定，用人单位应当在解除或者终止劳动合同时出具解除或者终止劳动合同的证明，并在十五日内为劳动者办理档案和社会保险关系转移手续。劳动者应当按照双方约定，办理工作交接。用人单位依照本法有关规定应当向劳动者支付经济补偿的，在办结工作交接时支付。用人单位对已经解除或者终止的劳动合同的文本，至少保存二年备查。

二、经济补偿

（一）支付经济补偿的情形

根据《劳动合同法》第四十六条的规定，有下列情形之一的，用人单位应向劳动者支付经济补偿：

（1）劳动者依照《劳动合同法》第三十八条的规定解除劳动合同的；

（2）用人单位依照《劳动合同法》第三十六条的规定向劳动者提出解除劳动合同并与劳动者协商一致解除劳动合同的；

（3）用人单位依照《劳动合同法》第四十条的规定解除劳动合同的；

（4）用人单位依照《劳动合同法》第四十一条第一款的规定解除劳动合同的；

（5）除用人单位维持或者提高劳动合同约定条件续订劳动合同，劳动者不同意续订的情形外，依照《劳动合同法》第四十四条第一项的规定终止固定期限劳动合同的；

（6）依照《劳动合同法》第四十四条第四项、第五项的规定终止劳动合同的；

（7）法律、行政法规规定的其他情形。

（二）经济补偿的计算

根据《劳动合同法》第四十七条的规定，经济补偿按劳动者在本单位工作的年限，每满一年支付一个月工资的标准向劳动者支付。六个月以上不满一年的，按一年计算；不满六个月的，向劳动者支付半个月工资的经济补偿。

劳动者月工资高于用人单位所在直辖市、设区的市级人民政府公布的本地区上一年度职工月平均工资三倍的，向其支付经济补偿的标准按职工月平均工资三倍的数额支付，向其支付经济补偿的年限最高不超过十二年。

本条所称月工资是指劳动者在劳动合同解除或者终止前十二个月的平均工资。另外，《劳动合同法》施行之日存续的劳动合同在《劳动合同法》施行后解除或者终止，依照《劳动合同法》第四十六条的规定应当支付经济补偿的，经济补偿年限自《劳动合同法》施行之日起计算；《劳动合同法》施行前解除或者终止，用人单位应当向劳动者支付经济补偿的，按照当时有关规定执行。

任务四　劳动争议处理及典型案例分析

【案例 2-8】 2024 年年初，王某入职北京某旅行社，担任司机，负责驾驶旅游客车接送旅行团,在职期间单位向其收取 1 万元押金。2025 年,该旅行社以王某在接待温州旅行团的过程中迟到,造成该团未完成既定行程;驾驶途中无故紧急刹车,导致乘客受伤,造成该旅行社重大经济损失并丧失商业信誉为由,开除王某,且未向王某返还押金。王某认为,单位违法解除劳动关系,遂向海淀区劳动争议仲裁委员会提起仲裁申请并获得支持。该旅行社不服,诉至法院要求不予退还该押金、不支付解除劳动关系的经济赔偿金。法院经审理后认为,用人单位禁止以任何名义向劳动者收取财物或要求提供担保,旅行社收取王某押金的行为显属违法,应当返还;旅行社不能证明王某曾存在失职行为,故其单方解除劳动关系应向王某支付解除劳动关系经济补偿金。最后,法院判决驳回旅行社诉讼请求。

【问题】

1. 法院为何判决驳回旅行社诉讼请求?

2. 旅行社可否以王某给旅行社造成重大经济损失并丧失商业信誉为由,开除王某?

3. 旅行社可否不退还王某的押金?

【案例 2-9】 蒋某于 2019 年进入上海市闵行区某混凝土公司(以下称甲公司)担任驾驶员,当时双方没有签署劳动合同。2023 年 1 月 1 日,双方签署了劳动合同,合同约定合同期限自 2023 年 1 月 1 日起至 2025 年 12 月 31 日止。2024 年 9 月 16 日,双方解除了劳动合同。10月 21 日,甲公司出具退工证明。

事后蒋某发现甲公司没有为自己缴纳 2019 年 3 月至 2020 年 7 月的上海市城镇社会保险费,蒋某于 2024 年 11 月 17 日向上海市劳动争议仲裁委员会申请仲裁,要求甲公司为自己补缴 2019 年 3 月至 2020 年 7 月的城镇社会保险。但仲裁委以该案件已经超过仲裁时效不予立案,并做出裁决。蒋某不服,向上海市人民法院起诉,法院裁决不予立案,维持原裁决。

【问题】

1. 劳动者应当在多长时间内提起劳动仲裁,才能及时维护好自身权益?

2. 发生劳动纠纷,劳动者应用法律武器维护自身权益要遵守怎样的法律程序?

一、劳动争议的概念

劳动争议也称劳动纠纷,是指劳动法律关系双方当事人即劳动者和用人单位,在履行劳动合同的过程中,因实现劳动权利和履行劳动义务关系所产生的争议。其中,有的属于既定权利的争议,即因适用劳动法律、法规和劳动合同的既定内容而发生的争议;有的属于确定或变更劳动条件而发生的争议。劳动争议的当事人是指劳动关系当事人双方——职工和用人单位(包括自然人、法人和具有经营权的用人单位),即劳动法律关系中权利的享有者和义务的承担者。

二、劳动争议的范围

劳动关系内容的广泛性决定着劳动争议范围的广泛性。根据我国《企业劳动争议处理条例》第二条的规定,劳动争议的范围如下:

(1)因企业开除、除名、辞退职工和职工辞职、自动离职发生的争议;

(2)因执行国家有关工资、保险、福利、劳动保护的规定发生的争议;

(3)因履行劳动合同发生的争议;

(4)法律、法规规定应当依照本条例处理的其他劳动争议。

判断是否属于劳动争议,有两个衡量标准:一是看是否是《劳动法》意义上的主体,二是看是否属于关于劳动权利和义务的争议。

三、劳动争议处理的方式

我国劳动争议的处理主要有和解、调解、仲裁和诉讼四种方式。

(一)劳动争议和解

劳动争议和解是指劳动争议双方当事人自行协商,就争议的解决达成一致意见的处理方式。和解不受程序的约束,当事人仍有申请调解、仲裁和起诉的权利。和解在争议处理的任何阶段都可进行。

(二)劳动争议调解

劳动争议调解是指通过第三者从中调和,说服当事人互谅互让,从而解决纠纷的处理方式。根据《中华人民共和国劳动争议调解仲裁法》的规定,发生劳动争议,当事人可以到下列调解组织申请调解:

(1)企业劳动争议调解委员会;

(2)依法设立的基层人民调解组织;

(3)在乡镇、街道设立的具有劳动争议调解职能的组织。

企业劳动争议调解委员会由职工代表和企业代表组成。职工代表由工会成员担任或者由全体职工推举产生,企业代表由企业负责人指定。企业劳动争议调解委员会主任由工会成员或者双方推举的人员担任。

当事人申请劳动争议调解可以书面申请,也可以口头申请。口头申请的,调解组织应当当场记录申请人基本情况、申请调解的争议事项、理由和时间。

调解劳动争议,应当充分听取双方当事人对事实和理由的陈述,耐心疏导,帮助其达成协议。经调解达成协议的,应当制作调解协议书。调解协议书由双方当事人签名或者盖章,经调解员签名并加盖调解组织印章后生效,对双方当事人具有约束力,当事人应当履行。自劳动争议调解组织收到调解申请之日起 15 日内未达成调解协议的,当事人可以依法申请仲裁。

达成调解协议后,一方当事人在协议约定期限内不履行调解协议的,另一方当事人可以依法申请仲裁。

(三)劳动争议仲裁

劳动争议仲裁是指劳动争议仲裁委员会根据当事人的申请,依法对劳动争议在事实上作出判断、在权利义务上作出裁决的一种法律制度。根据《中华人民共和国劳动争议调解仲裁法》的规定,劳动争议仲裁委员会按照统筹规划、合理布局和适应实际需要的原则设立。省、自治区人民政府可以决定在市、县设立;直辖市人民政府可以决定在区、县设立。直辖市、设区的市也可以设立一个或者若干个劳动争议仲裁委员会。劳动争议仲裁委员会不按行政区划层层设立。劳动争议仲裁委员会由劳动行政部门代表、工会代表和企业方面代表组成。劳动争议仲裁委员会组成人员应当是单数。

关于管辖的问题。劳动争议仲裁委员会负责管辖本区域内发生的劳动争议。劳动争议由劳动合同履行地或者用人单位所在地的劳动争议仲裁委员会管辖。双方当事人分别向劳动合同履行地和用人单位所在地的劳动争议仲裁委员会申请仲裁的,由劳动合同履行地的劳动争议仲裁委员会管辖。

关于当事人列明问题。发生劳动争议的劳动者和用人单位为劳动争议仲裁案件的双方当事人。劳务派遣单位或者用工单位与劳动者发生劳动争议的,劳务派遣单位和用工单位为共同当事人。

关于时效问题。劳动争议申请仲裁的时效期间为一年。仲裁时效期间从当事人知道或者应当知道其权利被侵害之日起计算。因当事人一方向对方当事人主张权利,或者向有关部门请求权利救济,或者对方当事人同意履行义务而中断。从中断时起,仲裁时效期间重新计算。因不可抗力或者有其他正当理由,当事人不能在本条第一款规定的仲裁时效期间申请仲裁的,仲裁时效中止。从中止时效的原因消除之日起,仲裁时效期间继续计算。劳动关系存续期间因拖欠劳动报酬发生争议的,劳动者申请仲裁不受本条第一款规定的仲裁时效期间(一年)的限制;但是,劳动关系终止的,应当自劳动关系终止之日起一年内提出。

关于仲裁期限问题。仲裁庭裁决劳动争议案件,应当自劳动争议仲裁委员会受理仲裁申请之日起四十五日内结束。案情复杂需要延期的,经劳动争议仲裁委员会主任批准,可以延期并书面通知当事人,但是延长期限不得超过十五日。逾期未作出仲裁裁决的,当事人可以就该劳动争议事项向人民法院提起诉讼。仲裁庭裁决劳动争议案件时,其中一部分事实已经清楚,可以就该部分先行裁决。

关于先予执行问题。仲裁庭对追索劳动报酬、工伤医疗费、经济补偿或者赔偿金的案件,根据当事人的申请,可以裁决先予执行,移送人民法院执行。仲裁庭裁决先予执行的,应当符合下列条件:① 当事人之间权利义务关系明确;② 不先予执行将严重影响申请人的生活;③ 劳动者申请先予执行的,可以不提供担保。

关于裁决效力与后续权利救济问题。《中华人民共和国劳动争议调解仲裁法》第四十七条规定:下列劳动争议,除本法另有规定的外,仲裁裁决为终局裁决,裁决书自作出之日起发生法律效力:① 追索劳动报酬、工伤医疗费、经济补偿或者赔偿金,不超过当地月最低工资标准十二个月金额的争议;② 因执行国家的劳动标准在工作时间、休息休假、社会保险等方面发生的争议。劳动者对本法第四十七条规定的仲裁裁决不服的,可以自收到仲裁裁决书之日起十五日内向人民法院提起诉讼。当事人对本法第四十七条规定以外的其他劳动争议案件的仲裁裁决不服的,可以自收到仲裁裁决书之日起十五日内向人民法院提起诉讼;期满不起诉的,裁决书发生法律效力。

(四) 劳动争议诉讼

劳动争议诉讼是劳动争议的当事人对仲裁委员会的仲裁裁决不服,在法定期限内即当事人在收到仲裁决定书之日起 15 日内向人民法院提起诉讼,通过人民法院的审理和裁判来解决纠纷的一种处理方式。诉讼程序是处理劳动争议的最终程序,人民法院对劳动争议案件经过审理做出的调解书、裁定书和判决书发生法律效力后,当事人应当在规定的期限内履行。一方当事人不履行的,另一方当事人可以申请人民法院强制执行。将诉讼程序置于调解和仲裁之后,一方面便于尽量通过调解和仲裁方式及时妥善解决劳动纠纷,缓和双方当事人的关系;另一方面又因为调解和仲裁不具有法律上的强制力或强制力有限,通过诉讼的途径对劳动争议做出明确、公正的判决,并由国家强制力保证实施,有利于纠纷的最终解决,并切实维护当事人的合法权益。

【案例解析】

【导入案例】解析：

1. 李辉到公司报到上班之日。

2. 不合法。根据劳动法规定，只有培训和服务期等法定情况，用人单位才可以与劳动者约定违约金。

3. 劳动关系建立之日。

4. 可以。劳动者有单方任意解除劳动合同的权利，但需提前三十日通知用人单位。

5. 李辉可以与公司协商，协商不成可以申请劳动仲裁。

【案例2-1】解析：

1. 陈某与该公司建立了劳动关系。2025年3月15日建立了事实劳动关系。

2. 不影响。

3. 可申请工伤鉴定，要求工伤赔偿。

【案例2-2】解析：

李先生和公司建立了事实劳动关系。劳动仲裁机构应当认定二者的劳动关系，并判决公司依法支付李先生的工资。

【案例2-3】解析：

王某无权要求企业与其签订无固定期限的劳动合同。因为超过6个月的病假部分时间，不计入工作时间。

【案例2-4】解析：

1. 公司应当如实告知劳动者工作内容、工作条件、工作地点、职业危害、安全生产情况、劳动报酬以及劳动者要求了解的其他情况。

2. 最晚在劳动合同到期后的1个月内。

3. 不需要。但公司需提供多次通知劳动者续签劳动合同而劳动者不愿意续签的证明。

【案例2-5】解析：

以上劳动合同有五处不合法：① 试用期1年超过最长试用期期限六个月；② 试用期包括在劳动合同期限内，而不是试用期过后计算劳动合同期限；③ 试用期也要交社会保险；④ 竞业限制条款最长2年；⑤ 提前跳槽不得约定违约金。

【案例2-6】解析：

1. 无效。用人单位排除劳动者的权利。

2. 肖某可以主张部分劳动合同条款无效。

3. 劳动合同内容因违反国家法律、行政法规的强制性规定而部分无效；订立劳动合同因采取欺诈、威胁等手段而无效；用人单位免除自己的法定责任、排除劳动者权利的劳动合同无效。

【案例2-7】解析：

1. 不能。应当以工作能力和业绩为考核标准。

2. 能获得补偿。因小丽工作3年，可以获得3个月的工资作为经济补偿。

3. 劳动者试用期内不符合录用条件；严重违反公司的规章制度；严重失职、营私舞弊，给用人单位带来重大损害的；劳动者同时与其他用人单位又签订劳动合同的，对完成本单位的工作任务造成严重影响的,或者经用人单位提出,拒不改正的;因欺诈、胁迫或乘人之危订立的劳动合同被确认无效的;被依法追究刑事责任。

【案例2-8】解析:

1. 旅行社的诉讼请求不合法。旅行社存在向劳动者收取押金等违法行为。

2. 不可以。不属于用人单位可以单方面解除劳动合同的情形。

3. 不可以,旅行社非法收取劳动者押金,应当退还。

【案例2-9】解析:

1. 劳动争议申请仲裁的时效期间为一年。仲裁时效期间从当事人知道或者应当知道其权利被侵害之日起计算。

2. 可以与用人单位协商,协商不成必须先提起劳动仲裁,不服劳动仲裁协议才可提起诉讼。

【项目小结】

本项目主要知识点:劳动合同的概念。劳动关系和劳务关系的区别,劳动关系与事实劳动关系的区别。劳动关系的建立始于用工之日。劳动合同的主体为劳动者和用人单位,劳动者必须年满16周岁(除少数特殊行业以外),用人单位则必须具有招工资质,如果是分支机构必须有营业执照或者获得授权。劳动合同分为固定期限的劳动合同、无固定期限的劳动合同和以完成一定工作任务的劳动合同。无固定期限的劳动合同订立必须符合法定条件。无效劳动合同的情形。劳动合同的内容包括必备条款和可备条款。用人单位和劳动者依法单方解除劳动合同的情形。劳动争议的概念和解决途径,协商、劳动调解组织调解、劳动仲裁和劳动诉讼是解决劳动争议的途径。劳动仲裁是劳动诉讼的前置程序,必须先申请劳动仲裁,不服劳动仲裁才可以向人民法院提起劳动诉讼。

【项目训练】

一、不定项选择题

1. 下列条款,属于劳动合同法定条款的有( )。

A. 试用期　　　　B. 保密事项　　　　C. 劳动纪律　　　　D. 竞业限制

2. 周某于2024年4月11日进入甲公司就职,经周某要求,公司于2025年4月11日才与其签订劳动合同。已知周某每月工资2 000元,已按时足额领取。甲公司应向周某支付工资补偿的金额是( )元。

A. 0　　　　B. 2 000　　　　C. 22 000　　　　D. 24 000

3. 某企业实行标准工时制。2025年3月,为完成一批订单,企业安排全体职工每工作日延长工作时间2小时,关于企业向职工支付加班工资的下列计算标准中,正确的是( )。

A. 不低于职工本人小时工资标准的100%

B. 不低于职工本人小时工资标准的150%

C. 不低于职工本人小时工资标准的200%

D. 不低于职工本人小时工资标准的300%

4. 根据劳动合同法律制度的规定,下列情形中,职工不能享受当年年休假的有( )。

A. 依法享受寒暑假,其休假天数多于年休假天数的

B. 请事假累计 20 天以上,且单位按照规定不扣工资的

C. 累计工作满 1 年不满 10 年,请病假累计 2 个月以上的

D. 累计工作满 20 年以上,请病假累计满 3 个月的

5. 用人单位解除劳动合同须提前 30 日以书面形式通知劳动者的情形有( )。

A. 公司职工在试用期内被证明不符合公司录用条件的

B. 某食品厂车间操作工患肝炎医疗期满后,不能从事原工作的,也不能从事单位另行安排的工作

C. 某电视机厂机械维修工不能胜任维修工作,经过培训后仍然不能胜任工作的

D. 职工因违法被追究刑事责任的

6. 韩某在甲公司已工作 10 年,经甲公司与其协商同意解除劳动合同。已知韩某在劳动合同解除前 12 个月平均工资为 7 000 元,当地人民政府公布的本地区上年度职工平均工资为 2 000 元。甲公司应向韩某支付的经济补偿金额是( )元。

A. 20 000   B. 24 000   C. 60 000   D. 70 000

7. 下列争议属于劳动争议的有( )。

A. 铸造车间主任与厂长因履行承包合同发生纠纷

B. 工人马某因购置企业职工宿舍与工人赵某发生纠纷

C. 劳动者之间因互助金分红发生纠纷

D. 劳动者与用人单位因节日加班工资计算方法发生纠纷

8. 某公司拟与张某签订为期 3 年的劳动合同,关于该合同试用期约定的下列方案中,符合法律规定的有( )。

A. 不约定试用期   B. 试用期 1 个月   C. 试用期 3 个月   D. 试用期 6 个月

9. 根据劳动合同法律制度的规定,下列情形中,劳动者可以单方面与用人单位解除劳动合同的有( )。

A. 用人单位未为劳动者缴纳社会保险费

B. 用人单位未及时足额支付劳动报酬

C. 用人单位未按照劳动合同约定提供劳动保护

D. 用人单位未按照劳动合同约定提供劳动条件

10. 根据劳动合同法律制度的规定,下列劳动争议中,劳动者可以向劳动仲裁部门申请劳动仲裁的有( )。

A. 确认劳动关系争议   B. 工伤医疗费争议

C. 劳动保护条件争议   D. 社会保险争议

11. 根据劳动合同法律制度的规定,下列各项中,除劳动者提出订立固定期限劳动合同外,用人单位与劳动者应当订立无固定期限劳动合同的情形有( )。

A. 劳动者在该用人单位连续工作满 10 年的

B. 连续订立 2 次固定期限劳动合同,续订的

C. 国有企业改制重新订立劳动合同,劳动者在该用人单位连续工作满 5 年且距法定退休年龄不足 15 年的

D. 用人单位初次实行劳动合同制度,劳动者在该用人单位连续工作满 10 年且距法定退休年龄不足 10 年的

12. 张某 2024 年 8 月进入甲公司工作,公司按月支付工资,至年底公司尚未与张某签订劳动合同,关于公司与张某之间劳动关系的下列表述中,正确的有( )。

A. 公司与张某之间可视为不存在劳动关系

B. 公司与张某之间可视为已订立无固定期限劳动合同

C. 公司应与张某补订劳动合同,并支付工资补偿

D. 张某可与公司终止劳动关系,公司应支付经济补偿

二、判断题

1. 在我国,劳动权利能力和劳动行为能力的起始时间为自然人年满 18 周岁。 ( )

2. 用人单位招用劳动者,不得扣押劳动者的居民身份证和其他证件,不得要求劳动者提供担保或者以其他名义向劳动者收取财物。 ( )

3. 固定期限劳动合同是指用人单位与劳动者约定合同终止时间且合同期限在一年以上的劳动合同。 ( )

4. 劳动者不能胜任工作岗位,用人单位应先经过培训或者调整工作岗位,仍不能胜任工作的,方可按程序与其解除劳动合同。 ( )

5. 有关劳动者的试用期、培训、保守秘密和福利待遇等事项是劳动合同的必备条款。 ( )

6. 用人单位与劳动者只有订立了劳动合同后,劳动关系才得以建立。 ( )

7. 在本单位连续工作满 15 年,且距法定退休年龄不足 5 年的,用人单位不得以通知或进行经济性裁员的形式解除劳动合同。 ( )

8. 劳动争议案件当事人可以自由选择仲裁或诉讼。 ( )

9. 劳动争议一方或双方当事人不服仲裁裁决的,可以向上一级仲裁委员会申请再审。 ( )

三、案例分析题

某国有企业设立了劳动争议调解委员会,由 5 名调解员组成,该企业人事处副处长担任调解委员会主任。2025 年 5 月 10 日,职工李某因工作表现不佳被企业扣发了部分工资,李某不服,与企业发生争议。企业提出必须在企业设立的劳动争议调解委员会先行调解。李某不同意调解,劳动争议调解委员会在企业提交申请后宣布维持企业的处理决定。而李某在争议发生后一个月内直接向人民法院提起诉讼。

问题:

(1)该企业调解委员会的组成是否合法,为什么?

(2)该企业调解委员会的做法是否合法,为什么?

(3)人民法院是否应该受理李某的诉讼,为什么?

第二模块　市场主体法律制度

项目三

个人独资企业法律制度

【本项目涉及的主要法律法规文件】

1.《中华人民共和国个人独资企业法》,2000年1月1日起施行。

2.《中华人民共和国市场主体登记管理条例》《中华人民共和国市场主体登记管理条例实施细则》,2022年3月1日起施行。

【本项目拟实现的目标】

知识目标:(1)了解个人独资企业的概念特征。(2)掌握个人独资企业的设立条件及程序。(3)了解个人独资企业的事务管理。(4)掌握个人独资企业的清算程序。

技能目标:(1)能够根据个人独资企业设立条件设立个人独资企业。(2)能够识别个人独资企业交易行为的法律风险。(3)能根据案情分析个人独资企业清算程序。

素质目标:(1)引导投资人践行诚信与和谐的社会主义核心价值观。(2)锻造受聘管理人员勤勉诚信的素质品格。

[导入案例]

李某2025年1月独资开办了一家食品加工厂,注册资金为4万元,由于原材料保存不当,发生了腐烂,造成消费者食物中毒,被索赔16万元。食品加工厂被迫破产,其破产财产只有7万元。于是消费者向法院要求强制执行李某的个人财产及其家庭共有财产。

【问题】

1. 李某是否应当承担偿还责任,为什么?

2. 本案债务能否用家庭共有财产偿还,为什么?

3. 什么是个人独资企业?设立时应具备哪些条件?

4. 个人独资企业的投资人应承担哪些法律责任?

任务一　认识个人独资企业

【案例3-1】　家住广东的陈律师于2025年2月1日夜间接到在上海读大学的儿子陈某强的电话,请他赶紧到上海帮助处理债务纠纷。原来陈某强在读大学二年级时就做起了计算机生意并注册了个人独资企业,生意较好,但1月份的一笔近20万元的生意,因上当受骗卖出的都是假冒伪劣产品,按合同约定陈某强要赔偿全部损失,但陈某强称自己的财产仅6万元,无偿还能力。于是对方要求其家长负连带责任并声称若不偿还就起诉到法院。陈某强怕事态闹大,无奈请父母出面帮助解决。

【问题】

假如你是陈律师,你是否要承担连带责任?请分析案情,提供分析问题的思路。

一、个人独资企业的概念

个人独资企业是指依法在中国境内设立,由一个自然人投资,财产为投资人个人所有,投资人以其个人财产对企业债务承担无限责任的经营实体。

二、个人独资企业的特征

(1)个人独资企业的投资人为一个自然人。

个人独资企业只有一个投资主体,而且是自然人,该投资人对企业的财产依法享有所有权。国家机关、国家授权投资的机构或者国家授权的部门、企业事业单位等都不能作为个人独资企业的投资主体。

(2)投资人对企业的债务承担无限责任。当企业的资产不足以清偿所有到期债务时,投资人应以自己的个人全部财产承担清偿责任。

(3)企业的内部机构设置简单,经营管理方式灵活。

(4)非法人企业。个人独资企业不具备法人资格,投资人对企业的债务承担无限责任。但它是独立的民事主体,可以以自己的名义从事民事活动。

任务二 了解个人独资企业的登记及管理制度

一、个人独资企业的登记

(一)个人独资企业的设立条件

1. 投资人为一个具有中国国籍的自然人

该自然人需是一个完全民事行为能力人,且只能是中国公民。排除了多个投资人投资,也排除了企业等非自然人投资,更排除了法律、行政法规禁止从事营利性活动的自然人投资,如国家公务员、警官、法官、检察官、商业银行工作人员等。

2. 有合法的企业名称

个人独资企业的名称应与其责任形式及从事的营业相符合,名称中不得使用"有限""有限责任""公司"等字样,可以使用"店""中心""工作室"等。

3. 有投资人申报的出资

考虑到投资人对个人独资企业承担无限责任,所以法律并未对投资人对个人独资企业投资数额有限制,具体数额由投资人自行决定。投资人可以用个人财产出资,也可以用家庭共有财产出资。以家庭共有财产出资的,投资人应在设立(变更)申请书中予以注明。投资人可以用货币、实物、土地使用权、知识产权或其他财产性权利出资。

4. 有固定的生产经营场所和必要的生产经营条件

企业的持续经营需要有生产经营场所,包括企业的住所和与生产经营相适应的处所。住所是企业的主要办事机构所在地,是企业的法定地址,是司法管辖确定的一个重要因素。

5. 有必要的从业人员

法律对个人独资企业的从业人数没有特别限制,投资人根据企业生产经营范围、规模等自行决定即可。

【拓展】 个人独资企业和个体工商户的区别

个人独资企业和个体工商户的区别主要体现在以下几个方面。

1. 设立者要求

个人独资企业:出资人是一个自然人,该自然人应当具有完全民事行为能力,并且不能是法律、行政法规禁止从事营利性活动的人。

个体工商户:从事工商业经营的自然人或者家庭。单个自然人申请个体经营,应当是16周岁以上有劳动能力的自然人;家庭申请个体经营,作为户主的个人应该有经营能力,其他家庭成员不一定都有经营能力。

2. 法律地位

个人独资企业:是依法在中国境内设立的,投资人以个人财产对企业债务承担无限责任的经营实体。

个体工商户:是在法律允许的范围内,依法经核准登记,从事工商经营活动的自然人或者家庭,但不是一个经营实体。

3. 财务制度与税收政策

个人独资企业:必须建立财务制度,以进行会计核算(需要会计)。

个体工商户:可以根据税务机关的要求建立账簿,如果税务部门不要求,可以不进行会计核算(不需要会计)。

4. 人数限制与经营方式

个人独资企业:从业者人数不受限制,可以设置分支机构,且投资人可以委托或聘请他人来管理企业事务。

个体工商户:从业人数(包括经营者自己、帮手和学徒)不得超过八人,不能设立分支机构,且投资人与经营持有人必须为同一人。

5. 变更与门面要求

个人独资企业:可以按规定程序直接变更投资人的名字。

个体工商户:个体工商户变更经营者,应当在办理注销登记后,由新的经营者重新申请办理登记。双方经营者同时申请办理的,登记机关可以合并办理。从事临时经营、季节性经营、移动经营和无固定店面的摊位经营,可以登记为个体工商户,但不可以登记为个人独资企业。

综上所述,个人独资企业和个体工商户在设立者要求、法律地位、财务制度与税收政策、人数限制与经营方式以及变更与门面要求等方面都存在明显的区别。这些区别使得两者在实际运营中有着不同的特点和适用场景。

(二) 个人独资企业的登记事项与规范要求

1. 登记事项

根据《中华人民共和国市场主体登记管理条例》第六条的规定,个人独资企业应登记以下事项:名称、经营范围、住所、出资额、投资人姓名及居所。同时要备案联络员信息。上述备案事项由登记机关在设立登记时一并进行信息采集。申请人应当按照国家市场监督管理总局发布的经营范围规范目录,根据市场主体主要行业或者经营特征自主选择一般经营项目和许可经营项目,申请办理经营范围登记。

2. 登记规范要求

申请人应当在申请材料上签名或者盖章。申请人可以通过全国统一电子营业执照系统等电子签名工具和途径进行电子签名或者电子签章。符合法律规定的可靠电子签名、电子签章与手写签名或者盖章具有同等法律效力。在办理登记、备案事项时,申请人应当配合登记机关通过实名认证系统,采用人脸识别等方式对个人独资企业投资人、登记联络员进行实名验证。办理市场主体登记、备案事项,申请人可以到登记机关现场提交申请,也可以通过市场主体登记注册系统提出申请。申请材料齐全、符合法定形式的,登记机关予以确认,并当场登记,出具登记通知书,及时制发营业执照。不予当场登记的,登记机关应当向申请人出具接收申请材料凭证,并在3个工作日内对申请材料进行审查;情形复杂的,经登记机关负责人批准,可以延长3个工作日,并书面告知申请人。申请材料不齐全或者不符合法定形式的,登记机关应当将申请材料退还申请人,并一次性告知申请人需要补正的材料。申请人补正后,应当重新提交申请材料。市场主体因通过登记的住所(主要经营场所、经营场所)无法取得联系被列入经营异常名录的,在申请办理其他变更登记时,应当依法及时申请办理住所(主要经营场所、经营场所)变更登记。市场主体设立分支机构的,应当自决定作出之日起30日内向分支机构所在地登记机关申请办理登记。个人独资企业营业执照应当载明名称、个人独资企业投资人姓名、类型(组成形式)、注册资本(出资额)、住所(主要经营场所、经营场所)、经营范围、登记机关、成立日期、统一社会信用代码。电子营业执照与纸质营业执照具有同等法律效力,市场主体可以凭电子营业执照开展经营活动。

个人独资企业营业执照正本格式示意图如下:

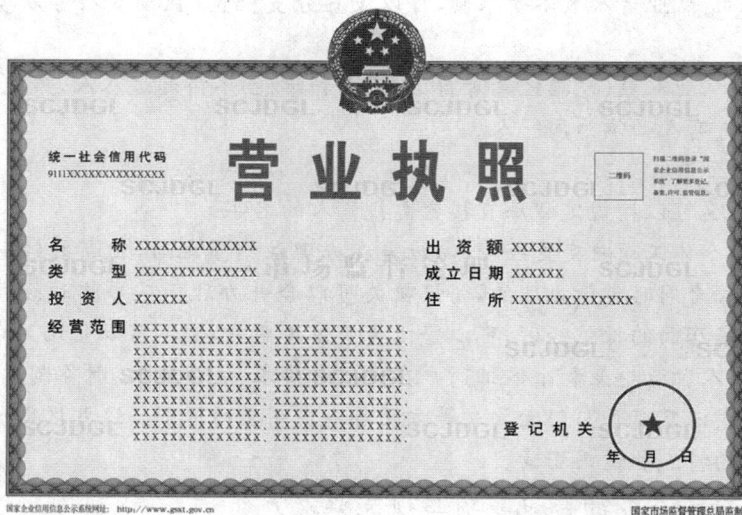

个人独资企业营业执照副本格式示意图如下：

（三）个人独资企业的设立与变更

1. 设立登记

（1）核名。前往工商局提交企业名称预先核准申请，填写企业名称预先核准申请表，等待工商局内部网检索是否有重名，通过后领取"企业（字号）名称预先核准通知书"。

（2）提交设立申请书和相关文件。申请人需要向个人独资企业所在地的登记机关提交设立申请书、投资人身份证明、生产经营场所使用证明等文件。如果委托代理人申请，还需出具投资人的委托书和代理人的合法证明。

（3）核准登记。申请材料齐全、符合法定形式的，登记机关予以确认，并当场登记，出具登记通知书，及时制发营业执照。不予当场登记的，登记机关应当向申请人出具接收申请材料凭证，并在3个工作日内对申请材料进行审查；情形复杂的，经登记机关负责人批准，可以延长3个工作日，并书面告知申请人。申请材料不齐全或者不符合法定形式的，登记机关应当将申请材料退还申请人，并一次性告知申请人需要补正的材料。个人独资企业若设立分支机构的，应当自决定作出之日起30日内向分支机构所在地登记机关申请办理登记。

个人独资企业营业执照的签发日期为企业成立日期，此时企业主体资格确立，并能够以企业名义对外从事经营活动。但在领取个人独资企业营业执照前，投资人不得以企业的名义从事营业活动。

2. 变更登记

市场主体变更登记事项，应当自作出变更决议、决定或者法定变更事项发生之日起30日内申请办理变更登记。变更涉及分支机构登记事项变更的，应当自市场主体登记事项变更登记之日起30日内申请办理分支机构变更登记。申请办理变更登记，应当提交申请书。① 负责人的变更登记申请由新任负责人签署。② 市场主体变更名称，可以自主申报名称并在保留期届满前申请变更登记，也可以直接申请变更登记。③ 市场主体变更住所（主要经营场所、经营场所），应当在迁入新住所（主要经营场所、经营场所）前向迁入地登记机关申请变更登记，并提交新的住所(主要经营场所、经营场所)使用相关文件。④ 市场主体变更备案事项的,应当按照《中华人民共和国市场主体登记管理条例》第二十九条规定办理备案。

二、个人独资企业的事务管理

(一) 事务管理方式

由于法律对个人独资企业的管理机构设置没有硬性要求,个人独资企业如何经营管理的权利掌握在投资人手上,投资人可以自行管理企业事务,也可以委托或聘用其他有民事行为能力的人负责企业的事务管理。投资人若委托或聘用他人管理企业事务,应与委托人或被聘用人签订书面合同,明确委托的具体内容和授予的权利范围,以及各自的权利义务等。但是,投资人对委托人或被聘用人员的权利进行限制,不得对抗善意第三人。换言之,受托人或被聘用人员超出投资人的授权限制与善意第三人的有关业务往来应当有效。

(二) 受托人或被聘用人员的义务

受托人或被聘用人员应当履行诚信、勤勉义务,按照与投资人所签订的合同负责个人独资企业的事务管理,所有对个人独资企业和投资人不利的行为都不允许。

《中华人民共和国个人独资企业法》(简称《个人独资企业法》)第二十条规定,投资人委托或者聘用的管理个人独资企业事务的人员不得有下列行为:

(1) 利用职务上的便利,索取或者收受贿赂;

(2) 利用职务或者工作上的便利侵占企业财产;

(3) 挪用企业的资金归个人使用或者借贷给他人;

(4) 擅自将企业资金以个人名义或者以他人名义开立账户储存;

(5) 擅自以企业财产提供担保;

(6) 未经投资人同意,从事与本企业相竞争的业务;

(7) 未经投资人同意,同本企业订立合同或者进行交易;

(8) 未经投资人同意,擅自将企业商标或者其他知识产权转让给他人使用;

(9) 泄露本企业的商业秘密;

(10) 法律、行政法规禁止的其他行为。

任务三　理解个人独资企业解散清算及法律责任

一、个人独资企业的解散

根据《个人独资企业法》的规定,个人独资企业有下列情形之一时,应当解散:

(1) 投资人决定解散;

(2) 投资人死亡或被宣告死亡,无继承人或者继承人决定放弃继承;

(3) 被依法吊销营业执照;

(4) 法律、行政法法规规定的其他情形。

二、个人独资企业的清算

根据《个人独资企业法》的规定,个人独资企业解散时,必须进行清算,收回债权,清偿债务,具体程序如下。

(一)确定清算人

个人独资企业解散时,应当由投资人自行清算,或由债权人申请人民法院指定清算人进行清算。

(二)通知和公告债权人

投资人自行清算的,应当在清算前15日内书面通知债权人;无法通知的,应当予以公告。债权人应当在接到通知之日起30日内,未接到通知的应当在公告之日起60日内,向投资人申报其债权。

(三)执行清算事务

清算人在清算期间执行清算事务,如清算个人独资企业的财产、清理债权债务、处理经营中的未完成事务等。在清算期间,个人独资企业不得开展与清算目的无关的经营活动。个人独资企业在清偿债务前,投资人不得转移、隐匿财产。

(四)财产清偿顺序

清算过程中,若发现个人独资企业的财产不足以清偿所有的债权,应当在优先支付清算费用后,按下列顺序进行清偿:

(1)所欠职工工资和社会保险费用;

(2)所欠税款;

(3)其他债务。不足以清偿时,按债权比例清偿。

个人独资企业财产不足以清偿债务,投资人应当以其个人其他财产予以清偿。个人独资企业解散后,原由投资人对个人独资企业存续期间的债务仍应承担偿还责任,但债权人在5年内未向债务人提出偿债请求的,该责任消灭。

(五)注销登记

市场主体因解散、被宣告破产或者其他法定事由需要终止的,应当依法向登记机关申请注销登记。依法需要清算的,应当自清算结束之日起30日内申请注销登记。依法不需要清算的,应当自决定作出之日起30日内申请注销登记。市场主体申请注销后,不得从事与注销无关的生产经营活动。自登记机关予以注销登记之日起,市场主体终止。

此外,除《中华人民共和国市场主体登记管理条例》第四十八条规定情形外,个人独资企业注销登记可以申请办理简易注销登记,应当提交申请书和全体投资人承诺书。市场主体应当将承诺书及注销登记申请通过国家企业信用信息公示系统公示,公示期为20日。在公示期内无相关部门、债权人及其他利害关系人提出异议的,市场主体可以于公示期届满之日起20日内向登记机关申请注销登记。

【案例解析】

【导入案例】解析:

1. 李某应承担偿还责任,因为个人独资企业不具备法人资格,投资人应对企业的债务承担无限责任。

2. 是否能用家庭共有财产偿还,主要看申请设立登记时出资方式是以个人财产出资,还是以家庭共有财产作为个人出资。

3. 个人独资企业,是指依照《中华人民共和国个人独资企业法》在中国境内设立,由一个自然人投资,财产为投资人个人所有,投资人以其个人财产对企业债务承担无限责任的经营实体。设立条件:投资人为一个自然人;有合法的企业名称;有投资人申报的出资;有固定的生产经营场所和必要的生产经营条件;有必要的从业人员。

4. 投资人应依法诚信经营,并对企业经营中产生的债务承担无限责任。

【案例 3-1】解析:

首先,陈某强在读大学期间能成功注册个人独资企业,说明他已具备完全民事行为能力。根据个人独资企业法的相关规定,投资人应对企业的债务承担无限责任。因此,陈某强要承担企业未能偿还的 20 万元的责任,而不能以自己财产投入为限主张不承担责任;其次,陈律师不需要承担连带责任,理由是:陈某强设立登记个人独资企业时,是以个人财产出资的,责任应由其个人承担;最后,由于陈某强还是在读学生,无更多财产,实际上无力偿还。陈律师作为陈某强的父亲,可以出面协调赔偿金额并替陈某强支付相应赔偿款。

【项目小结】

本项目主要的知识点是:个人独资企业的特征,特别是非法人性及责任承担方式,投资人需对个人独资企业承担无限责任。个人独资企业的设立包括设立条件和设立程序。事务管理有自行管理和委托或聘用他人管理,委托或聘用他人管理要注意在合同中详细约定双方的权利义务,内部的约定不能对抗外部善意第三人。企业解散的情形主要是投资人的决定、投资人和个人独资企业主体资格消灭。注意清算的程序,特别是当个人独资企业财产不足以清偿所有债务时,债务清偿的顺序。清算结束后要及时办理企业注销登记,办理注销登记后个人独资企业的主体资格才最终消灭。

【项目训练】

一、单选题

1. 甲准备成立一家个人独资企业,律师给出的下列咨询意见中,正确的是(   )。

A. 个人独资企业对被聘用人员的限制不得对抗善意第三人

B. 个人独资企业成立时需缴足法定最低注册资本

C. 个人独资企业应依法缴纳企业所得税

D. 个人独资企业的投资人以其投资额为限对个人独资企业债务承担责任

2. 下列情形中不属于个人独资企业应当解散的原因的是(   )。

A. 达到了破产界限,具备了破产原因

B. 投资人决定解散

C. 投资人死亡或者被宣告死亡,无继承人或者继承人放弃继承

D. 被依法吊销营业执照

3. 甲是一家个人独资企业的老板,雇有伙计乙管理企业的经营事务,由于经营状况不佳,

甲决定解散该企业,则( )。

　　A. 个人独资企业解散,应由甲乙共同清算

　　B. 个人独资企业解散后,原投资人对个人独资企业存续期间的债务仍应承担偿还责任,但债权人在五年内未向债务人提出偿债请求的,该责任消灭

　　C. 个人独资企业解散的,财产应优先清偿所欠税款,再清偿所欠职工工资和社会保险费用,最后才是其他债务

　　D. 个人独资企业财产不足以清偿债务的,甲和乙应当以其个人的其他财产予以清偿

　　4. 下列关于个人独资企业的说法正确的是( )。

　　A. 个人独资企业设立分支机构,应当由投资人或者其委托的代理人向个人独资企业所在地的登记机关申请登记,领取营业执照

　　B. 个人独资企业成立后无正当理由超过六个月未开业的,或者开业后自行停业连续六个月以上的,吊销营业执照

　　C. 个人独资企业可以不设置会计账簿,由投资人自行核算

　　D. 投资人死亡的,则个人独资企业应当解散

　　5. 孙某在某城市A区成立了一家经营水果的个人独资企业,由于生意红火,决定在B区设立一家分支机构,则孙某应该( )。

　　A. 自己或委托代理人向A区登记机关申请登记,领取分支机构的营业执照,分支机构经核准登记后,应将登记情况报B区登记机关备案

　　B. 自己或委托代理人向B区登记机关申请登记,领取分支机构的营业执照,分支机构经核准登记后,应将登记情况报A区登记机关备案

　　C. 自己或委托代理人向B区登记机关申请备案,不用再领取分支机构的营业执照

　　D. 自己或委托代理人分别向A区和B区登记机关申请备案,不用再领取分支机构的营业执照

　　6. 个人独资企业违反法律规定,应当承担民事赔偿责任和缴纳罚款、罚金,其财产不足以支付的,或者被判处没收财产的,应当先( )。

　　A. 承担民事赔偿责任　　　　　　　B. 缴纳罚款
　　C. 缴纳罚金　　　　　　　　　　　D. 没收财产

　　7. 甲是某个人独资企业的投资人,其聘用乙管理企业事务,同乙约定:凡乙对外签订标的额超过1万元的合同,须经甲同意。某日,乙未经甲同意与善意第三人丙签订了一份标的额为2万元的买卖合同,下列关于该合同效力的表述中,正确的有( )。

　　A. 合同有效,但如果给甲造成损害,由乙承担民事赔偿责任

　　B. 合同无效,但如果给甲造成损害,由乙承担民事赔偿责任

　　C. 合同为可撤销合同,可请求人民法院予以撤销

　　D. 合同无效,经甲追认后有效

二、多选题

　　1. 根据我国《个人独资企业法》的有关规定,下列说法错误的是( )。

　　A. 个人独资企业的出资人须具有中国国籍,但合伙企业的出资人不一定具有中国国籍

　　B. 投资人违反规定应当承担民事赔偿责任和缴纳罚款、罚金,其财产不足以支付的,应当先承担民事赔偿责任

C. 个人独资企业聘用王某管理企业事务,聘用合同中规定王某进行 3 万元以上的交易时,必须经投资人同意。王某违反了此规定,以企业的名义与不知情的 A 公司签订了 5 万元交易合同,则此合同属于超越权限的无效合同,由王某承担越权部分的责任

D. 个人独资企业解散后,其财产不足以清偿债务的,投资人应当以其个人的其他财产予以清偿,仍不足清偿的,投资人应当以其家庭共有财产予以清偿

2. 个人独资企业投资人申请设立独资企业,须向登记机关提交设立申请书。设立申请书包括的主要事项有( )。

A. 企业的名称和住所   B. 投资人的姓名和居所

C. 投资人的出资额和出资方式   D. 经营范围及方式

3. 个人独资企业有下列( )情形之一时,应当解散。

A. 投资人决定解散

B. 投资人死亡或者被宣告死亡

C. 被依法吊销营业执照

D. 营业执照上规定的经营期限到期的

4. 以个人财产出资设立的个人独资企业解散后,其财产不足清偿所负债务,对尚未清偿的债务,( )处理方式违反《个人独资企业法》的规定。

A. 不再清偿

B. 以投资人家庭共有财产承担无限责任

C. 以投资人个人的其他财产予以清偿,仍不足清偿的,如果债权人在 2 年内未提出偿债要求的,则不再清偿

D. 以投资人个人的其他财产予以清偿,仍不足清偿的,如果债权人在 5 年内未提出偿债要求的,则不再清偿

5. 根据《个人独资企业法》的规定,下列各项中,因企业违法应当受到吊销营业执照处罚的有( )。

A. 个人独资企业成立后无正当理由超过六个月未开业的

B. 个人独资企业开业后自行停业连续六个月以上的

C. 涂改、出租、转让营业执照,情节严重的

D. 伪造营业执照的

6. 好味道食品加工厂是一家由马某设立的个人独资企业,由于经营不善,面临债权人郭某追债,郭某要求马某要么还钱,要么解散进行清算,但马某迟迟不归还欠款,也不进行清算,此时,( )。

A. 郭某可以申请人民法院指定清算人进行清算

B. 若法院指定清算人,郭某应当在接到通知之日起三十日内,未接到通知的债权人应当在公告之日起六十日内,向马某申报其债权

C. 个人独资企业解散后,马某对个人独资企业存续期间的债务仍应承担偿还责任,但郭某在五年内未向马某提出偿债请求的,该责任消灭

D. 个人独资企业财产不足以清偿债务的,郭某可以要求马某以其个人的其他财产予以清偿

7. 在下列各项中,有关个人独资企业特征的表述中,不正确的有( )。

A. 个人独资企业的投资人对企业债务承担无限连带责任

B. 个人独资企业是非法人企业,无独立承担民事责任的能力

C. 个人独资企业是非法人企业,无独立的民事主体资格

D. 个人独资企业的投资人可以是中国公民,也可以是外国公民

三、案例分析题

2023 年 10 月 1 日,某银行职员甲出资 20 万元,拟投资个人独资企业,取名为宏发有限责任公司。假设后来该个人独资企业成立,因业务繁忙,甲便聘请朋友乙管理企业事务,同时规定,凡乙对外签订标的额超过 3 万元的合同,须经甲同意。同年 11 月 1 日,乙未经甲同意,以个人独资企业名义与善意第三人丙签订了购入 5 万元原材料的合同。2024 年 12 月,因企业连续亏损,甲解散了个人独资企业。2025 年 4 月 10 日,债权人丁要求甲偿还在企业存续期间所欠货款 2 万元。甲以企业已解散为由,拒绝偿还债务。

问题:

(1) 该个人独资企业的设立过程中是否有不合法之处?

(2) 乙与丙签订的购入 5 万元原材料的合同是否有效,为什么?

(3) 甲以个人独资企业已解散为由拒不还款,其行为是否正确,为什么?

项目 四

合伙企业法律制度

【本项目涉及的主要法律法规文件】

1.《中华人民共和国合伙企业法》，2006 年修订，2007 年 6 月 1 日起施行。

2.《中华人民共和国市场主体登记管理条例》，《中华人民共和国市场主体登记管理条例实施细则》，2022 年 3 月 1 日起施行。

【本项目拟实现的目标】

知识目标：(1) 了解合伙企业的概念、特征和类型。(2) 掌握合伙企业的设立条件及程序。(3) 了解普通合伙和有限合伙的区别。(4) 掌握合伙企业的清算程序。

技能目标：(1) 能够根据合伙企业设立条件设立合伙企业。(2) 能够识别合伙企业交易行为的法律风险。(3) 能根据入伙退伙规则指导入伙退伙事宜。(4) 能根据案情分析合伙企业清算程序。

素质目标：(1) 引导合伙人合法经营，并践行诚信与和谐的社会主义核心价值观。(2) 锻造管理人员勤勉诚信的素质品格。

［导入案例］

李平、陈辉和周光为某合伙企业的合伙人。三人各出资 3 万元，并按出资比例承担盈亏。由于经营不善，严重亏损，欠债权人 12 万元货款无法偿还。债权人向李平、周光主张债权时，他们以企业已破产解散拒绝偿还。债权人向陈辉主张全部债权时，陈辉以合伙协议约定按出资比例承担盈亏为由，只偿还了自己应承担的份额，即 4 万元。

【问题】

1. 上述合伙人的理由是否合法，为什么？

2. 合伙企业的债务应如何承担？

任务一　认识合伙企业

一、合伙企业的概念

合伙企业是指自然人、法人或其他组织依照《中华人民共和国合伙企业法》(简称《合伙企业法》)在中国境内设立的,由各合伙人订立合伙协议,共同出资,合伙经营,共享收益,共担风险,并对合伙企业债务承担无限连带责任(有限合伙除外)的营利性组织。普通合伙人对合伙企业债务承担无限连带责任,有限合伙人以其认缴的出资额为限对合伙企业承担责任。

提示:无限连带责任,是指每个合伙人对于合伙债务都负有全部清偿义务,而债权人也有权向合伙人中的任何一人或数人要求其共同清偿债务的一部分或全部。

二、合伙企业的分类

根据《合伙企业法》的规定,合伙企业分为两大类:

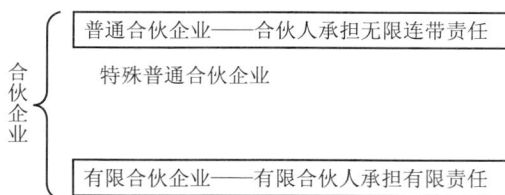

任务二 掌握普通合伙企业制度

一、合伙企业的设立

(一)普通合伙企业的设立条件

1. 有两个以上合伙人

合伙企业合伙人至少两人以上,可以是自然人,也可以是法人或其他组织。但《合伙企业法》对合伙人的资格有了一些限制:一是合伙人应当具有完全民事行为能力;二是国有独资公司、国有企业、上市公司及公益性的事业单位、社会团体不得成为普通合伙人;三是法律、行政法规规定禁止从事营利性活动的人,如国家公务员、党政机关领导干部、人民警察、法官、检察官、商业银行工作人员等,不得成为合伙企业的合伙人。

2. 有书面合伙协议

合伙协议是由合伙人通过协商,共同确定相互间权利义务的具有法律约束力的法律文件。合伙协议是合伙企业成立的基础,必须采取书面形式,并经全体合伙人签章后才能生效。合伙协议生效后,全体合伙人可以在协商一致的基础上,对合伙协议进行修改或补充。合伙协议应当载明下列内容:

(1)合伙企业的名称和主要经营场所的地点;

(2)合伙目的和合伙经营范围;

(3)合伙人的姓名或者名称、住所;

(4)合伙人的出资方式、数额和缴付期限;

(5)利润分配、亏损分担方式;

(6)合伙事务的执行;

(7)入伙与退伙;

（8）争议解决办法；

（9）合伙企业的解散与清算；

（10）违约责任。

3. 有合伙人认缴或实际缴付的出资

合伙企业是营利性经济组织，需具备一定的经济基础，因此合伙人应对合伙企业进行投资，但法律对投资额没有限制性规定。合伙人可以用货币、实物、知识产权、土地使用权或其他财产权利出资。需要评估作价的，可以由全体合伙人协商确定，也可以由全体合伙人委托法定评估机构评估。普通合伙人以劳务出资的，其评估办法由全体合伙人协商确定，并在合伙协议中载明。合伙人应按协议和法律规定完成出资。

4. 有合伙企业的名称和生产经营场所

合伙企业在设立时，必须确定其合伙企业的名称。普通合伙企业的名称应标明"普通合伙"字样，其中特殊普通合伙企业，应标明"特殊普通合伙"字样，不得使用诸如"有限""有限责任""公司"等字样。作为一个营利性经济组织，合伙企业要经营，就必须有一定的营业场所和其他经营条件。

此外，法律、行政法规规定的其他条件也须满足。

（二）普通合伙企业的登记事项与规范要求

1. 登记事项

根据《中华人民共和国市场主体登记管理条例》及实施细则的规定，合伙企业应登记以下事项：名称，类型，经营范围，主要经营场所，出资额，执行事务合伙人名称或者姓名，合伙人名称或者姓名、住所，合伙企业承担责任方式。执行事务合伙人是法人或者其他组织的，登记事项还应当包括其委派的代表姓名。同时，还应当备案以下事项：合伙协议、合伙期限、合伙人认缴或者实际缴付的出资数额、缴付期限和出资方式、登记联络员、外商投资合伙企业法律文件送达接受人。登记类型包括：普通合伙（含特殊普通合伙）企业、有限合伙企业。合伙协议未约定或者全体合伙人未决定委托执行事务合伙人的，除有限合伙人外，申请人应当将其他合伙人均登记为执行事务合伙人。申请人应当按照国家市场监督管理总局发布的经营范围规范目录，根据市场主体主要行业或者经营特征自主选择一般经营项目和许可经营项目，申请办理经营范围登记。

2. 登记规范要求

申请人应当在申请材料上签名或者盖章。申请人可以通过全国统一电子营业执照系统等电子签名工具和途径进行电子签名或者电子签章。符合法律规定的可靠电子签名、电子签章与手写签名或者盖章具有同等法律效力。在办理登记、备案事项时，申请人应当配合登记机关通过实名认证系统，采用人脸识别等方式对合伙企业合伙人、执行事务合伙人（含委派代表）等人员进行实名验证。办理市场主体登记、备案事项，申请人可以到登记机关现场提交申请，也可以通过市场主体登记注册系统提出申请。申请材料齐全、符合法定形式的，登记机关予以确认，并当场登记，出具登记通知书，及时制发营业执照。不予当场登记的，登记机关应当向申请人出具接收申请材料凭证，并在3个工作日内对申请材料进行审查；情形复杂的，经登记机关负责人批准，可以延长3个工作日，并书面告知申请人。申请材料不齐全或者不符合法定形式的，登记机关应当将申请材料退还申请人，并一次性告知申请人需要补正的材料。申请人补正后,应当重新提交申请材料。市场主体因通过登记的住所(主要经营场所、经营场所)无法取得联系被列入经营异常名录的,在申请办理其他变更登记时,应当依法及时申请办理住所(主要经营场所、经营场所)变更登记。市场主体设立分支机构的,应当自决定作出之日起 30 日内向分支机构所在地登记机关申请办理登记。合伙企业营业执照应当载明名称、合伙企业执行事务合伙人、类型(组成形式)、注册资本(出资额)、住所(主要经营场所、经营场所)、经营范围、登记机关、成立日期、统一社会信用代码。电子营业执照与纸质营业执照具有同等法律效力,市场主体可以凭电子营业执照开展经营活动。

合伙企业营业执照正本格式示意图如下:

合伙企业营业执照副本格式示意图如下:

（三）合伙企业的设立与变更

1. 设立登记

（1）核名。前往工商局提交企业名称预先核准申请，填写企业名称预先核准申请表，等待工商局内部网检索是否有重名，通过后领取"企业（字号）名称预先核准通知书"。

（2）提交设立申请书和相关文件。申请人需要向合伙企业所在地的登记机关提交设立申请书、申请人主体资格文件或者自然人身份证明、住所（主要经营场所、经营场所）相关文件、合伙企业合伙协议等文件。如果委托代理人申请，还需出具委托书和代理人的合法证明。此外，还需要关注以下两点内容：① 法律、行政法规规定设立特殊的普通合伙企业需要提交合伙人的职业资格文件的，提交相应材料；② 全体合伙人决定委托执行事务合伙人的，应当提交全体合伙人的委托书和执行事务合伙人的主体资格文件或者自然人身份证明。执行事务合伙人是法人或者其他组织的，还应当提交其委派代表的委托书和自然人身份证明。

（3）核准登记。申请材料齐全、符合法定形式的，登记机关予以确认，并当场登记，出具登记通知书，及时制发营业执照。不予当场登记的，登记机关应当向申请人出具接收申请材料凭证，并在 3 个工作日内对申请材料进行审查；情形复杂的，经登记机关负责人批准，可以延长 3 个工作日，并书面告知申请人。申请材料不齐全或者不符合法定形式的，登记机关应当将申请材料退还申请人，并一次性告知申请人需要补正的材料。合伙企业若设立分支机构的，应当自决定作出之日起 30 日内向分支机构所在地登记机关申请办理登记。

合伙企业营业执照的签发日期为企业成立日期，此时企业主体资格确立，并能够以企业名义对外从事经营活动。但在领取合伙企业营业执照前，投资人不得以企业的名义从事营业活动。

2. 变更登记

市场主体变更登记事项，应当自作出变更决议、决定或者法定变更事项发生之日起 30 日内申请办理变更登记。变更涉及分支机构登记事项变更的，应当自市场主体登记事项变更登记之日起 30 日内申请办理分支机构变更登记。申请办理变更登记，应当提交申请书。① 合伙企业应当提交全体合伙人或者合伙协议约定的人员签署的变更决定书；变更事项涉及修改合伙协议的，应当提交由全体合伙人签署或者合伙协议约定的人员签署修改或者补充的合伙协议。② 执行事务合伙人（含委派代表）的变更登记申请由新任执行事务合伙人（含委派代表）签署。③ 市场主体变更名称，可以自主申报名称并在保留期届满前申请变更登记，也可以直接申请变更登记。④ 市场主体变更住所（主要经营场所、经营场所），应当在迁入新住所（主要经营场所、经营场所）前向迁入地登记机关申请变更登记，并提交新的住所（主要经营场所、经营场所）使用相关文件。⑤ 市场主体变更备案事项的，应当按照《中华人民共和国市场主体登记管理条例》第二十九条规定办理备案。

二、普通合伙企业的财产及事务管理

（一）普通合伙企业的财产

1. 合伙企业财产的性质及构成

合伙企业作为独立的民事主体，在存续期间企业财产独立于合伙人个人财产，由全体合伙人共同持有，合伙企业清算前，合伙人不得请求分割合伙企业财产，但法律另有规定的除外。

合伙企业的财产主要由合伙人的出资和合伙企业的经营收益两部分构成。

2. 合伙企业财产的转让

合伙企业财产的转让是指合伙人将自己在合伙企业中的财产份额转让给他人。由于普通合伙人承担的是无限连带责任,所以合伙人之间存在较强的信任关系,也就是人合性比较强。因此,《合伙企业法》对合伙企业财产份额转让做出了限制性规定:

(1)对内转让。合伙人之间转让在合伙企业中的全部或部分财产份额时,应通知其他合伙人。

(2)对外转让。除合伙协议另有约定外,合伙人向合伙人以外的人转让其在合伙企业中的全部或部分财产份额时,须经其他合伙人一致同意。在同等条件下,其他合伙人有优先购买权,但合伙协议另有约定的除外。

(二)普通合伙企业的事务管理

合伙人对执行合伙事务享有同等的权利。根据合伙协议的约定或经全体合伙人决定,可以委托一个或数个合伙人对外代表合伙企业,执行合伙事务。

1. 合伙人权利义务

合伙人的权利:① 执行权。合伙人平等享有合伙企业事务执行权,可以共同执行合伙企业事务,也可以委托一个或数个合伙人执行合伙事务,其他合伙人不再执行合伙事务。② 监督权。不执行合伙事务的合伙人有权监督执行事务合伙人执行合伙事务的情况。③ 知情权。合伙人具有查阅企业会计账簿等财务资料的权利。④ 异议权。合伙人对其他合伙人有提出异议的权利和撤销委托的权利。⑤ 表决权。合伙人对合伙企业有关事项做出决议,按照合伙协议约定的表决办法办理。

合伙人义务:① 合伙事务执行人要按约定向不参与执行事务的合伙人报告事务执行情况及企业经营状况和财务状况。② 合伙人不得自营或与他人合营与本合伙企业相竞争的业务。③ 除合伙协议另有约定或经全体合伙人同意之外,合伙人不得同本企业进行交易。④ 合伙人不得从事损害本合伙企业利益的其他行为。

2. 合伙企业事务执行的决议

合伙人对合伙企业有关事项做出决议,按照合伙协议约定的表决办法处理。合伙协议未约定或约定不明确的,实行合伙人一人一票并经全体合伙人过半数通过的表决办法。《合伙企业法》第三十一条规定,除合伙协议另有约定外,合伙企业的下列事项应当经全体合伙人一致同意:

(1)改变合伙企业的名称;

(2)改变合伙企业的经营范围、主要经营场所的地点;

(3)处分合伙企业的不动产;

(4)转让或者处分合伙企业的知识产权和其他财产权利;

(5)以合伙企业名义为他人提供担保;

(6)聘任合伙人以外的人担任合伙企业的经营管理人员。

3. 合伙企业的损益分配

合伙企业的利润分配、亏损分担,按合伙协议的约定处理;合伙协议未约定或约定不明确的,由合伙人协商决定;协商不成的,由合伙人按照实缴的出资比例分配、分担;无法确定出资比例的,由合伙人平均分配、分担。合伙协议不得约定将全部利润分配给部分合伙人或由部分合伙人承担全部亏损。

合伙人对合伙企业债务承担无限连带责任。合伙企业对其债务,应先以其全部财产进行清偿。合伙企业不能清偿到期债务的,合伙人承担无限连带责任。合伙人由于承担无限连带责任,清偿数额超过合伙协议规定的其亏损分担比例的,有权向其他合伙人追偿。

4. 合伙企业与第三人关系

(1) 对外代表权的效力。

《合伙企业法》规定,合伙企业对合伙人执行合伙事务以及对外代表合伙企业权利的限制,不得对抗善意第三人。这里的善意第三人指的是本着合法交易的目的,诚实地通过合伙企业的事务执行人,与合伙企业之间建立民事法律关系的法人、非法人或自然人。

(2) 合伙企业的债务清偿。

① 合伙企业对其债务,应先以其全部财产进行清偿。

② 合伙企业财产不足清偿的部分,由全体合伙人承担无限连带责任。也就是说,合伙企业的债权人可以根据自己的利益,请求全体合伙人中的一人或数人承担全部清偿责任,也可以按照自己确定的比例向各合伙人分别追偿。被请求的合伙人不得以其出资份额大小、合伙协议有特别约定等理由拒绝。

(3) 合伙人的个人债务清偿与合伙企业的关系。

① 合伙人发生的与合伙企业无关的债务,相关债权人不得以其债权抵消其对合伙企业的债务。

② 合伙人的财产不足以清偿其与合伙企业无关的个人债务的,该合伙人可以以其在合伙企业中分得的收益用于清偿;债权人也可以依法请求人民法院强制执行该合伙人在合伙企业中的财产份额用于清偿。

③ 人民法院强制执行合伙人的财产份额时,应通知全体合伙人,其他合伙人有优先购买权;其他合伙人未购买,又不同意将该财产份额转让给他人的,该合伙人应办理退伙结算,或办理削减该合伙人相应财产份额的结算。

三、入伙与退伙

(一) 入伙

入伙是指在合伙企业存续期间,现有合伙人以外的人加入合伙企业并取得合伙人资格的法律行为。

1. 入伙的程序

新合伙人入伙,除合伙协议另有约定外,应经全体合伙人一致同意,并依法订立书面的入伙协议。订立入伙协议时,原合伙人应当向新合伙人如实告知原合伙企业经营状况和财务状况。合伙企业发生入伙法律行为后需在 15 日内进行变更登记。

2. 新合伙人的权利和责任

入伙的新合伙人与原合伙人享有同等权利,承担同等责任,但入伙协议另有约定的从其约定。新合伙人对入伙前合伙企业的债务承担无限连带责任。

(二) 退伙

退伙是指合伙人退出合伙企业,丧失合伙人资格的法律行为。退伙大体上分为自愿退伙和法定退伙两种。

1. 自愿退伙

自愿退伙是基于自愿的原因退出合伙企业。

（1）协议退伙。合伙协议约定合伙期限的，在合伙企业存续期间，有下列情形之一的，合伙人可以退伙：

① 合伙协议约定的退伙事由出现；

② 经全体合伙人一致同意退伙；

③ 发生合伙人难以继续参加合伙企业的事由；

④ 其他合伙人严重违反合伙协议约定的义务。

（2）通知退伙。合伙协议未约定合伙期限的，合伙人在不给合伙企业事务执行造成不利影响的情况下，可以退伙，但应当提前 30 日通知其他合伙人。

2. 法定退伙

法定退伙是指合伙人因出现法律规定的事由而退伙。法定退伙又分为当然退伙和除名退伙两类。

（1）当然退伙。合伙人有下列情形之一的，当然退伙：

① 作为合伙人的自然人死亡或者被依法宣告死亡；

② 个人丧失偿债能力；

③ 作为合伙人的法人或者其他组织依法被吊销营业执照、责令关闭、撤销，或者被宣告破产；

④ 法律规定或者合伙协议约定合伙人必须具有相关资格而丧失该资格；

⑤ 合伙人在合伙企业中的全部财产份额被人民法院强制执行。

合伙人被依法认定为无民事行为能力人或者限制民事行为能力人的，经其他合伙人一致同意，可以依法转为有限合伙人，普通合伙企业依法转为有限合伙企业；其他合伙人未能一致同意的，该无民事行为能力或者限制民事行为能力的合伙人退伙。退伙事由实际发生之日为退伙生效日。

（2）除名退伙。合伙人有下列情形之一的，经其他合伙人一致同意，可以决议将其除名：

① 未履行出资义务；

② 因故意或者重大过失给合伙企业造成损失；

③ 执行合伙事务时有不正当行为；

④ 发生合伙协议约定的事由。

对合伙人的除名决议应当书面通知被除名人。被除名人接到除名通知之日，除名生效，被除名人退伙。被除名人对除名决议有异议的，可以自接到除名通知之日起 30 日内，向人民法院起诉。

3. 退伙的法律效果

（1）合伙人资格终止；

（2）退还财产份额（全体合伙人同意或协议约定可继承）；

（3）对基于退伙前的原因发生的债务承担无限连带责任。

四、特殊的普通合伙企业

特殊的普通合伙企业是指以专业知识和专门技能为客户提供有偿服务的专业服务机构，如合伙开办的会计师事务所、律师事务所、税务师事务所等。特殊的普通合伙企业名称中应当标明"特殊普通合伙"字样。特殊的普通合伙企业的责任承担形式有如下两种。

（一）有限责任和无限连带责任相结合

一个或数个合伙人在执业活动中因故意或重大过失造成合伙企业债务的，应当承担无限责任或无限连带责任，其他合伙人以其在合伙企业中的财产份额为限承担责任。

合伙人执业活动中因故意或重大过失造成的合伙企业债务，以合伙企业财产对外承担责任后，该合伙人应按合伙协议的约定对给合伙企业造成的损失承担赔偿责任。

（二）无限连带责任

合伙人在执业活动中非因故意或重大过失造成的合伙企业债务以及合伙企业的其他债务，由全体合伙人承担无限连带责任。

任务三　理解有限合伙企业制度

一、有限合伙企业的设立条件

（1）由2个以上50个以下合伙人设立，但法律另有规定的除外。其中有限合伙企业至少要有一个普通合伙人。

（2）有书面的合伙协议。除了载明普通合伙协议的规定外，合伙协议还应当载明下列事项：

① 普通合伙人和有限合伙人的姓名或者名称、住所；
② 执行事务合伙人应具备的条件和选择程序；
③ 执行事务合伙人权限与违约处理办法；
④ 执行事务合伙人的除名条件和更换程序；
⑤ 有限合伙人入伙、退伙的条件、程序以及相关责任；
⑥ 有限合伙人和普通合伙人相互转变程序。

（3）有限合伙人认缴或实际缴付的出资。有限合伙人可以用货币、实物、知识产权、土地使用权或者其他财产权利作价出资。有限合伙人不得以劳务出资。有限合伙人应当按照合伙协议的约定按期足额缴纳出资；未按期足额缴纳的，应当承担补缴义务，并对其他合伙人承担违约责任。

（4）有限合伙企业的名称和生产经营场所。有限合伙企业名称应当标明"有限合伙"字样。有限合伙企业要有一定的经营场所以便于开展经营活动。

（5）法律、法规规定的其他条件。

二、有限合伙企业的特殊规定

(一) 企业事务执行的特殊规定

由普通合伙人执行合伙事务。执行事务合伙人可以要求在合伙协议中确定执行事务的报酬及报酬提取方式。有限合伙人不执行合伙事务,不得对外代表有限合伙企业。但是,下列行为不视为执行合伙事务:

(1) 参与决定普通合伙人入伙、退伙;

(2) 对企业的经营管理提出建议;

(3) 参与选择承办有限合伙企业审计业务的会计师事务所;

(4) 获取经审计的有限合伙企业财务会计报告;

(5) 对涉及自身利益的情况,查阅有限合伙企业财务会计账簿等财务资料;

(6) 在有限合伙企业中的利益受到侵害时,向有责任的合伙人主张权利或者提起诉讼;

(7) 执行事务合伙人怠于行使权利时,督促其行使权利或者为了本企业的利益以自己的名义提起诉讼;

(8) 依法为本企业提供担保。

第三人有理由相信有限合伙人为普通合伙人并与其交易的,该有限合伙人对该笔交易与普通合伙人承担同等的责任。有限合伙人未经授权以有限合伙企业名义与他人进行交易,给有限合伙企业或其他合伙人造成损失的,该有限合伙人应承担赔偿责任。有限合伙企业不得将全部利润分配给部分合伙人,但合伙协议另有约定的除外。

(二) 有限合伙人权利的特殊规定

(1) 有限合伙人可以同本有限合伙企业进行交易,但合伙协议另有约定的除外。

(2) 有限合伙人可以自营或者同他人合作经营与本有限合伙企业相竞争的业务,但合伙协议另有约定的除外。

(3) 有限合伙人可以将其在有限合伙企业中的财产份额出质,但合伙协议另有约定的除外。

(4) 有限合伙人可以按照合伙协议的约定向合伙人以外的人转让其在有限合伙企业中的财产份额,但应当提前 30 日通知其他合伙人。

(三) 有限合伙企业入伙和退伙的特殊规定

有限合伙企业的入伙、退伙情况适用于普通合伙企业的入伙、退伙规定。

1. 入伙

新入伙的有限合伙人对入伙前合伙企业的债务,以其认缴的出资额为限承担责任。

2. 退伙

(1) 有限合伙人退伙后,对基于退伙前的原因发生的有限合伙企业债务,以其退伙时从有限合伙企业中取回的财产为限承担责任。

(2) 作为有限合伙人的自然人在有限合伙企业存续期间丧失民事行为能力的,其他合伙人不得因此要求其退伙。有限合伙人死亡或资格终止时,其继承人或权利承受人可以依法取得该有限合伙人在有限合伙企业中的资格。

（四）有限合伙人和普通合伙人的转变

（1）除合伙协议另有约定外，普通合伙人转变为有限合伙人，或者有限合伙人转变为普通合伙人，应当经全体合伙人一致同意。

（2）有限合伙人转变为普通合伙人的，对作为有限合伙人期间有限合伙企业发生的债务承担无限连带责任。

（3）普通合伙人转变为有限合伙人的，对作为普通合伙人期间合伙企业发生的债务承担无限连带责任。

任务四 掌握合伙企业解散和清算制度

一、合伙企业的解散

合伙企业有下列情形之一时，应当解散：① 合伙期限届满，合伙人决定不再经营；② 合伙协议约定的解散事由出现；③ 全体合伙人决定解散；④ 合伙人已不具备法定人数满 30 天；⑤ 合伙协议约定的合伙目的已经实现或者无法实现；⑥ 依法被吊销营业执照、责令关闭或者被撤销；⑦ 法律、行政法规规定的其他原因。

二、合伙企业的清算

合伙企业解散后应当进行清算，并通知和公告债权人。清算期间，合伙企业存续，但不得开展与清算无关的经营活动。

（一）清算人的确定

合伙企业解散，清算人由全体合伙人担任；经全体合伙人的过半数同意，可以自合伙企业解散事由出现后 15 日内指定一个或者数个合伙人，或者委托第三人担任清算人。自合伙企业解散事由出现之日起 15 日内未确定清算人的，合伙人或其他利害关系人可以申请人民法院指定清算人。

（二）清算人的职责

清算人在清算期间执行下列事务：① 清理合伙企业财产，分别编制资产负债表和财产清单；② 处理与清算有关的合伙企业未了结的事务；③ 清缴所欠税款；④ 清理债权、债务；⑤ 处理合伙企业清偿债务后的剩余财产；⑥ 代表合伙企业参加诉讼活动或者仲裁活动。

（三）通知、公告债权人和申报债权

清算人自被确定之日起 10 日内将合伙企业解散事项通知债权人，并于 60 日内在报纸上公告。债权人应当自接到通知书之日起 30 日内，未接到通知书的自公告之日起 45 日内，向清算人申报债权。债权人申报债权，应当说明债权的有关事项，并提供证明材料。清算人应当对债权进行登记。

（四）合伙企业财产清偿顺序

合伙企业财产按下列顺序清偿：① 清算费用；② 合伙企业所欠职工工资、社会保险费用

和法定补偿金;③ 合伙企业所欠税款;④ 合伙企业的债务。合伙企业财产按上述顺序清偿后仍有剩余的,按合伙协议约定的比例进行分配;合伙协议未约定或者约定不明确的,由合伙人协商决定;协商不成的,由合伙人按照实缴出资比例分配。合伙企业清算时,其全部财产不足清偿其债务的,则各合伙人应当承担无限连带责任。

（五）合伙企业注销登记

市场主体因解散、被宣告破产或者其他法定事由需要终止的,应当依法向登记机关申请注销登记。依法需要清算的,应当自清算结束之日起 30 日内申请注销登记。依法不需要清算的,应当自决定作出之日起 30 日内申请注销登记。市场主体申请注销后,不得从事与注销无关的生产经营活动。自登记机关予以注销登记之日起,市场主体终止。

申请办理注销登记,应当提交下列材料:申请书;依法作出解散、注销的决议或者决定,或者被行政机关吊销营业执照、责令关闭、撤销的文件;清算报告、负责清理债权债务的文件或者清理债务完结的证明;税务部门出具的清税证明。此外,人民法院指定清算人、破产管理人进行清算的,应当提交人民法院指定证明;合伙企业分支机构申请注销登记,还应当提交全体合伙人签署的注销分支机构决定书。

此外,除《中华人民共和国市场主体登记管理条例》第四十八条规定情形外,合伙企业注销登记可以申请办理简易注销登记,应当提交申请书和全体投资人承诺书。市场主体应当将承诺书及注销登记申请通过国家企业信用信息公示系统公示,公示期为 20 日。在公示期内无相关部门、债权人及其他利害关系人提出异议的,市场主体可以于公示期届满之日起 20 日内向登记机关申请注销登记。

合伙企业注销后,原普通合伙人对合伙企业存续期间的债务仍应承担无限连带责任。

【案例解析】

【导入案例】解析:

1. 不符合合伙企业法的相关规定。普通合伙人应对合伙企业的债务承担无限连带责任,债权人有权向合伙人的任何一人或数人要求其共同清偿债务的一部分或全部。

2. 合伙企业的债务,首先可用企业现有财产清偿,不足部分由普通合伙人承担连带清偿责任。

【项目小结】

本项目主要知识点:合伙企业的设立条件和设立程序;普通合伙企业财产及事务管理,注意需经全体合伙人一致同意的情形和内部约定不得对抗善意第三人的规定;入伙与退伙的程序与效果;特殊的普通合伙企业责任承担的规则;有限合伙企业的特殊规定;合伙企业解散情形和清算程序。

【项目训练】

一、单选题

1. 根据《合伙企业法》的规定,合伙人有（   ）情形的,为当然退伙。

A. 合伙协议约定退伙的事由出现   B. 未履行出资义务

C. 执行合伙事务时有不当行为   D. 个人丧失偿债能力

2. 合伙企业的利润和亏损,由合伙人依照合伙协议的约定分配。合伙协议无约定时,由各合伙人按( )分配和分担。

A. 出资比例　　　　　　　　　B. 贡献大小
C. 平均　　　　　　　　　　　D. 合伙企业事务执行人的决定

3. 合伙企业对合伙人执行合伙企业事务以及对外代表合伙企业权利的限制,不得对抗( )。

A. 第三人　　　B. 债务人　　　C. 债权人　　　D. 善意第三人

4. 在如下选项中,( )不是合伙企业的特征。

A. 合伙企业的成立以订立合伙协议为法律基础
B. 合伙企业的内部关系属于合伙关系
C. 合伙人对合伙企业债务承担无限连带责任
D. 合伙企业具有独立的法人地位

5. 根据《合伙企业法》的规定,下列事项中,不必经普通合伙企业全体合伙人一致同意的是( )。

A. 处分合伙企业的不动产
B. 改变合伙企业的名称
C. 合伙人之间转让在合伙企业中的财产份额
D. 合伙人以其在合伙企业中的财产份额出质

6. 甲是普通合伙企业的合伙人,乙为甲个人债务的债权人,当甲的个人财产不足以清偿乙的债务时,根据合伙企业法律制度的规定,乙可以( )。

A. 代位行使甲在合伙企业中的权利
B. 依法请求人民法院强制执行甲在合伙企业的财产份额用于清偿
C. 自行接管甲在合伙企业中的财产份额
D. 以其对甲的债权抵销其对合伙企业的债务

二、多选题

1. 合伙人 A 以其在合伙企业中的财产份额出质,但未经全体合伙人的一致同意,根据《合伙企业法》的规定( )。

A. 其出质行为无效
B. 可以作为退伙处理
C. 由此给其他合伙人造成损失的,依法承担赔偿责任
D. 其应当退伙并不得分配利润

2. 合伙企业财产不包括( )。

A. 合伙人出资的财产　　　　　B. 所有以合伙企业名义取得的收益
C. 合伙人个人财产　　　　　　D. 合伙企业债务

3. 广东某创意工作室为有限合伙企业,甲为有限合伙人,出资 10 万元,乙、丙为普通合伙人,各出资 3 万元,根据《合伙企业法》规定,以下说法正确的是( )。

A. 甲、乙、丙均需对该企业的债务承担无限连带责任
B. 若甲为后来新入伙人,其应对该企业之前的债务承担无限连带责任
C. 甲只以 10 万元为限对该企业的债务承担责任

D. 乙、丙需要对该企业债务承担无限连带责任

4. 在有限合伙企业中,下列表述正确的有(　　)。

A. 除合伙协议另有约定的外,有限合伙人可以经营与本企业相竞争的业务

B. 有限合伙人转变为普通合伙人的,对其作为有限合伙人期间合伙企业发生的债务应承担有限责任

C. 普通合伙人转变为有限合伙人的,对其作为普通合伙人期间合伙企业发生的债务应承担无限责任

D. 除合伙协议另有约定外,有限合伙人可以同本有限合伙企业进行交易

5. 下列各项中,不能成为普通合伙人的有(　　)。

A. 国有独资公司　　　　　　　　B. 国有企业

C. 上市公司　　　　　　　　　　D. 公益性的事业单位

6. 有限合伙人的下列行为不视为执行合伙事务的有(　　)。

A. 参与决定普通合伙人入伙、退伙

B. 依法为本企业提供担保

C. 对企业经营管理提出建议

D. 获取经审计的有限合伙企业财务会计报告

三、案例分析题

甲、乙、丙共同设立一普通合伙企业。合伙协议约定:甲以现金人民币5万元出资,乙以房屋作价人民币8万元出资,丙以劳务作价人民币4万元出资;各合伙人按相同比例分配盈利、分担亏损。普通合伙企业成立后,为扩大经营,向银行贷款人民币5万元。2024年8月,甲提出退伙,鉴于当时合伙企业盈利,乙、丙表示同意。同月,甲办理了退伙结算手续。9月,丁入伙。丁入伙后,因经营环境变化,企业严重亏损。10月,乙、丙、丁决定解散合伙企业,并将合伙企业现有财产价值人民币3万元予以分配,但对未到期的银行贷款未予清偿。银行贷款到期后,银行找合伙企业清偿债务,发现该企业已经解散,遂向甲要求偿还全部贷款,甲称自己早已退伙,不负责清偿债务。银行向乙要求偿还全部贷款,乙表示只按照合伙协议约定的比例清偿相应数额。银行向丙要求偿还全部贷款,丙则表示自己是以劳务出资的,不承担偿还贷款义务。银行向丁要求偿还全部贷款,丁称该笔贷款是在自己入伙前发生的,不负责清偿。

问题：

(1) 甲、乙、丙、丁各自的主张能否成立?请说明理由。

(2) 合伙企业所欠银行贷款应如何清偿?

(3) 在银行贷款清偿后,甲、乙、丙、丁内部之间应如何分担清偿责任?

项目五

公司法律制度

【本项目涉及的主要法律法规文件】

1.《中华人民共和国公司法(2023 修正)》,2024 年 7 月 1 日起施行。

2.《最高人民法院关于适用〈中华人民共和国公司法〉若干问题的规定(一)》(2014 年修正),2014 年 3 月 1 日起施行。

3.《最高人民法院关于适用〈中华人民共和国公司法〉若干问题的规定(二)》(2018 年修正),2021 年 1 月 1 日起施行。

4.《最高人民法院关于适用〈中华人民共和国公司法〉若干问题的规定(三)》(2018 年修正),2021 年 1 月 1 日起施行。

5.《最高人民法院关于适用〈中华人民共和国公司法〉若干问题的规定(四)》(2018 年修正),2021 年 1 月 1 日起施行。

6.《最高人民法院关于适用〈中华人民共和国公司法〉若干问题的规定(五)》(2018 年修正),2021 年 1 月 1 日起施行。

7.《中华人民共和国市场主体登记管理条例》,《中华人民共和国市场主体登记管理条例实施细则》,2022 年 3 月 1 日起施行。

【本项目拟实现的目标】

知识目标:(1)了解公司的概念、特征和类型。(2)掌握公司的设立条件及程序。(3)掌握公司组织机构相关知识。(4)掌握股权转让规则及程序。(5)掌握公司解散和清算程序。

技能目标:(1)能够根据公司设立条件设立有限责任公司。(2)能够根据公司组织机构的相关知识判断公司决议的效力。(3)懂得股权转让规则及程序。(4)懂得公司债券发行条件及程序。(5)掌握公司解散清算程序。

素质目标:(1)引导公司及相关人员合法经营,遵守社会公德、商业道德,诚实守信。(2)锻造高级管理人员勤勉诚信的素质品格。

[导入案例]

甲、乙、丙三个发起人设立了光明贸易有限公司,公司经营多年后,甲打算将其持有的 40％的股份转让给丁。甲将转让股份的具体情况书面告知乙、丙。乙表示同意转让,丙表示反对转让。事后,甲认为其本人与乙都同意转让,所以已经符合法定的过半数通过的条件,遂要求公司协助其办理股权变更登记手续,但遭到公司的拒绝。

公司的理由是：第一，甲转让股权给第三人应当召开公司股东会进行表决，但事实上甲只是采用书面通知的方式进行；第二，股东将股权转让给第三人，需要股东过半数通过，但这半数不应当包括转让者本人；第三，股份转让需要修改公司章程，也必须经股东会表决通过，但事实上公司还未就公司章程修改召开过股东会。

【问题】

1. 公司所说的三条理由是否成立，为什么？

2. 你认为本案应当如何处理？

任务一　认识公司及公司法

【案例 5-1】 甲、乙、丙分别出资 20 万元、15 万元、10 万元共同设立 A 科技有限公司，三人按出资比例分配收益。A 公司在经营过程中与其他商家发生了债权债务关系，2024 年 12 月共负债 100 万元，而此时 A 公司的资产只有 60 万元。现 B 机械制造有限公司等债权人要求 A 公司偿还 100 万元债务。

【问题】

1. A 科技有限公司如何偿还欠债？

2. A 科技有限公司偿还不了的债务，债权人能否要求甲、乙、丙承担，为什么？

一、公司的概念、特征和分类

（一）公司的概念

公司是现今各国最重要的商事主体，但在不同的国家，公司的概念却不尽相同。即使在同一国家，随着社会经济和公司法的发展，公司的概念也会发生某些变化。大陆法系国家通常将公司界定为以营利为目的的社团法人。定义虽然简明扼要，却突出了公司的特性——法人性、营利性、社团性。随着一人公司被广泛承认，这些国家对公司的社团性特性进行了修正。英美法系国家不注重法律概念的严格界定，故而没有明确的公司的定义。

我国现行公司法没有完整的公司定义。《中华人民共和国公司法》（简称《公司法》）第二条规定：本法所称公司是指依照本法在中国境内设立的有限责任公司和股份有限公司。第三条规定：公司是企业法人，有独立的法人财产，享有法人财产权。公司以其全部财产对公司的债务承担责任。有限责任公司的股东以其认缴的出资额为限对公司承担责任；股份有限公司的股东以其认购的股份为限对公司承担责任。上述规定清晰地界定了公司的企业性质，明确了股东与公司、公司与债权人的关系为股东对公司的有限责任及公司对债权人的独立责任。

根据我国现行的公司法，我们可以将公司界定为：由股东出资设立，股东以其认缴的出资额或者所认购的股份为限对公司承担责任，公司以其全部财产为限对公司债务独立承担责任的企业法人。

（二）公司的特征

1. 法人性

法人是具有民事权利能力和民事行为能力，依法独立享有民事权利、承担民事义务的组织。公司是法人的典型形态,有自己独立的财产、健全而独立的组织机构,能够独立承担民事责任。公司的法人性特征使公司区别于合伙企业、个人独资企业。公司的法人属性使公司财产与公司成员——股东的财产区别开来。股东出资之后,不再对其出资财产享有任何直接的支配权,也不对公司的债务直接承担责任。但是公司法建立了法人人格否认制度,不允许股东滥用公司法人独立地位和股东有限责任来逃避债务、损害债权人的利益。如果发生滥用情况,股东应当对公司债务承担连带责任。公司的法人属性表明公司的人格独立,股东的变更、破产或死亡均不影响公司的独立存在,除非公司自身的权力机构决定终止公司的人格,否则公司将永续存在。

2. 营利性

公司的营利性是公司与生俱来的本性,不仅包括公司自身的盈利,还包括向其成员——股东分配盈利的内容。营利性使公司区别于事业单位法人、机关法人。公司与信托一样,是一种中长期投资理财的制度安排。公司由股东投资设立,股东投资设立公司的直接目的就在于利用公司来获取经营收益,公司为实现股东的投资目的,就必须最大限度地追求经营利润。因此,公司不过是股东获得投资收益的工具而已,其本质属性是营利性。随着社会责任理论的兴起,公司的营利性已经受到社会责任理论的修正,公司在从事营利性活动时,应当兼顾社会责任。公司不得以违法或者损害社会公共利益的方式追求利润;在不危及营利这一终极目标的前提下,公司也可以适当从事一些增进社会福利的行为。

3. 社团性

在传统民商法上,社团是与财团相并列的概念,社团是以人的集合为成立基础的,财团是以财产的集合为成立基础的。公司是社团法人的一种,根据传统公司法,公司由两个以上股东组成,单独一人不能组成公司。随着一人公司被广泛承认,一些学者不再将社团性作为公司的特征加以坚持。对一人公司不管是完全承认还是有条件地承认,一人公司仅仅是公司中的少数情况,不能从根本上否认公司的社团性特征。《公司法》对公司的社团性体现在:一般的有限责任公司应由1个以上50个以下的股东组成,股份有限公司应有1个以上200个以下的发起人。《公司法》在总体上坚持公司的社团性原则,但允许有特殊的例外,即允许一人有限责任公司和国有独资公司的存在。

4. 设立法定性

公司的设立在条件、程序上均有规定。公司通常直接依公司法设立,有些还需要依特别法设立,如证券公司依证券法、保险公司依保险法等。公司的法律人格不是自由取得的,而是法律赋予的。公司法不仅规定了公司的设立条件,还规定了设立程序,只有具备法定条件,履行法定程序,公司才宣告成立。那些虽冠以公司称谓,却不是按照公司法的规定而设立的公司,都不是公司法意义上的公司,不由公司法调整。

(三) 公司的分类

1. 无限公司、有限责任公司、股份有限公司与两合公司

按照出资人的责任,可以将公司分为无限公司、有限责任公司、股份有限公司与两合公司。

(1)无限公司。无限公司是由两个以上股东组成的,全体股东对公司债务负无限连带责任的公司。也就是说,无限公司对公司的债务先以公司的财产偿还,当公司的财产不足以偿还时,由股东对公司的债务承担无限连带责任。无限公司实质上是采用了公司的形式,却保留了

合伙企业的本质。在承认无限公司的国家,其法律地位不尽相同,有些国家承认其法人资格,有些国家否认其法人资格。我国无此类型的公司。

（2）有限责任公司。有限责任公司是由一个或者一个以上的股东出资设立的,股东以认缴的出资额为限对公司承担责任,公司以其全部法人财产对其债务承担责任的公司。有限责任公司是公司制度发展中出现最晚的一种公司形式,它将合伙企业的合伙人相互信任、企业设立简单、活动便捷等优点,和股份有限公司的股东与公司人格分离、股东承担有限责任、股东的变动不影响企业存续等优点结合起来,是最适合于中小企业的一种企业组织形式。

（3）股份有限公司。股份有限公司是由一定人数以上的股东组成,公司将其注册资本分为等额股份,每个股东以其所认购的股份为限对公司承担责任,公司以其全部财产对其债务承担责任的公司。股份有限公司是法律为适应大型企业的需求而进行的制度安排。

（4）两合公司。两合公司是由无限责任股东与有限责任股东共同组成,无限责任股东对公司债务负无限连带责任,有限责任股东对公司债务仅以其出资额为限承担有限责任的公司。两合公司兼具无限公司与有限责任公司的特点。还有一种特殊的两合公司,即股份两合公司,与一般两合公司的不同在于有限责任股东以购买公司股票的形式出资,这种两合公司兼具无限公司与股份有限公司的特点。两合公司中,股东身份复杂,责任形式不一,内部关系较难协调。公司种类奉行法定原则,我国公司法仅承认有限责任公司与股份有限公司。无限公司与两合公司不太适合现代大中型企业,况且,我国已有与无限公司、两合公司在某些方面相类似的普通合伙企业与有限合伙企业,因此,法律没有必要规定这两类公司。

2. 人合公司、资合公司与人合兼资合公司

按照公司信用基础的不同,可以将公司分为人合公司、资合公司与人合兼资合公司。

（1）人合公司。人合公司是以股东个人条件作为公司信用基础而组成的公司。这种公司进行经济活动时,主要依靠的是股东的个人信用状况,而不是公司的资本或资产是否雄厚。无限公司就是典型的人合公司。

（2）资合公司。资合公司就是以公司资本为信用基础的公司。这种公司对外进行经济活动时,依靠的不是股东的个人信用状况,而是公司的资本或资产是否雄厚。股份有限公司是典型的资合公司。

（3）人合兼资合公司。人合兼资合公司是以公司的资本和股东的个人信用共同作为信用基础的公司。两合公司、股份两合公司是人合兼资合公司。我国的有限责任公司主要是资合公司,但兼具人合的性质。公司法非常注重有限责任公司人合性的维系,主要体现在:① 股东数量有限,最多不得超过 50 人。② 特别重视章程的作用。有限责任公司的章程是全体股东共同制定的,对于许多事项,诸如股东会定期会议的召开、股东会的议事方式和表决程序、董事的任期、执行董事的职权等由章程规定,股东表决权的行使、税后利润分配与红利的分享、自然人股东死亡后的股东资格继承等,章程有规定的,排除法律规定的适用。③ 股东对外转让股权的限制。股东向股东以外的人转让股权应经其他股东过半数同意。

此种分类是一种理论上的分类,但在我国的公司立法中亦有所体现,法律对股份有限公司更多地进行强制性规定,而对有限责任公司进行一些任意性规定,很大程度上是基于这两种公司信用基础的不同。

3. 封闭式公司与开放式公司

按照开放程度,可以将公司分为封闭式公司与开放式公司。

(1) 封闭式公司。封闭式公司的股份只能向特定范围内的股东发行，不能在证券市场上公开向社会发行，股东拥有的股份或者股票可以有条件地转让，但不能在证券市场上自由流通。

(2) 开放式公司。开放式公司可以在证券市场上向社会公开发行股票，且股东拥有的股票可以在证券市场上自由买卖或者流通。这是英美法国家对公司所做的一种分类。我国的有限责任公司、股份有限公司中的非上市公司类似于封闭式公司，股份有限公司中的上市公司类似于开放式公司。

4. 母公司与子公司

根据控制与被控制的关系，可以将公司分为母公司与子公司。

(1) 母公司。母公司是拥有另一个公司一定比例以上的股份，或者通过协议方式能够对另一个公司的经营进行实际控制的公司。

(2) 子公司。子公司是一定比例以上的股份被另一公司拥有或通过协议受到另一公司实际控制的公司。

母公司与子公司是相对而言的，如乙公司是甲公司的子公司，但同时可能又是丙公司的母公司。母公司与子公司之间的关系有两点很重要：其一是母公司与子公司各为独立的法人，有自己的名称与组织机构，各自以自己所有的财产对各自的债务负责，互不连带；其二是母公司与子公司之间的控制关系是基于股权的占有，故母公司只能通过股东会实现其意愿，而不能直接插手子公司的具体事宜，如不能要求工商行政管理机关变更登记以更换子公司的法定代表人。

5. 总公司与分公司

按照公司间管理与被管理的关系，可以将公司分为总公司与分公司。

(1) 总公司。总公司具有独立的法人资格，能够以自己的名义直接从事各种业务活动。

(2) 分公司。分公司是本公司根据需要开设的分支机构，在业务、资金、人事等方面均受本公司的管辖。分公司没有法人资格，没有自己独立的财产，不能独立享受权利和承担义务，其经营所得归属于本公司，其债务和其他责任也由本公司承担。分公司可以在本公司授权范围内进行业务活动，有些分公司可以进行诉讼活动，如商业银行、保险公司的分支机构，但分公司所进行行为和诉讼的效力当然地归属于本公司。

二、公司与股东的关系

公司的原始资产来源于股东的投资，股东的出资形成了公司的财产。股东向公司投资的财产，在公司正式成立后就变成了公司的财产，作为法人的公司随即对该财产拥有了所有权，即法人财产权。任何人，包括公司的股东，没有经过公司的同意或法定程序，不得处分公司财产。而股东通过投资丧失了对该财产的直接支配的权利，但换来了一系列的权利，如资产收益权、参与重大决策权、选择管理者权等。因此，公司与股东是两个不同的法律主体，两者是一种投资关系。

三、公司法概述

（一）公司法发展历程

公司法是规定公司法律地位，调整公司组织关系，规范公司在设立、变更与终止过程中组织行为的法律规范的总称。狭义的公司法主要指《中华人民共和国公司法》，广义的公司法指国家关于公司的设立、组织与活动的各种法律、法规和规章的总称。本项目主要介绍狭义的公司法。

1993 年 12 月 29 日全国人大常委会通过了《中华人民共和国公司法》，并于 1999 年、2004 年、2005 年、2013 年、2018 年、2023 年经过了六次修订。最新修订的《公司法》于 2024 年 7 月 1 日起施行。原《中华人民共和国公司登记管理条例》已废止，由 2022 年 3 月 1 日起施行的《中华人民共和国市场主体登记管理条例》《中华人民共和国市场主体登记管理条例实施细则》取代。同时，对《最高人民法院关于适用〈中华人民共和国公司法〉若干问题的规定》（一）到（五）进行了修订，其中司法解释（一）于 2014 年 3 月 1 日起施行，司法解释（二）、（三）、（四）、（五）均于 2021 年 1 月 1 日起施行。

（二）我国公司法规定的公司类型

依据我国现行公司法的规定，根据组织形式的不同可分为有限责任公司和股份有限公司。此外，根据出资者身份的特殊性，公司法还专章规定了国家出资公司的类型。

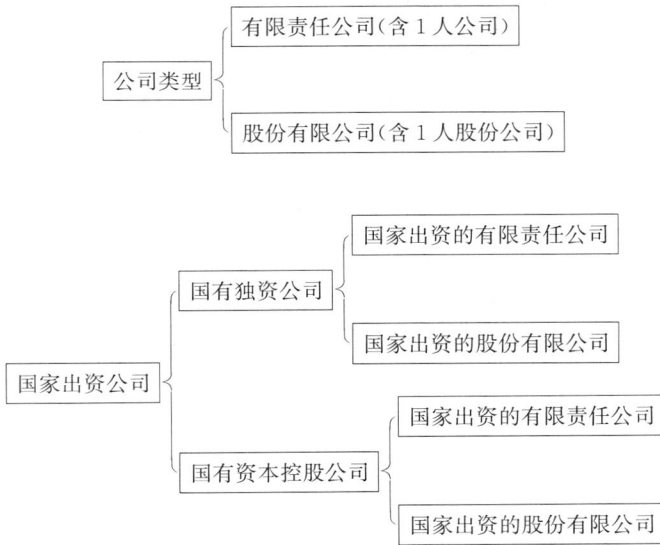

```
公司类型 ┬ 有限责任公司（含 1 人公司）
         └ 股份有限公司（含 1 人股份公司）

国家出资公司 ┬ 国有独资公司 ┬ 国家出资的有限责任公司
             │              └ 国家出资的股份有限公司
             └ 国有资本控股公司 ┬ 国家出资的有限责任公司
                                └ 国家出资的股份有限公司
```

1. 有限责任公司

有限责任公司，是指依照我国公司法，在中华人民共和国境内，由一个以上五十个以下股东出资设立，股东以其认缴的出资额为限对公司承担责任，公司以其全部财产对公司的债务承担责任的企业法人，简称有限公司。

2. 股份有限公司

股份有限公司，是指依照我国公司法，在中华人民共和国境内，由一人以上二百人以下为发起人（其中应当有半数以上的发起人在中华人民共和国境内有住所）设立，股东以其认购的股份为限对公司承担责任，公司以其全部财产对公司的债务承担责任的企业法人，简称股份公司。此外，公司股票在证券交易所上市交易的股份有限公司，又称上市公司。除应遵守公司法的规定外，还需要遵守证券监督管理部门的相关规定。

3. 国家出资公司

国家出资公司,是指国家出资的国有独资公司、国有资本控股公司,包括国家出资的有限责任公司和国家出资的股份有限公司。国家出资公司,由国务院或者地方人民政府分别代表国家依法履行出资人职责,享有出资人权益。国务院或者地方人民政府可以授权国有资产监督管理机构或者其他部门、机构代表本级人民政府对国家出资公司履行出资人职责。代表本级人民政府履行出资人职责的机构、部门,统称为履行出资人职责的机构。履行出资人职责的机构就重要的国家出资公司的重大事项作出有关决定前,应当报本级政府批准;国家出资公司应当依法建立健全内部监督管理和风险控制制度。加强国有独资公司董事会建设,要求国有独资公司董事会成员中外部董事应当超过半数;并在董事会中设置审计委员会等专门委员会,同时不再设监事会。

任务二　了解公司的设立制度

【案例 5－2】　2023 年,广州市的顾某与张某约定准备开设一家公司,在公司设立的过程中,顾某提供了公司成立所需要的注册资本,并提供了公司的营业场地和全部的办公用品所需要的费用。在此期间,张某为该公司的成立四处奔走,独自办理了公司成立的全部手续,办理了公司办公处的租赁,购买了全部的办公用品,招聘了公司的全部工作人员。该公司于 2023 年 10 月正式成立,名称为"广州市某某物资有限责任公司",顾某为该公司的总经理,张某为该公司的副总经理。2024 年,顾某见公司的效益很好,又因在工作中与张某发生了一系列的矛盾,故不愿与张某分享利润,在张某缺席的情况下,顾某召集了公司全体员工会议,除去张某的副总经理的职务。张某认为,其在公司成立的过程中付出了劳动,应该是公司的主要股东之一,理应参加公司的分红,并且顾某在其缺席的情况下除去其副总经理职务,是不合程序的,顾某的行为侵犯了他的股东权益,于是诉至法院,要求恢复他的副总经理的职务,分给他应有的分红并对其进行赔偿。

【问题】

1. 张某能否取得股东身份?
2. 能否要求公司按照股东权益进行分红,为什么?

子任务一　有限责任公司的设立制度

一、有限责任公司的登记事项与规范要求

有限责任公司,是指依照我国公司法,在中华人民共和国境内,由一个以上五十个以下股东出资设立,股东以其认缴的出资额为限对公司承担责任,公司以其全部财产对公司的债务承担责任的企业法人,简称有限公司。根据我国现行公司法规定,公司设立采取登记制为主、审批制为辅的方式。《公司法》第二十九条规定,设立公司,应当依法向公司登记机关申请设立登记。法律、行政法规规定设立公司必须报经批准的,应当在公司登记前依法办理批准手续。根据《公司法》与《中华人民共和国市场主体登记管理条例》《中华人民共和国市场主体登记管理

条例实施细则》等规定,有限责任公司的登记事项与规范要求如下。

(一)登记事项

根据《中华人民共和国市场主体登记管理条例》及实施细则的规定,公司应登记以下事项:名称、类型、经营范围、住所、注册资本、法定代表人姓名、有限责任公司股东。公司登记机关应当将以上规定的公司登记事项通过国家企业信用信息公示系统向社会公示。同时,还应当备案以下事项:章程、经营期限、有限责任公司股东认缴的出资数额、董事、监事、高级管理人员、登记联络员、外商投资公司法律文件送达接受人、公司受益所有人相关信息。上述备案事项由登记机关在设立登记时一并进行信息采集。申请人应当按照国家市场监督管理总局发布的经营范围规范目录,根据市场主体主要行业或者经营特征自主选择一般经营项目和许可经营项目,申请办理经营范围登记。申请人申请登记的市场主体注册资本(出资额)应当符合章程或者协议约定。市场主体注册资本(出资额)以人民币表示。外商投资企业的注册资本(出资额)可以用可自由兑换的货币表示。依法以境内公司股权或者债权出资的,应当权属清楚、权能完整,依法可以评估、转让,符合公司章程规定。

(二)登记规范要求

申请人应当在申请材料上签名或者盖章。申请人可以通过全国统一电子营业执照系统等电子签名工具和途径进行电子签名或者电子签章。符合法律规定的可靠电子签名、电子签章与手写签名或者盖章具有同等法律效力。在办理登记、备案事项时,申请人应当配合登记机关通过实名认证系统,采用人脸识别等方式对法定代表人、有限责任公司股东、公司董事和监事及高级管理人员、市场主体登记联络员、外商投资企业法律文件送达接受人等人员进行实名验证。办理市场主体登记、备案事项,申请人可以到登记机关现场提交申请,也可以通过市场主体登记注册系统提出申请。申请材料齐全、符合法定形式的,登记机关予以确认,并当场登记,出具登记通知书,及时制发营业执照。不予当场登记的,登记机关应当向申请人出具接收申请材料凭证,并在3个工作日内对申请材料进行审查;情形复杂的,经登记机关负责人批准,可以延长3个工作日,并书面告知申请人。申请材料不齐全或者不符合法定形式的,登记机关应当将申请材料退还申请人,并一次性告知申请人需要补正的材料。申请人补正后,应当重新提交申请材料。市场主体因通过登记的住所(主要经营场所、经营场所)无法取得联系被列入经营异常名录的,在申请办理其他变更登记时,应当依法及时申请办理住所(主要经营场所、经营场所)变更登记。市场主体设立分支机构的,应当自决定作出之日起30日内向分支机构所在地登记机关申请办理登记。法律、行政法规或者国务院决定规定市场主体申请登记、备案事项前需要审批的,在办理登记、备案时,应当在有效期内提交有关批准文件或者许可证书。有关批准文件或者许可证书未规定有效期限,自批准之日起超过90日的,申请人应当报审批机关确认其效力或者另行报批。市场主体设立后,前款规定批准文件或者许可证书内容有变化、被吊销、撤销或者有效期届满的,应当自批准文件、许可证书重新批准之日或者被吊销、撤销、有效期届满之日起30日内申请办理变更登记或者注销登记。

公司营业执照应当载明名称、法定代表人姓名、类型(组成形式)、注册资本(出资额)、住所(主要经营场所、经营场所)、经营范围、登记机关、成立日期、统一社会信用代码。电子营业执照与纸质营业执照具有同等法律效力,市场主体可以凭电子营业执照开展经营活动。

公司营业执照正本格式示意图如下：

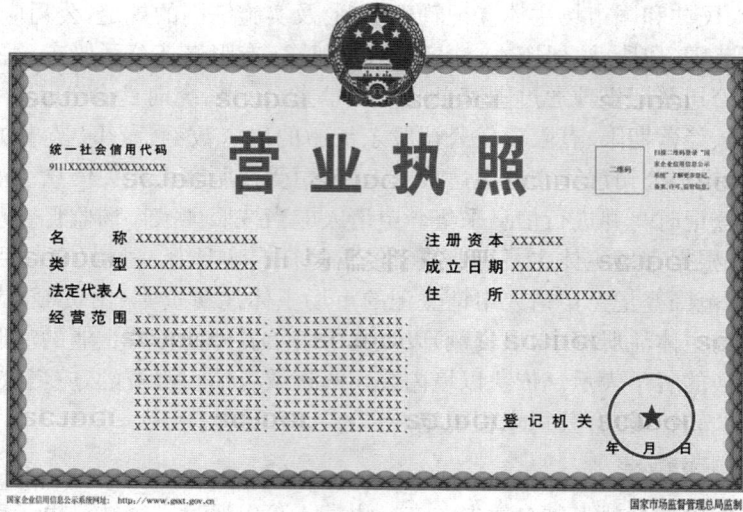

公司营业执照副本格式示意图如下：

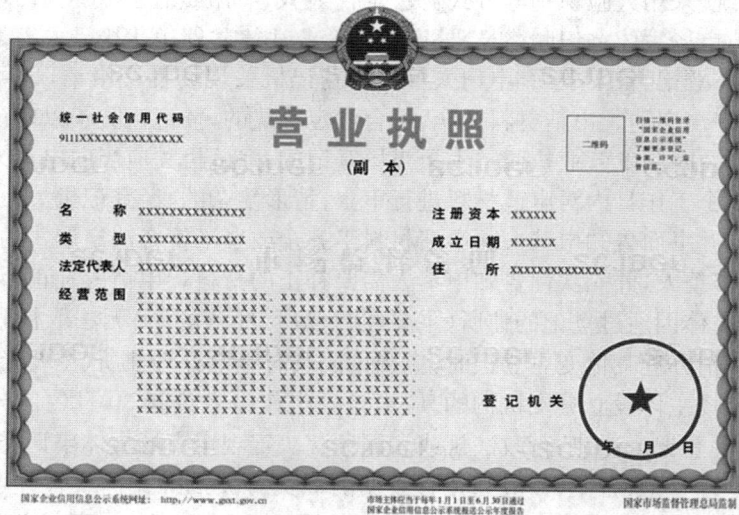

二、有限责任公司的设立与变更

（一）设立登记

1. 核名

前往工商局提交企业名称预先核准申请,填写企业名称预先核准申请表,等待工商局内部网检索是否有重名,通过后领取"企业（字号）名称预先核准通知书"。

2. 提交设立申请书和相关文件

申请人需要向公司所在地的登记机关提交设立申请书,申请人主体资格文件或自然人身份证明,住所(主要经营场所、经营场所)相关文件,公司章程,法定代表人、董事、监事和高级管理人员的任职文件及自然人身份证明等文件。如果委托代理人申请,还需出具委托书和代理人的合法证明。此外,申请办理分支机构设立登记,还应当提交负责人的任职文件和自然人身份证明。

3. 核准登记

申请材料齐全、符合法定形式的,登记机关予以确认,并当场登记,出具登记通知书,及时制发营业执照。不予当场登记的,登记机关应当向申请人出具接收申请材料凭证,并在 3 个工作日内对申请材料进行审查;情形复杂的,经登记机关负责人批准,可以延长 3 个工作日,并书面告知申请人。申请材料不齐全或者不符合法定形式的,登记机关应当将申请材料退还申请人,并一次性告知申请人需要补正的材料。公司若设立分支机构的,应当自决定作出之日起 30 日内向分支机构所在地登记机关申请办理登记。

公司营业执照签发日期为公司成立日期,此时企业主体资格确立,并能够以公司名义对外从事经营活动。有限责任公司成立后,应当向股东签发出资证明书,记载下列事项:① 公司名称;② 公司成立日期;③ 公司注册资本;④ 股东的姓名或者名称、认缴和实缴的出资额、出资方式和出资日期;⑤ 出资证明书的编号和核发日期。出资证明书由法定代表人签名,并由公司盖章。

(二)变更登记

市场主体变更登记事项,应当自作出变更决议、决定或者法定变更事项发生之日起 30 日内申请办理变更登记。变更涉及分支机构登记事项变更的,应当自市场主体登记事项变更登记之日起 30 日内申请办理分支机构变更登记。申请办理变更登记,应当提交申请书。① 公司变更事项涉及章程修改的,应当提交修改后的章程或者章程修正案;需要对修改章程作出决议决定的,还应当提交相关决议决定。② 法定代表人的变更登记申请由新任法定代表人签署。③ 市场主体变更名称,可以自主申报名称并在保留期届满前申请变更登记,也可以直接申请变更登记。④ 市场主体变更住所(主要经营场所、经营场所),应当在迁入新住所(主要经营场所、经营场所)前向迁入地登记机关申请变更登记,并提交新的住所(主要经营场所、经营场所)使用相关文件。⑤ 市场主体变更注册资本,应当办理变更登记。公司增加注册资本,有限责任公司股东认缴新增资本的出资,应当按照设立时缴纳出资和缴纳股款的规定执行;公司减少注册资本,可以通过国家企业信用信息公示系统公告,公告期 45 日,应当于公告期届满后申请变更登记。法律、行政法规或者国务院决定对公司注册资本有最低限额规定的,减少后的注册资本应当不少于最低限额。⑥ 市场主体变更备案事项的,应当按照《中华人民共和国市场主体登记管理条例》第二十九条规定办理备案。

子任务二　股份有限公司的设立制度

一、股份有限公司的登记事项与规范要求

股份有限公司,是指依照我国公司法,在中华人民共和国境内,由一人以上二百人以下为

发起人(其中应当有半数以上的发起人在中华人民共和国境内有住所)设立,股东以其认购的股份为限对公司承担责任,公司以其全部财产对公司的债务承担责任的企业法人,简称股份公司。根据我国现行公司法规定,公司设立采取登记制为主、审批制为辅的方式。《公司法》第二十九条规定,设立公司,应当依法向公司登记机关申请设立登记。法律、行政法规规定设立公司必须报经批准的,应当在公司登记前依法办理批准手续。根据《公司法》与《中华人民共和国市场主体登记管理条例》《中华人民共和国市场主体登记管理条例实施细则》等规定,股份有限公司的登记事项与规范要求如下。

（一）登记事项

根据《中华人民共和国市场主体登记管理条例》及实施细则的规定,公司应登记以下事项:名称、类型、经营范围、住所、注册资本、法定代表人姓名、股份有限公司发起人姓名或者名称。公司登记机关应当将以上规定的公司登记事项通过国家企业信用信息公示系统向社会公示。同时,还应当备案以下事项:章程、经营期限、股份有限公司发起人认缴的出资数额、董事、监事、高级管理人员、登记联络员、外商投资公司法律文件送达接受人、公司受益所有人相关信息。上述备案事项由登记机关在设立登记时一并进行信息采集。申请人应当按照国家市场监督管理总局发布的经营范围规范目录,根据市场主体主要行业或者经营特征自主选择一般经营项目和许可经营项目,申请办理经营范围登记。申请人申请登记的市场主体注册资本(出资额)应当符合章程或者协议约定。市场主体注册资本(出资额)以人民币表示。外商投资企业的注册资本(出资额)可以用可自由兑换的货币表示。依法以境内公司股权或者债权出资的,应当权属清楚、权能完整,依法可以评估、转让,符合公司章程规定。

（二）登记规范要求

申请人应当在申请材料上签名或者盖章。申请人可以通过全国统一电子营业执照系统等电子签名工具和途径进行电子签名或者电子签章。符合法律规定的可靠电子签名、电子签章与手写签名或者盖章具有同等法律效力。在办理登记、备案事项时,申请人应当配合登记机关通过实名认证系统,采用人脸识别等方式对法定代表人、股份有限公司发起人、公司董事和监事及高级管理人员、市场主体登记联络员、外商投资企业法律文件送达接受人等人员进行实名验证。办理市场主体登记、备案事项,申请人可以到登记机关现场提交申请,也可以通过市场主体登记注册系统提出申请。申请材料齐全、符合法定形式的,登记机关予以确认,并当场登记,出具登记通知书,及时制发营业执照。不予当场登记的,登记机关应当向申请人出具接收申请材料凭证,并在3个工作日内对申请材料进行审查;情形复杂的,经登记机关负责人批准,可以延长3个工作日,并书面告知申请人。申请材料不齐全或者不符合法定形式的,登记机关应当将申请材料退还申请人,并一次性告知申请人需要补正的材料。申请人补正后,应当重新提交申请材料。市场主体因通过登记的住所(主要经营场所、经营场所)无法取得联系被列入经营异常名录的,在申请办理其他变更登记时,应当依法及时申请办理住所(主要经营场所、经营场所)变更登记。市场主体设立分支机构的,应当自决定作出之日起30日内向分支机构所在地登记机关申请办理登记。法律、行政法规或者国务院决定规定市场主体申请登记、备案事项前需要审批的,在办理登记、备案时,应当在有效期内提交有关批准文件或者许可证书。有关批准文件或者许可证书未规定有效期限,自批准之日起超过90日的,申请人应当报审批机关确认其效力或者另行报批。市场主体设立后,前款规定批准文件或者许可证书内容有变化、被吊销、撤销或者有效期届满的,应当自批准文件、许可证书重新批准之日或者被吊销、撤销、有效期届满之日起 30 日内申请办理变更登记或者注销登记。

公司营业执照应当载明名称、法定代表人姓名、类型(组成形式)、注册资本(出资额)、住所(主要经营场所、经营场所)、经营范围、登记机关、成立日期、统一社会信用代码。电子营业执照与纸质营业执照具有同等法律效力,市场主体可以凭电子营业执照开展经营活动。

公司营业执照正本格式示意图如下:

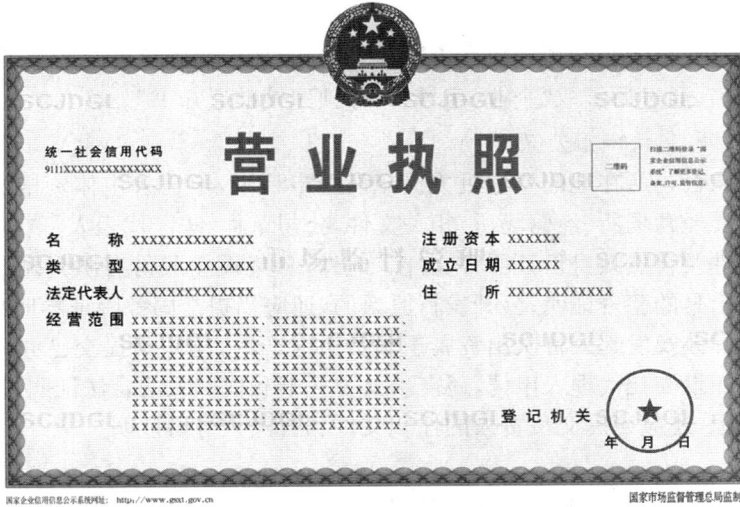

公司营业执照副本格式示意图如下:

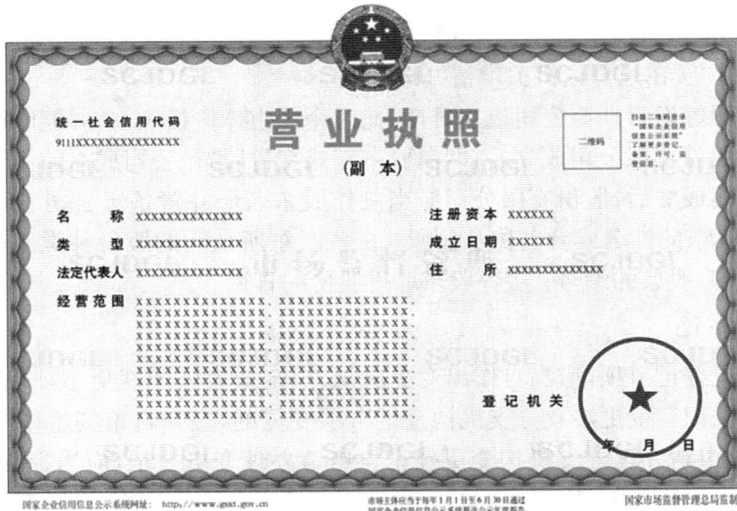

二、股份有限公司的设立与变更

（一）设立登记

设立股份有限公司，可以采取发起设立或者募集设立的方式。发起设立，是指由发起人认购设立公司时应发行的全部股份而设立公司。募集设立，是指由发起人认购设立公司时应发行股份的一部分，其余股份向特定对象募集或者向社会公开募集而设立公司。两者在设立过程中有一定差异，但基本需要经过如下程序。

1. 核名

前往工商局提交企业名称预先核准申请，填写企业名称预先核准申请表，等待工商局内部网检索是否有重名，通过后领取"企业（字号）名称预先核准通知书"。

2. 提交设立申请书和相关文件

申请人需要向公司所在地的登记机关提交设立申请书，申请人主体资格文件或自然人身份证明，住所（主要经营场所、经营场所）相关文件，公司章程，法定代表人、董事、监事和高级管理人员的任职文件及自然人身份证明等文件。此外，募集设立股份有限公司还应当提交依法设立的验资机构出具的验资证明；公开发行股票的，还应当提交国务院证券监督管理机构的核准或者注册文件。涉及发起人首次出资属于非货币财产的，还应当提交已办理财产权转移手续的证明文件。如果委托代理人申请，还需出具委托书和代理人的合法证明。此外，申请办理分支机构设立登记，还应当提交负责人的任职文件和自然人身份证明。

3. 核准登记

申请材料齐全、符合法定形式的，登记机关予以确认，并当场登记，出具登记通知书，及时制发营业执照。不予当场登记的，登记机关应当向申请人出具接收申请材料凭证，并在 3 个工作日内对申请材料进行审查；情形复杂的，经登记机关负责人批准，可以延长 3 个工作日，并书面告知申请人。申请材料不齐全或者不符合法定形式的，登记机关应当将申请材料退还申请人，并一次性告知申请人需要补正的材料。公司若设立分支机构的，应当自决定作出之日起30 日内向分支机构所在地登记机关申请办理登记。

公司营业执照签发日期为公司成立日期，此时企业主体资格确立，并能够以公司名义对外从事经营活动。股份有限公司成立后，即向股东正式交付股票，公司成立前不得向股东交付股票。股份有限公司成立后，股份有限公司应当制作股东名册并置备于公司。股东名册应当记载下列事项：① 股东的姓名或者名称及住所；② 各股东所认购的股份种类及股份数；③ 发行纸面形式的股票的，股票的编号；④ 各股东取得股份的日期。

（二）变更登记

市场主体变更登记事项，应当自作出变更决议、决定或者法定变更事项发生之日起 30 日内申请办理变更登记。变更涉及分支机构登记事项变更的，应当自市场主体登记事项变更登记之日起 30 日内申请办理分支机构变更登记。申请办理变更登记，应当提交申请书。① 公司变更事项涉及章程修改的，应当提交修改后的章程或者章程修正案；需要对修改章程作出决议决定的，还应当提交相关决议决定。② 法定代表人的变更登记申请由新任法定代表人签署。③ 市场主体变更名称，可以自主申报名称并在保留期届满前申请变更登记，也可以直接申请变更登记。④ 市场主体变更住所（主要经营场所、经营场所），应当在迁入新住所（主要经营场所、经营场所)前向迁入地登记机关申请变更登记,并提交新的住所(主要经营场所、经营场所)使用相关文件。⑤ 市场主体变更注册资本,应当办理变更登记。公司增加注册资本,股份有限公司的股东认购新股的,应当按照设立时缴纳出资和缴纳股款的规定执行;股份有限公司以公开发行新股方式或者上市公司以非公开发行新股方式增加注册资本,还应当提交国务院证券监督管理机构的核准或者注册文件。公司减少注册资本,可以通过国家企业信用信息公示系统公告,公告期 45 日,应当于公告期届满后申请变更登记。法律、行政法规或者国务院决定对公司注册资本有最低限额规定的,减少后的注册资本应当不少于最低限额。⑥ 市场主体变更备案事项的,应当按照《中华人民共和国市场主体登记管理条例》第二十九条规定办理备案。

任务三　掌握公司组织机构

【案例 5-3】　甲公司是一家股份有限公司。该公司 2025 年上半年发生以下事项:

(1) 公司董事会于 2025 年 3 月 28 日召开会议,该次会议相关情况如下:① 公司董事会由 7 名董事组成。出席该次会议的董事有董事 A、董事 B、董事 C、董事 D;董事 E 因出国考察不能出席会议;董事 F 因参加人民代表大会不能出席会议,电话委托董事 A 代为出席并表决;董事 G 因病不能出席会议,委托董事会秘书 H 代为出席并表决。该公司监事夏某列席该次会议。② 出席本次董事会会议的董事讨论并一致做出决定,于 2025 年 4 月 8 日举行公司股东大会年会。③ 根据公司总经理的提名,出席本次董事会会议的董事讨论并一致同意,聘任张某为公司财务负责人,并决定给予张某年薪 10 万元;董事会会议讨论通过了公司内部机构设置的方案,表决时,除董事 B 反对外,其他人均表示同意。

(2) 2025 年 4 月 8 日,公司股东大会年会如期召开。会上除了审议会议通知中列明表决的事项外,还根据公司第一大股东乙企业的提议,临时增加了一项提高董事薪酬的议案,并经股东大会表决通过。

(3) 2025 年 5 月 9 日,公司第二大股东丙(其持有的股份占公司总股本的 20%)向公司董事会邮寄了一份提议召开临时股东大会的提案,提案内容是拟发行公司债券以筹集资金。董事会认为公司资金充足无须发行债券,因而明确拒绝了丙的提议。丙转而要求公司监事会召集临时股东大会,但监事会表示此事应由公司董事会负责,监事会不参与。丙遂于 2025 年 6 月 8 日在报纸上刊登公告,宣称将自行召集临时股东大会并就临时股东大会召开的时间地点向全体股东进行了通知。

【问题】

1. 出席公司 3 月 28 日董事会会议的董事人数是否符合法律规定? 请说明理由。

2. 董事 F、董事 G 委托他人出席该次董事会会议是否有效? 请说明理由。

3. 董事会通过的两项决议是否符合规定? 分别说明理由。

4. 公司 4 月 8 日股东大会年会通过提高董事薪酬的决议是否符合法律规定? 请说明理由。

5. 公司第二大股东丙是否有权提议召开临时股东大会? 其宣称将自行召集临时股东大会是否有法律依据? 请分别说明理由。

公司的组织机构是指从事公司经营活动的决策、执行和监督的公司最高领导机构。我国公司法规定的公司的组织机构有股东会、董事会(董事)和监事会(监事)。股东会是指由全体股东组成的公司权力机关、意思决定机关,它在公司机构中居中心地位,拥有决定重大事项的职权。董事会(董事)是公司的执行机构,由股东会选举产生,向股东会负责,对内执行公司的经营管理业务,对外代表公司。经理是公司可设职位,由董事会聘任和解任,隶属于董事会,是负责公司日常经营管理的辅助性业务执行机关。监事会是由股东会从股东中选举产生的监事和公司职工民主选举产生的监事组成的专门负责对公司经营活动进行监督的机构。

公司的组织机构是公司正常发挥其经济功能、达到其经营目的的组织保证。本任务的重点是股东会、董事会(董事)、监事会(监事)的职权及它们的相互关系。在理解它们的关系时,应当注意以下问题:一是当前《公司法》关于公司机构职权的划分规定只是针对多数公司提供的一般制度性框架,仅作为多数公司治理的一般性指导,每个公司可以根据实际情况,在公司章程中作出具体规定(只要不违反公司法的强制性规范);二是当前《公司法》赋予公司在组织机构设立上更多自主权,三大组织机构已不再是必设机构,公司可以根据实际情况,在公司法框架内自由选择;三是具体到每一个公司,在公司治理上会表现出不同的特色,为了使某个特定的公司治理良好,公司还应针对自身情况制定公司的章程及内部规则。只有这样,《公司法》规定的公司机构规则及职权才能真正发挥作用。在学习理解公司组织机构的功能、职权的实现、相互制衡等机制时,应注意它们内在的逻辑联系,从而更深刻地认识公司组织机构分设的立法目的。需要说明的是,本任务的公司组织机构不再按有限责任公司和股份有限公司分别介绍,但若有区别会在相应位置进行特别说明。

子任务一　股东会

一、股东会的职权

《公司法》规定,有限责任公司和股份有限公司的股东会由全体股东组成。股东会是公司的权力机构,依照公司法行使职权。股东会是公司最高权力机构,《公司法》第五十九条规定,股东会行使下列职权:

(1) 选举和更换董事、监事,决定有关董事、监事的报酬事项;

(2) 审议批准董事会的报告;

(3) 审议批准监事会的报告;

(4) 审议批准公司的利润分配方案和弥补亏损方案;

(5) 对公司增加或者减少注册资本作出决议;

(6) 对发行公司债券作出决议;

(7) 对公司合并、分立、解散、清算或者变更公司形式作出决议;

(8) 修改公司章程;

(9) 公司章程规定的其他职权。

股东会可以授权董事会对发行公司债券作出决议。

若是有限责任公司,对本条第一款所列事项股东以书面形式一致表示同意的,可以不召开股东会会议,直接作出决定,并由全体股东在决定文件上签名或者盖章。上述第一款、第二款关于有限责任公司股东会职权的规定,适用于股份有限公司股东会。

《公司法》第六十条规定,只有一个股东的有限责任公司不设股东会(也适用于只有一个股东的股份有限公司)。股东作出前条第一款所列事项的决定时,应当采用书面形式,并由股东签名或者盖章后置备于公司。

二、股东会会议的召开

股东会会议分为首次会议、定期会议和临时会议。

(一)首次会议

首次股东会会议由出资最多的股东召集和主持,依照公司法规定行使职权。股份有限公司首次会议称为成立大会,根据《公司法》第一百零三条规定,募集设立股份有限公司的发起人应当自公司设立时应发行股份的股款缴足之日起三十日内召开公司成立大会。发起人应当在成立大会召开十五日前将会议日期通知各认股人或者予以公告。成立大会应当有持有表决权过半数的认股人出席,方可举行。以发起设立方式设立股份有限公司成立大会的召开和表决程序由公司章程或者发起人协议规定。

(二)定期会议

定期会议应当按照公司章程的规定按时召开。股份有限公司的股东会应当每年召开一次年会。

1. 有限责任公司召集程序

《公司法》第六十三条规定,股东会会议由董事会召集,董事长主持;董事长不能履行职务或者不履行职务的,由副董事长主持;副董事长不能履行职务或者不履行职务的,由过半数的董事共同推举一名董事主持。董事会不能履行或者不履行召集股东会会议职责的,由监事会召集和主持;监事会不召集和主持的,代表十分之一以上表决权的股东可以自行召集和主持。

《公司法》第六十四条规定,召开股东会会议,应当于会议召开十五日前通知全体股东;但是,公司章程另有规定或者全体股东另有约定的除外。股东会应当对所议事项的决定作成会议记录,出席会议的股东应当在会议记录上签名或者盖章。

2. 股份有限公司召集程序

《公司法》第一百一十四条规定,股东会会议由董事会召集,董事长主持;董事长不能履行职务或者不履行职务的,由副董事长主持;副董事长不能履行职务或者不履行职务的,由过半数的董事共同推举一名董事主持。董事会不能履行或者不履行召集股东会会议职责的,监事会应当及时召集和主持;监事会不召集和主持的,连续九十日以上单独或者合计持有公司百分之十以上股份的股东可以自行召集和主持。

《公司法》第一百一十五条规定,召开股东会会议,应当将会议召开的时间、地点和审议的事项于会议召开二十日前通知各股东;临时股东会会议应当于会议召开十五日前通知各股东。

单独或者合计持有公司百分之一以上股份的股东,可以在股东会会议召开十日前提出临时提案并书面提交董事会。临时提案应当有明确议题和具体决议事项。董事会应当在收到提案后二日内通知其他股东,并将该临时提案提交股东会审议;但临时提案违反法律、行政法规或者公司章程的规定,或者不属于股东会职权范围的除外。公司不得提高提出临时提案股东的持股比例。公开发行股份的公司,应当以公告方式作出前两款规定的通知。股东会不得对通知中未列明的事项作出决议。

（三）临时会议

对于有限责任公司,代表十分之一以上表决权的股东、三分之一以上的董事或者监事会提议召开临时会议的,应当召开临时会议。其他相关程序和定期会议一致。对于股份有限公司,《公司法》第一百一十三条规定,有下列情形之一的,应当在两个月内召开临时股东会会议:

（1）董事人数不足本法规定人数或者公司章程所定人数的三分之二时;

（2）公司未弥补的亏损达股本总额三分之一时;

（3）单独或者合计持有公司百分之十以上股份的股东请求时;

（4）董事会认为必要时;

（5）监事会提议召开时;

（6）公司章程规定的其他情形。

其他相关程序和上述定期会议一致。股东会应当对所议事项的决定作成会议记录,主持人、出席会议的董事应当在会议记录上签名。会议记录应当与出席股东的签名册及代理出席的委托书一并保存。

三、股东会会议的表决

（一）有限责任公司股东会会议表决

《公司法》第六十五条规定,股东会会议由股东按照出资比例行使表决权;但是,公司章程另有规定的除外。第六十六条规定,股东会的议事方式和表决程序,除本法有规定的外,由公司章程规定。换言之,在表决的规则及程序上,公司法给予了有限责任公司充分的自主权。但同时,对某些事项的表决作了强制性的规定,公司章程不可作出不同规定。如股东会作出决议,应当经代表过半数表决权的股东通过;股东会作出修改公司章程、增加或者减少注册资本的决议,以及公司合并、分立、解散或者变更公司形式的决议,应当经代表三分之二以上表决权的股东通过。

（二）股份有限公司股东会会议表决

《公司法》第一百一十六条规定,股东出席股东会会议,所持每一股份有一表决权,类别股股东除外。公司持有的本公司股份没有表决权。股东会作出决议,应当经出席会议的股东所持表决权过半数通过。股东会作出修改公司章程、增加或者减少注册资本的决议,以及公司合并、分立、解散或者变更公司形式的决议,应当经出席会议的股东所持表决权的三分之二以上通过。

《公司法》第一百一十七条规定,股东会选举董事、监事,可以按照公司章程的规定或者股东会的决议,实行累积投票制。本法所称累积投票制,是指股东会选举董事或者监事时,每一股份拥有与应选董事或者监事人数相同的表决权,股东拥有的表决权可以集中使用。

关于类别股的相关问题。《公司法》第一百四十四条规定,公司可以按照公司章程的规定发行下列与普通股权利不同的类别股:

（1）优先或者劣后分配利润或者剩余财产的股份;

（2）每一股的表决权数多于或者少于普通股的股份;

（3）转让须经公司同意等转让受限的股份;

（4）国务院规定的其他类别股。

公开发行股份的公司不得发行前款第二项、第三项规定的类别股；公开发行前已发行的除外。公司发行本条第一款第二项规定的类别股的，对于监事或者审计委员会成员的选举和更换，类别股与普通股每一股的表决权数相同。

《公司法》第一百四十六条规定，发行类别股的公司，有本法第一百一十六条第三款规定的事项等可能影响类别股股东权利的，除应当依照第一百一十六条第三款的规定经股东会决议外，还应当经出席类别股股东会议的股东所持表决权的三分之二以上通过。公司章程可以对需经类别股股东会议决议的其他事项作出规定。

《公司法》第一百一十八条规定，股东委托代理人出席股东会会议的，应当明确代理人代理的事项、权限和期限；代理人应当向公司提交股东授权委托书，并在授权范围内行使表决权。

子任务二　董事会

一、董事会的组成

（一）有限责任公司董事会组成

董事会是公司的执行机构，对公司的正常运作有着举足轻重的作用。《公司法》第六十七条规定，有限责任公司设董事会，本法第七十五条另有规定的除外（第七十五条规定，规模较小或者股东人数较少的有限责任公司，可以不设董事会，设一名董事，行使本法规定的董事会的职权，该董事可以兼任公司经理）。

《公司法》第六十八条规定，有限责任公司董事会成员为三人以上，其成员中可以有公司职工代表。职工人数三百人以上的有限责任公司，除依法设监事会并有公司职工代表的外，其董事会成员中应当有公司职工代表。董事会中的职工代表由公司职工通过职工代表大会、职工大会或者其他形式民主选举产生。董事会设董事长一人，可以设副董事长。董事长、副董事长的产生办法由公司章程规定。

《公司法》第七十条规定，董事任期由公司章程规定，但每届任期不得超过三年。董事任期届满，连选可以连任。董事任期届满未及时改选，或者董事在任期内辞任导致董事会成员低于法定人数的，在改选出的董事就任前，原董事仍应当依照法律、行政法规和公司章程的规定，履行董事职务。董事辞任的，应当以书面形式通知公司，公司收到通知之日辞任生效，但存在前款规定情形的，董事应当继续履行职务。第七十一条规定，股东会可以决议解任董事，决议作出之日解任生效。无正当理由，在任期届满前解任董事的，该董事可以要求公司予以赔偿。

（二）股份有限公司董事会组成

《公司法》第一百二十条规定，股份有限公司设董事会，本法第一百二十八条另有规定的除外（第一百二十八条规定，规模较小或者股东人数较少的股份有限公司，可以不设董事会，设一名董事，行使本法规定的董事会的职权。该董事可以兼任公司经理）。

本法第六十七条、第六十八条第一款、第七十条、第七十一条的规定，适用于股份有限公司。

《公司法》第一百二十二条规定，董事会设董事长一人，可以设副董事长。董事长和副董事长由董事会以全体董事的过半数选举产生。

董事长召集和主持董事会会议,检查董事会决议的实施情况。副董事长协助董事长工作,董事长不能履行职务或者不履行职务的,由副董事长履行职务;副董事长不能履行职务或者不履行职务的,由过半数的董事共同推举一名董事履行职务。

《公司法》第一百二十六条规定,股份有限公司设经理,由董事会决定聘任或者解聘。经理对董事会负责,根据公司章程的规定或者董事会的授权行使职权。经理列席董事会会议。第一百二十七条规定,公司董事会可以决定由董事会成员兼任经理。

二、董事会的职权

《公司法》第六十七条规定,董事会行使下列职权:

(1) 召集股东会会议,并向股东会报告工作;

(2) 执行股东会的决议;

(3) 决定公司的经营计划和投资方案;

(4) 制订公司的利润分配方案和弥补亏损方案;

(5) 制订公司增加或者减少注册资本以及发行公司债券的方案;

(6) 制订公司合并、分立、解散或者变更公司形式的方案;

(7) 决定公司内部管理机构的设置;

(8) 决定聘任或者解聘公司经理及其报酬事项,并根据经理的提名决定聘任或者解聘公司副经理、财务负责人及其报酬事项;

(9) 制定公司的基本管理制度;

(10) 公司章程规定或者股东会授予的其他职权。

公司章程对董事会职权的限制不得对抗善意相对人。

三、董事会会议召开及表决

(一) 关于有限责任公司董事会

《公司法》第七十二条规定,董事会会议由董事长召集和主持;董事长不能履行职务或者不履行职务的,由副董事长召集和主持;副董事长不能履行职务或者不履行职务的,由过半数的董事共同推举一名董事召集和主持。第七十三条规定,董事会的议事方式和表决程序,除本法有规定的外,由公司章程规定。董事会会议应当有过半数的董事出席方可举行。董事会作出决议,应当经全体董事的过半数通过。董事会决议的表决,应当一人一票。董事会应当对所议事项的决定作成会议记录,出席会议的董事应当在会议记录上签名。第七十四条规定,有限责任公司可以设经理,由董事会决定聘任或者解聘。经理对董事会负责,根据公司章程的规定或者董事会的授权行使职权。经理列席董事会会议。

(二) 关于股份有限公司董事会

《公司法》第一百二十二条规定,董事会设董事长一人,可以设副董事长。董事长和副董事长由董事会以全体董事的过半数选举产生。董事长召集和主持董事会会议,检查董事会决议的实施情况。副董事长协助董事长工作,董事长不能履行职务或者不履行职务的,由副董事长履行职务;副董事长不能履行职务或者不履行职务的,由过半数的董事共同推举一名董事履行职务。第一百二十三条规定,董事会每年度至少召开两次会议,每次会议应当于会议召开十日前通知全体董事和监事。

代表十分之一以上表决权的股东、三分之一以上董事或者监事会,可以提议召开临时董事会会议。董事长应当自接到提议后十日内,召集和主持董事会会议。董事会召开临时会议,可以另定召集董事会的通知方式和通知时限。

《公司法》第一百二十四条规定,董事会会议应当有过半数的董事出席方可举行。董事会作出决议,应当经全体董事的过半数通过。董事会决议的表决,应当一人一票。董事会应当对所议事项的决定作成会议记录,出席会议的董事应当在会议记录上签名。

《公司法》第一百二十五条规定,董事会会议,应当由董事本人出席;董事因故不能出席,可以书面委托其他董事代为出席,委托书应当载明授权范围。董事应当对董事会的决议承担责任。董事会的决议违反法律、行政法规或者公司章程、股东会决议,给公司造成严重损失的,参与决议的董事对公司负赔偿责任;经证明在表决时曾表明异议并记载于会议记录的,该董事可以免除责任。

《公司法》第一百二十六条规定,股份有限公司设经理,由董事会决定聘任或者解聘。经理对董事会负责,根据公司章程的规定或者董事会的授权行使职权。经理列席董事会会议。第一百二十七条规定,公司董事会可以决定由董事会成员兼任经理。

子任务三 监事会

一、监事会的组成

(一)有限责任公司监事会

《公司法》第七十六条规定,有限责任公司设监事会,但有两种情况除外。

1. 已设置审计委员会

《公司法》第六十九条规定,有限责任公司可以按照公司章程的规定在董事会中设置由董事组成的审计委员会,行使本法规定的监事会的职权,不设监事会或者监事。公司董事会成员中的职工代表可以成为审计委员会成员。

2. 已设监事或不设监事

《公司法》第八十三条规定,规模较小或者股东人数较少的有限责任公司,可以不设监事会,设一名监事,行使本法规定的监事会的职权;经全体股东一致同意,也可以不设监事。

如公司设监事会,监事会成员为三人以上。监事会成员应当包括股东代表和适当比例的公司职工代表,其中职工代表的比例不得低于三分之一,具体比例由公司章程规定。监事会中的职工代表由公司职工通过职工代表大会、职工大会或者其他形式民主选举产生。

监事会设主席一人,由全体监事过半数选举产生。监事会主席召集和主持监事会会议;监事会主席不能履行职务或者不履行职务的,由过半数的监事共同推举一名监事召集和主持监事会会议。董事、高级管理人员不得兼任监事。

《公司法》第七十七条规定,监事的任期每届为三年。监事任期届满,连选可以连任。监事任期届满未及时改选,或者监事在任期内辞任导致监事会成员低于法定人数的,在改选出的监事就任前,原监事仍应当依照法律、行政法规和公司章程的规定,履行监事职务。

(二)股份有限公司监事会

《公司法》第一百三十条规定,股份有限公司设监事会,但有两种情况除外。

1. 已设置审计委员会

《公司法》第一百二十一条规定,股份有限公司可以按照公司章程的规定在董事会中设置由董事组成的审计委员会,行使本法规定的监事会的职权,不设监事会或者监事。审计委员会成员为三名以上,过半数成员不得在公司担任除董事以外的其他职务,且不得与公司存在任何可能影响其独立客观判断的关系。公司董事会成员中的职工代表可以成为审计委员会成员。审计委员会作出决议,应当经审计委员会成员的过半数通过。审计委员会决议的表决,应当一人一票。审计委员会的议事方式和表决程序,除本法有规定的外,由公司章程规定。公司可以按照公司章程的规定在董事会中设置其他委员会。

2. 已设监事或不设监事

《公司法》第一百三十三条规定,规模较小或者股东人数较少的股份有限公司,可以不设监事会,设一名监事,行使本法规定的监事会的职权。

如公司设监事会,监事会成员为三人以上。监事会成员应当包括股东代表和适当比例的公司职工代表,其中职工代表的比例不得低于三分之一,具体比例由公司章程规定。监事会中的职工代表由公司职工通过职工代表大会、职工大会或者其他形式民主选举产生。监事会设主席一人,可以设副主席。监事会主席和副主席由全体监事过半数选举产生。监事会主席召集和主持监事会会议;监事会主席不能履行职务或者不履行职务的,由监事会副主席召集和主持监事会会议;监事会副主席不能履行职务或者不履行职务的,由过半数的监事共同推举一名监事召集和主持监事会会议。董事、高级管理人员不得兼任监事。本法第七十七条关于有限责任公司监事任期的规定,适用于股份有限公司监事。

二、监事会的职权

《公司法》第七十八条规定,监事会行使下列职权:

(1)检查公司财务;

(2)对董事、高级管理人员执行职务的行为进行监督,对违反法律、行政法规、公司章程或者股东会决议的董事、高级管理人员提出解任的建议;

(3)当董事、高级管理人员的行为损害公司的利益时,要求董事、高级管理人员予以纠正;

(4)提议召开临时股东会会议,在董事会不履行本法规定的召集和主持股东会会议职责时召集和主持股东会会议;

(5)向股东会会议提出提案;

(6)依照本法第一百八十九条的规定,对董事、高级管理人员提起诉讼;

(7)公司章程规定的其他职权。

另外,《公司法》第七十九条规定,监事可以列席董事会会议,并对董事会决议事项提出质询或者建议。监事会发现公司经营情况异常,可以进行调查;必要时,可以聘请会计师事务所等协助其工作,费用由公司承担。第八十条规定,监事会可以要求董事、高级管理人员提交执行职务的报告。董事、高级管理人员应当如实向监事会提供有关情况和资料,不得妨碍监事会或者监事行使职权。第八十二条规定,监事会行使职权所必需的费用,由公司承担。

三、监事会会议召开及表决

(一)关于有限责任公司监事会

《公司法》第八十一条规定,监事会每年度至少召开一次会议,监事可以提议召开临时监事会会议。监事会的议事方式和表决程序,除本法有规定的外,由公司章程规定。监事会决议应当经全体监事的过半数通过。监事会决议的表决,应当一人一票。监事会应当对所议事项的决定作成会议记录,出席会议的监事应当在会议记录上签名。

(二)关于股份有限公司监事会

《公司法》第一百三十二条规定,监事会每六个月至少召开一次会议。监事可以提议召开临时监事会会议。监事会的议事方式和表决程序,除本法有规定的外,由公司章程规定。监事会决议应当经全体监事的过半数通过。监事会决议的表决,应当一人一票。监事会应当对所议事项的决定作成会议记录,出席会议的监事应当在会议记录上签名。

子任务四　国家出资公司组织机构的特别规定

一、国家出资公司的概念

《公司法》规定的国家出资公司是指由国家出资设立的公司,包括国有独资公司、国有资本控股公司,组织形式上可以是有限责任公司,也可以是股份有限公司。即国有独资公司,可以是国有独资有限责任公司,也可以是国有独资股份有限公司;同样,国有资本控股公司,可以是国有资本控股的有限责任公司,也可以是国有资本控股的股份有限公司。至于国家参股公司(未达控股程度),不是国有企业,政府只是普通参股者,受到公司法规范。这类企业与一般竞争性企业无疑,没有强制性社会公共目标,不适用这里的特别规定,而是适用《公司法》其他一般性规定。

二、国家出资公司的特别规定

国家出资公司的特殊性在于,它代表国家和社会公共利益,在遵守一般公司法规定情况下,还需要遵守特别的规定,主要体现在以下几方面。

(一)出资人

《公司法》第一百六十九条规定,国家出资公司,由国务院或者地方人民政府分别代表国家依法履行出资人职责,享有出资人权益。国务院或者地方人民政府可以授权国有资产监督管理机构或者其他部门、机构代表本级人民政府对国家出资公司履行出资人职责。代表本级人民政府履行出资人职责的机构、部门,以下统称为履行出资人职责的机构。

(二)党组织

《公司法》第一百七十条规定,国家出资公司中中国共产党的组织,按照中国共产党章程的规定发挥领导作用,研究讨论公司重大经营管理事项,支持公司的组织机构依法行使职权。

（三）组织机构

国有独资公司(包括国有独资股份有限公司)不设股东会,由履行出资人职责的机构行使股东会职权。履行出资人职责的机构可以授权公司董事会行使股东会的部分职权。但以下情形除外:公司章程的制定和修改,公司的合并、分立、解散、申请破产,增加或者减少注册资本,分配利润。这几种情形应当由履行出资人职责的机构决定。

国有独资公司的董事会成员中,应当过半数为外部董事,并应当有公司职工代表。董事会成员由履行出资人职责的机构委派;但是,董事会成员中的职工代表由公司职工代表大会选举产生。董事会设董事长一人,可以设副董事长。董事长、副董事长由履行出资人职责的机构从董事会成员中指定。经履行出资人职责的机构同意,董事会成员可以兼任经理。特别需要注意的是,《公司法》第一百七十五条规定,国有独资公司的董事、高级管理人员,未经履行出资人职责的机构同意,不得在其他有限责任公司、股份有限公司或者其他经济组织兼职。

国有独资公司在董事会中设置由董事组成的审计委员会行使本法规定的监事会职权的,不设监事会或者监事。国家出资公司应当依法建立健全内部监督管理和风险控制制度,加强内部合规管理。

任务四　掌握公司股权转让制度

【**案例 5 - 4**】　某有限责任公司注册资本 20 万元,有股东 5 人,刘某、关某、张某和赵某是自然人股东,各持公司 2 万元的股份,甲企业是法人股东,持有公司 12 万元的股份。刘某欲将股份转让给乙企业,刘某书面通知关某、张某、赵某和甲企业,关某不同意刘某将股份转让给乙企业,张某、赵某同意刘某转让,甲企业收到刘某的书面通知后迟迟不做答复,直到两个月后通知刘某不同意转让。张某、赵某都向刘某主张优先购买权,但是购买的比例协商不成。张某和赵某提出的购买条件低于乙企业,甲企业拒绝购买刘某的股份,刘某遂将股份转让给乙企业。关某坚决反对刘某将股份转让给乙企业,刘某将股份转让给乙企业后,关某要求公司购买自己的股份,公司拒绝购买,关某向法院提起诉讼要求公司购买自己的股份,法院判决关某败诉。张某决定出国定居,在其他股东不同意转让,又不行使优先购买权,也不同意购买股权情况下将自己的股份转让给乙企业。

【**问题**】

1. 刘某是否有权转让自己的股份,为什么?
2. 张某和赵某如果行使优先购买权,应各购买刘某多少股份? 刘某能否有权将股份转让给乙企业,为什么?
3. 法院判决关某败诉是否符合法律规定,为什么?
4. 张某是否有权将自己的股份转让给乙企业,为什么?

一、有限责任公司的股权转让

根据股权转让的不同情况,有限责任公司的股权转让可分为以下几种情形。

（一）协议转让

《公司法》第八十四条规定,有限责任公司的股东之间可以相互转让其全部或者部分股权。

股东向股东以外的人转让股权的,应当将股权转让的数量、价格、支付方式和期限等事项书面通知其他股东,其他股东在同等条件下有优先购买权。股东自接到书面通知之日起三十日内未答复的,视为放弃优先购买权。两个以上股东行使优先购买权的,协商确定各自的购买比例;协商不成的,按照转让时各自的出资比例行使优先购买权。公司章程对股权转让另有规定的,从其规定。

(二)强制转让

《公司法》第八十五条规定,人民法院依照法律规定的强制执行程序转让股东的股权时,应当通知公司及全体股东,其他股东在同等条件下有优先购买权。其他股东自人民法院通知之日起满二十日不行使优先购买权的,视为放弃优先购买权。

(三)股权回购

《公司法》第八十九条规定,有下列情形之一的,对股东会该项决议投反对票的股东可以请求公司按照合理的价格收购其股权:

(1)公司连续五年不向股东分配利润,而公司该五年连续盈利,并且符合本法规定的分配利润条件;

(2)公司合并、分立、转让主要财产;

(3)公司章程规定的营业期限届满或者章程规定的其他解散事由出现,股东会通过决议修改章程使公司存续。

自股东会决议作出之日起六十日内,股东与公司不能达成股权收购协议的,股东可以自股东会决议作出之日起九十日内向人民法院提起诉讼。公司的控股股东滥用股东权利,严重损害公司或者其他股东利益的,其他股东有权请求公司按照合理的价格收购其股权。公司因本条第一款、第三款规定的情形收购的本公司股权,应当在六个月内依法转让或者注销。

(四)股权继承

有限责任公司的股权原则上能够继承,但是约定除外。《公司法》第九十条规定,自然人股东死亡后,其合法继承人可以继承股东资格;但是,公司章程另有规定的除外。

关于股权转让的后续处理问题。《公司法》第八十六条规定,股东转让股权的,应当书面通知公司,请求变更股东名册;需要办理变更登记的,并请求公司向公司登记机关办理变更登记。公司拒绝或者在合理期限内不予答复的,转让人、受让人可以依法向人民法院提起诉讼。股权转让的,受让人自记载于股东名册时起可以向公司主张行使股东权利。第八十七条规定,依照本法转让股权后,公司应当及时注销原股东的出资证明书,向新股东签发出资证明书,并相应修改公司章程和股东名册中有关股东及其出资额的记载。对公司章程的该项修改不需再由股东会表决。

二、股份有限公司的股份转让

股份有限公司的股权转让,一般称为股份转让。根据股份转让的不同情况,股份有限公司的股份转让可分为以下几种情形。

(一)协议转让

《公司法》第一百五十七条规定,股份有限公司的股东持有的股份可以向其他股东转让,也可以向股东以外的人转让;公司章程对股份转让有限制的,其转让按照公司章程的规定进行。

第一百五十八条规定,股东转让其股份,应当在依法设立的证券交易场所进行或者按照国务院规定的其他方式进行。第一百六十五条规定,上市公司的股票,依照有关法律、行政法规及证券交易所交易规则上市交易。

（二）股份回购

《公司法》第一百六十一条规定,有下列情形之一的,对股东会该项决议投反对票的股东可以请求公司按照合理的价格收购其股份,公开发行股份的公司除外：

（1）公司连续五年不向股东分配利润,而公司该五年连续盈利,并且符合本法规定的分配利润条件；

（2）公司转让主要财产；

（3）公司章程规定的营业期限届满或者章程规定的其他解散事由出现,股东会通过决议修改章程使公司存续。

自股东会决议作出之日起六十日内,股东与公司不能达成股份收购协议的,股东可以自股东会决议作出之日起九十日内向人民法院提起诉讼。公司因本条第一款规定的情形收购的本公司股份,应当在六个月内依法转让或者注销。

（三）股份继承

《公司法》第一百六十七条规定,自然人股东死亡后,其合法继承人可以继承股东资格；但是,股份转让受限的股份有限公司的章程另有规定的除外。

关于股份转让的相关限制性规定,主要有以下几种情况：

（1）股东会会议召开前二十日内或者公司决定分配股利的基准日前五日内,不得变更股东名册。法律、行政法规或者国务院证券监督管理机构对上市公司股东名册变更另有规定的,从其规定。

（2）公司公开发行股份前已发行的股份,自公司股票在证券交易所上市交易之日起一年内不得转让。法律、行政法规或者国务院证券监督管理机构对上市公司的股东、实际控制人转让其所持有的本公司股份另有规定的,从其规定。

（3）公司董事、监事、高级管理人员应当向公司申报所持有的本公司的股份及其变动情况,在就任时确定的任职期间每年转让的股份不得超过其所持有本公司股份总数的百分之二十五；所持本公司股份自公司股票上市交易之日起一年内不得转让。上述人员离职后半年内,不得转让其所持有的本公司股份。公司章程可以对公司董事、监事、高级管理人员转让其所持有的本公司股份作出其他限制性规定。

（4）股份在法律、行政法规规定的限制转让期限内出质的,质权人不得在限制转让期限内行使质权。

（5）除以下情形外,公司不得收购本公司股份：① 减少公司注册资本；② 与持有本公司股份的其他公司合并；③ 将股份用于员工持股计划或者股权激励；④ 股东因对股东会作出的公司合并、分立决议持异议,要求公司收购其股份；⑤ 将股份用于转换公司发行的可转换为股票的公司债券；⑥ 上市公司为维护公司价值及股东权益所必需。公司不得接受本公司的股份作为质权的标的。

（6）《公司法》第一百六十三条规定,公司不得为他人取得本公司或者其母公司的股份提供赠与、借款、担保以及其他财务资助,公司实施员工持股计划的除外。为公司利益,经股东会决议,或者董事会按照公司章程或者股东会的授权作出决议,公司可以为他人取得本公司或者其母公司的股份提供财务资助,但财务资助的累计总额不得超过已发行股本总额的百分之十。董事会作出决议应当经全体董事的三分之二以上通过。违反前两款规定,给公司造成损失的,负有责任的董事、监事、高级管理人员应当承担赔偿责任。

任务五 理解公司合并分立、增资减资及解散清算制度

一、公司合并与分立

(一)公司合并

1. 公司合并的概念

公司合并,是指两个以上的公司依照法定程序变为一个公司的行为。其形式有两种:吸收合并和新设合并。吸收合并,是指一个公司吸收其他公司为吸收合并,被吸收的公司解散。新设合并,是指两个以上公司合并设立一个新的公司为新设合并,合并各方解散。

2. 合并的程序

《公司法》第二百一十九条规定,公司与其持股百分之九十以上的公司合并,被合并的公司不需经股东会决议,但应当通知其他股东,其他股东有权请求公司按照合理的价格收购其股权或者股份。

公司合并支付的价款不超过本公司净资产百分之十的,可以不经股东会决议;但是,公司章程另有规定的除外。

公司依照前两款规定合并不经股东会决议的,应当经董事会决议。

《公司法》第二百二十条规定,公司合并,应当由合并各方签订合并协议,并编制资产负债表及财产清单。公司应当自作出合并决议之日起十日内通知债权人,并于三十日内在报纸上或者国家企业信用信息公示系统公告。债权人自接到通知之日起三十日内,未接到通知的自公告之日起四十五日内,可以要求公司清偿债务或者提供相应的担保。

需要注意的是,公司合并时,合并各方的债权、债务,应当由合并后存续的公司或者新设的公司承继。

(二)公司分立

1. 公司分立的概念

公司分立,是指一个公司依法分立为两个以上的公司。其形式有两种:新设分立和派生分立。新设分立,是指原公司被分立成两个或两个以上新的公司,同时原公司被依法注销。派生分立,是指原公司继续存续,但由于股东、注册资本等发生变化,必须进行相应的变更。

2. 分立的程序

《公司法》第二百二十二条规定,公司分立,其财产作相应的分割。公司分立,应当编制资产负债表及财产清单。公司应当自作出分立决议之日起十日内通知债权人,并于三十日内在报纸上或者国家企业信用信息公示系统公告。第二百二十三条规定,公司分立前的债务由分立后的公司承担连带责任。但是,公司在分立前与债权人就债务清偿达成的书面协议另有约

定的除外。

二、公司增资与减资

（一）公司增资

1. 公司增资的概念

公司增资，是指公司为扩大经营规模、拓宽业务、提高公司的资信程度而依法增加注册资本金的行为。

2. 增资的程序及要求

《公司法》第二百二十七条规定，有限责任公司增加注册资本时，股东在同等条件下有权优先按照实缴的出资比例认缴出资。但是，全体股东约定不按照出资比例优先认缴出资的除外。股份有限公司为增加注册资本发行新股时，股东不享有优先认购权，公司章程另有规定或者股东会决议决定股东享有优先认购权的除外。

《公司法》第二百二十八条规定，有限责任公司增加注册资本时，股东认缴新增资本的出资，依照本法设立有限责任公司缴纳出资的有关规定执行。股份有限公司为增加注册资本发行新股时，股东认购新股，依照本法设立股份有限公司缴纳股款的有关规定执行。

（二）公司减资

1. 公司减资的概念

公司减资，是指公司资本过剩或亏损严重，根据经营业务的实际情况，依法减少注册资本金的行为。

2. 减资的程序及要求

《公司法》第二百二十四条规定，公司减少注册资本，应当编制资产负债表及财产清单。公司应当自股东会作出减少注册资本决议之日起十日内通知债权人，并于三十日内在报纸上或者国家企业信用信息公示系统公告。债权人自接到通知之日起三十日内，未接到通知的自公告之日起四十五日内，有权要求公司清偿债务或者提供相应的担保。

公司减少注册资本，应当按照股东出资或者持有股份的比例相应减少出资额或者股份，法律另有规定、有限责任公司全体股东另有约定或者股份有限公司章程另有规定的除外。

《公司法》第二百二十五条规定，公司依照本法第二百一十四条第二款的规定弥补亏损后，仍有亏损的，可以减少注册资本弥补亏损。减少注册资本弥补亏损的，公司不得向股东分配，也不得免除股东缴纳出资或者股款的义务。

依照前款规定减少注册资本的，不适用前条第二款的规定，但应当自股东会作出减少注册资本决议之日起三十日内在报纸上或者国家企业信用信息公示系统公告。

公司依照前两款的规定减少注册资本后，在法定公积金和任意公积金累计额达到公司注册资本百分之五十前，不得分配利润。

《公司法》第二百二十六条规定，违反本法规定减少注册资本的，股东应当退还其收到的资金，减免股东出资的应当恢复原状；给公司造成损失的，股东及负有责任的董事、监事、高级管理人员应当承担赔偿责任。

三、公司解散与清算

（一）公司解散

1. 公司解散的概念

公司解散，是指已经成立的公司，因公司章程或者法定事由出现而停止公司的对外经营活动，并开始公司的清算，处理未了结事务从而使公司法人资格消灭的法律行为。

2. 公司解散的事由

《公司法》第二百二十九条规定，公司因下列原因解散：

（1）公司章程规定的营业期限届满或者公司章程规定的其他解散事由出现；

（2）股东会决议解散；

（3）因公司合并或者分立需要解散；

（4）依法被吊销营业执照、责令关闭或者被撤销；

（5）人民法院依照本法第二百三十一条的规定予以解散。

公司出现前款规定的解散事由，应当在十日内将解散事由通过国家企业信用信息公示系统予以公示。

3. 公司继续存续的相关要求

《公司法》第二百三十条规定，公司有前条第一款第一项、第二项情形（公司章程规定的营业期限届满或者公司章程规定的其他解散事由出现；股东会决议解散），且尚未向股东分配财产的，可以通过修改公司章程或者经股东会决议而存续。

依照前款规定修改公司章程或者经股东会决议，有限责任公司须经持有三分之二以上表决权的股东通过，股份有限公司须经出席股东会会议的股东所持表决权的三分之二以上通过。

《公司法》第二百三十一条规定，公司经营管理发生严重困难，继续存续会使股东利益受到重大损失，通过其他途径不能解决的，持有公司百分之十以上表决权的股东，可以请求人民法院解散公司。

（二）公司清算

1. 公司清算的概念

公司清算，是指在公司解散时，为终结公司作为当事人的各种法律关系，对公司未了结的业务、财产及债权债务关系等进行清理、处分的行为和程序。公司清算的目的是使公司与其他社会主体之间产生的权利和义务归于消灭，从而为公司的终止提供合理依据。

2. 应当清算的情形

《公司法》第二百三十二条规定，公司因本法第二百二十九条第一款第一项、第二项、第四项、第五项规定而解散的，应当清算。即应当清算的情形包括：

（1）公司章程规定的营业期限届满或者公司章程规定的其他解散事由出现；

（2）股东会决议解散；

（3）依法被吊销营业执照、责令关闭或者被撤销；

（4）人民法院依照本法第二百三十一条的规定（公司经营管理发生严重困难，继续存续会使股东利益受到重大损失，通过其他途径不能解决的，持有公司百分之十以上表决权的股东，可以请求人民法院解散公司）予以解散。

3. 清算组组成及职权

(1)清算组组成。

董事为公司清算义务人,应当在解散事由出现之日起十五日内组成清算组进行清算。清算组由董事组成,但是公司章程另有规定或者股东会决议另选他人的除外。清算义务人未及时履行清算义务,给公司或者债权人造成损失的,应当承担赔偿责任。逾期不成立清算组进行清算或者成立清算组后不清算的,利害关系人可以申请人民法院指定有关人员组成清算组进行清算。人民法院应当受理该申请,并及时组织清算组进行清算。

公司因《公司法》第二百二十九条第一款第四项的规定而解散的,作出吊销营业执照、责令关闭或者撤销决定的部门或者公司登记机关,可以申请人民法院指定有关人员组成清算组进行清算。

(2)清算组的职权。

《公司法》第二百三十四条规定,清算组在清算期间行使下列职权:① 清理公司财产,分别编制资产负债表和财产清单;② 通知、公告债权人;③ 处理与清算有关的公司未了结的业务;④ 清缴所欠税款以及清算过程中产生的税款;⑤ 清理债权、债务;⑥ 分配公司清偿债务后的剩余财产;⑦ 代表公司参与民事诉讼活动。

清算组成员履行清算职责,负有忠实义务和勤勉义务。清算组成员怠于履行清算职责,给公司造成损失的,应当承担赔偿责任;因故意或者重大过失给债权人造成损失的,应当承担赔偿责任。

4. 清算程序及要求

《公司法》第二百三十五条规定,清算组应当自成立之日起十日内通知债权人,并于六十日内在报纸上或者国家企业信用信息公示系统公告。债权人应当自接到通知之日起三十日内,未接到通知的自公告之日起四十五日内,向清算组申报其债权。债权人申报债权,应当说明债权的有关事项,并提供证明材料。清算组应当对债权进行登记。在申报债权期间,清算组不得对债权人进行清偿。

《公司法》第二百三十六条规定,清算组在清理公司财产、编制资产负债表和财产清单后,应当制订清算方案,并报股东会或者人民法院确认。

公司财产在分别支付清算费用、职工的工资、社会保险费用和法定补偿金,缴纳所欠税款,清偿公司债务后的剩余财产,有限责任公司按照股东的出资比例分配,股份有限公司按照股东持有的股份比例分配。

清算期间,公司存续,但不得开展与清算无关的经营活动。公司财产在未依照前款规定清偿前,不得分配给股东。

《公司法》第二百三十七条规定,清算组在清理公司财产、编制资产负债表和财产清单后,发现公司财产不足清偿债务的,应当依法向人民法院申请破产清算。人民法院受理破产申请后,清算组应当将清算事务移交给人民法院指定的破产管理人。

此外,公司清算结算后,需要办理注销登记后,解散清算程序才算完成,公司法人主体资格才能最终消灭。《公司法》第二百三十九条规定,公司清算结束后,清算组应当制作清算报告,报股东会或者人民法院确认,并报送公司登记机关,申请注销公司登记。

《公司法》第二百四十条规定,公司在存续期间未产生债务,或者已清偿全部债务的,经全体股东承诺,可以按照规定通过简易程序注销公司登记。通过简易程序注销公司登记,应当通过国家企业信用信息公示系统予以公告,公告期限不少于二十日。公告期限届满后,未有异议的,公司可以在二十日内向公司登记机关申请注销公司登记。

公司通过简易程序注销公司登记,股东对本条第一款规定的内容承诺不实的,应当对注销登记前的债务承担连带责任。

《公司法》第二百四十一条规定,公司被吊销营业执照、责令关闭或者被撤销,满三年未向公司登记机关申请注销公司登记的,公司登记机关可以通过国家企业信用信息公示系统予以公告,公告期限不少于六十日。公告期限届满后,未有异议的,公司登记机关可以注销公司登记。依照前款规定注销公司登记的,原公司股东、清算义务人的责任不受影响。

【案例解析】

【导入案例】解析:

1. 根据现行《公司法》第八十四条第二款的规定,股东向股东以外的人转让股权,并不需要召开股东会表决,只是需要将股权转让的数量、价格、支付方式和期限等事项书面通知其他股东,其他股东在同等条件下有优先购买权,因此第一条理由不成立。除章程另有规定外,《公司法》并没有限定股东向股东以外的人转让股权,也没有要求必须经过股东过半数通过,因此第二条理由不成立。修改公司章程是股权转让后的程序,并非股份转让的先决条件,因此第三条理由不成立。

2. 甲对外转让股份,应当将股权转让的数量、价格、支付方式和期限等事项书面通知乙、丙,乙、丙在同等条件下有优先购买权,若直接放弃或股东自接到书面通知之日起三十日内未答复的,视为放弃优先购买权。甲有权转让股份给丁,并且有权要求公司协助办理股权变更登记手续,公司不得拒绝。公司拒绝或者在合理期限内不予答复的,转让人、受让人可以依法向人民法院提起诉讼。

【案例5-1】解析:

1. 股东可以借钱给A公司还债;A公司可以向银行等机构借款还债,也可以和债权人协商其他还债计划,如分期还债等。最后实在不行,申请破产清算,用A公司现有资产60万元还债。

2. 不可以要求甲、乙、丙承担,原因是这是A公司的债务,A公司是独立法人,独立承担民事责任。

【案例5-2】解析:

1. 若股东名册没有张某,张某不能取得股东身份。记载于股东名册的股东,可以依股东名册主张行使股东权利。

2. 若股东名册没有张某,则张某不是公司股东,不能要求分红。

【案例5-3】解析:

1. 符合要求。董事会会议应当有过半数的董事出席方可举行,董事会有7名董事,实际出席4名,已过半,可以开会。

2. 董事F电话委托董事A出席会议并表决无效,董事G委托董事会秘书H出席并表决无效。公司法规定,因故不能出席,可以书面委托其他董事代为出席,委托书应当载明授权范围。

3. 董事会决议通过的两项决议不符合公司法规定。公司法规定,董事会负责股东会的召集,董事会会议决议经全体董事过半数同意,本案董事同意的人数未过半。

4. 不符合规定。理由是,公司法规定,股东会不得对通知中未列明的事项作出决议。

5. 丙有权提议召开临时股东会,单独或者合计持有公司百分之十以上股份的股东请求时可以召开临时股东会。其自行召集临时股东会有法律依据,其已根据公司法的规定,先后请求董事会和监事会召集,均被拒绝后,可自行召集。

【案例5-4】解析:

1. 刘某有权转让自己的股份。除公司章程另有规定外,股东之间和股东向股东以外的人转让股权是自由的,但对外转让时要保障其他股东的优先购买权。

2. 两个以上股东行使优先购买权的,协商确定各自的购买比例;协商不成的,按照转让时各自的出资比例行使优先购买权,即协商不成按出资比例购买;在同等条件下(数量、价格、支付方式和期限等),张某和赵某有优先购买权,两者主张优先购买权的,刘某不能将股份转让给乙企业。否则就可以转让给乙企业。

3. 符合法律规定。关某请求公司回购自己股权的情形不符合公司法第八十九条规定的可以请求公司回购股权的情形。

4. 张某有权将自己的股份转让给乙企业。理由是其他股东的行为视为同意转让。

【项目小结】

本项目主要知识点:公司的概念、特征及公司法的发展历程,以及我国现行公司法规定的公司组织形式等。公司设立登记的事项、规范要求及相关程序。公司组织机构的设置及运行规则。有限责任公司与股份有限公司股权转让的规则。公司合并分立、增资减资及结算清算制度等。

【项目训练】

一、单选题

1. 甲、乙、丙三人出资成立一家有限责任公司,现丙与丁达成协议,将其在该公司拥有的全部股份作价20万元转让给丁。对此,甲、乙均表示不同意转让,但均愿意购买,甲的出价为20万元,乙的出价为18万元。因公司章程对此未有规定,则丙所持股份应转让给( )。

A. 甲   B. 乙   C. 丁   D. 甲和丁各一半

2. 下列关于有限责任公司股权继承的表述,正确的是( )。

A. 自然人股东死亡后,其合法继承人当然不能继承股东资格

B. 自然人股东死亡后,其合法继承人是否可继承股东资格取决于公司董事会的决定

C. 自然人股东死亡后,其合法继承人是否可继承股东资格,由继承人与公司其他股东协商决定

D. 自然人股东死亡后,其合法继承人可继承股东资格,但公司章程另有规定的除外

3. 甲公司分立为乙、丙两公司,约定由乙公司承担甲公司全部债务的清偿责任,丙公司继受甲公司全部债权。关于该协议的效力,( )是正确的。

A. 该协议仅对乙、丙两公司具有约束力,对甲公司的债权人并非当然有效

B. 该协议无效,应当由乙、丙两公司对甲公司的债务承担连带清偿责任

C. 该协议有效,甲公司的债权人只能请求乙公司对甲公司的债务承担清偿责任

D. 该协议效力待定,应当由甲公司的债权人选择分立后的公司清偿债务

4. 甲、乙、丙为某有限责任公司股东。现甲欲对外转让其股份,(　　)是正确的。

A. 甲必须就此事书面通知乙、丙,并征求其意见

B. 在任何情况下,乙、丙均享有优先购买权

C. 在符合对外转让条件的情况下,受让人应当将股权转让款支付给公司

D. 未经工商变更登记,受让人不能取得公司股东资格

5. 甲、乙、丙是某有限公司的股东,各占52%、22%和26%的股份。乙欲对外转让其所拥有的股份,丙表示同意,甲表示反对,但又不愿意购买该股份。乙便与丁签订了一份股权转让协议,约定丁一次性将股权转让款支付给乙。此时甲表示愿以同等价格购买,只是要求分期付款。对此各方发生了争议。下列说法中,错误的是(　　)。

A. 甲最初表示不愿意购买即应视为同意转让

B. 甲后来表示愿意购买,则乙只能将股权转让给甲,因为甲享有优先购买权

C. 乙与丁之间的股权转让协议有效

D. 如果甲、丙都行使优先购买权,就购买比例而言,如双方协商不成,则双方应按照2:1的比例行使优先购买权

6. 根据《公司法》的有关规定,下列关于一人有限责任公司的表述中,正确的是(　　)。

A. 一个自然人可以在不同城市投资设立若干个一人有限公司

B. 一人有限责任公司的股东可以分期缴付公司章程规定的出资

C. 一人有限责任公司的注册资本不低于人民币10万元

D. 债权人不能证明一人有限公司的财产与其股东自己的财产相混同的,该有限公司的股东以其出资额为限对公司债务承担责任

7. 甲股份公司成立后,董事会对公司设立期间发生的各种费用如何承担发生了分歧。(　　)应当由发起人承担。

A. 发起人蒋某因公司设立事务而发生的宴请费用

B. 发起人李某就自己出资部分所产生的验资费用

C. 发起人钟某为论证公司要开发的项目而产生的调研费用

D. 发起人缪某值班时乱扔烟头将公司筹备组租用的房屋烧毁,筹备组为此向房主支付的5万元赔偿金

8. 甲公司出资20万元、乙公司出资10万元共同设立丙有限责任公司。丁公司系甲公司的子公司。在丙公司经营过程中,甲公司多次利用其股东地位通过公司决议让丙公司以高于市场同等水平的价格从丁公司进货,致使丙公司产品因成本过高而严重滞销,造成公司亏损。下列说法中(　　)是正确的。

A. 丁公司应对丙公司承担赔偿责任

B. 甲公司应对乙公司承担赔偿责任

C. 甲公司应对丙公司承担赔偿责任

D. 丁公司、甲公司共同对丙公司承担赔偿责任

9. 甲、乙、丙三人共同设立A有限责任公司,出资比例分别为70%、25%、5%。自2025年开始,公司的生产经营状况严重恶化,股东之间互不配合,不能做出任何有效决议,甲提议通过股权转让摆脱困境被其他股东拒绝。下列说法中(　　)是正确的。

A. 只有甲、乙可以向法院请求解散公司

B. 只有控股股东甲可以向法院请求解散公司

C. 甲、乙、丙中任何一人都可向法院请求解散公司

D. 不应解散公司,而应通过收购股权等方式解决问题

10. 王某向银行申请贷款,需要他人担保。陈某系甲有限公司的控股股东和董事长,是王某多年好友。王某求助于陈某,希望得到甲公司的担保。甲公司章程规定,公司对外担保须经股东会决议。下列说法中(   )是正确的。

A. 甲公司可以为王某提供担保,但须经股东会决议通过

B. 甲公司可以为王某提供担保,但陈某不得参加股东会表决

C. 甲公司不得为王某提供担保,因为公司法禁止公司为个人担保

D. 甲公司不能为王某提供担保,因为陈某不能向甲公司提供反担保

二、多选题

1. 甲、乙出资设立注册资本为 400 万元的丙有限责任公司,章程规定:甲以现金出资 280 万元,乙以现金出资 40 万元,专利作价 40 万元,机器设备作为实物出资作价 40 万元。公司成立后,甲按期足额缴纳现金 280 万元,乙只缴纳了 20 万元现金,其专利的实际市场价额为 20 万元,机器设备虽然已实际移交给公司,但该设备属于丁所有,系丁委托乙保管。下列说法中(   )是正确的。

A. 丙公司应根据丁的请求向其返还机器设备

B. 乙应当履行其余 20 万元现金出资的义务,并应当向甲承担违约责任

C. 甲、乙达成协议,可以通过减少注册资本程序免除乙对差额部分的出资责任

D. 乙应当补足其专利权出资的实际价额与作价金额之间的差额,甲对此承担连带责任

2. 某船运有限公司共 8 个股东,除股东甲外,其余股东都已足额出资。某次股东会上,7 个股东一致表决同意因甲未实际缴付出资,而不能参与当年公司利润分配。3 个月后该公司船只燃油泄漏,造成沿海养殖户巨大损失,公司的全部资产不足以赔偿。甲向其他 7 个股东声明:自己未出资,也未参与分配,实际上不是股东,公司的债权债务与自己无关。下列说法中(   )是正确的。

A. 甲虽然没有实际缴付出资,但不影响股东地位

B. 甲的声明对内具有效力,但不能对抗善意第三人

C. 其他股东决议不给甲分配当年公司利润是符合《公司法》的

D. 就公司财产不足清偿的债务部分,只应由甲承担相应的责任,其他 7 个股东不承担责任

3. A 市某制药有限责任公司于 2025 年 3 月 18 日召开股东会,在审议董事会人选时,下列说法中(   )可以担任董事。

A. 孙某,三年前因犯交通肇事罪被判处有期徒刑 1 年

B. 田某,两年前因提供虚假证据被吊销律师执业证书

C. 李某,因经营失败欠银行到期个人贷款 100 多万元未清偿

D. 肖某,著名药剂师,现年 78 岁

4. 某有限责任公司监事会经股东举报,认为公司经营状况异常,并准备进行调查。对此,下列说法中正确的有(   )。

A. 监事会的决议应当经半数以上监事通过方可生效
B. 监事会对公司经营状况的调查费用由公司负担
C. 监事会在必要的时候可以聘请会计师协助调查
D. 监事会有权提议召开临时股东会来处理调查结果
E. 监事会有权撤销违法履行职务的董事的任职资格

5. 下列选项中,股东可以自决议做出之日起 60 天内请求人民法院撤销的情形有(　　)。
A. 股东会决议内容违反法律法规
B. 股东会会议的决议内容违反公司章程
C. 董事会决议内容违反法律、行政法规
D. 股东大会的会议召集程序、表决方式违反公司章程
E. 股东会会议的召集程序和表决方式违反法律或行政法规

6. 某疏运有限公司是一家拥有十辆货车的运输企业,甲是该公司股东。一日,该公司股东会决议将汽车全部卖掉转而从事广告制作,甲认为广告制作业没有前途而坚决反对,但因甲只有10%的股权,该决议仍得以通过。甲可以通过(　　)来维护自己的权益。
A. 将股权转让给他人,退出公司
B. 向法院起诉请求解散公司,并分配剩余财产
C. 向法院起诉请求撤销该股东会决议
D. 要求公司以合理价格收购其持有的股权

7. 张某为某有限责任公司股东,其对公司的出资为 10 万元人民币,现张某因急需用钱,拟将股权转换为资金。其所采取的下列措施中,符合我国法律规定的有(　　)。
A. 抽回出资
B. 将股权转让给其他股东
C. 请求公司按照红利分配方案分配红利
D. 向王某借款,并由王某代行其在公司中的股东权
E. 未经通知其他股东,将股份质押给第三人,以取得借款

8. 甲为某有限公司股东,持有该公司 15% 的表决权股。甲与公司的另外两个股东长期意见不合,已两年未开成公司股东会,公司经营管理出现困难,甲与其他股东多次协商未果。在此情况下,甲可以采取(　　)解决问题。
A. 请求法院解散公司
B. 请求公司以合理的价格收购其股权
C. 将股权转让给另外两个股东退出公司
D. 经另外两个股东同意撤回出资以退出公司

9.《公司法》对股份有限公司股东转让股份所做的限制有(　　)。
A. 未上市的股票未经股东大会的同意不得转让
B. 发起人持有的本公司股份,自公司成立之日起 1 年内不得转让
C. 公司董事在离职后半年内不得转让其所持有的本公司股份
D. 公司董事在任职期间每年转让的股份不得超过其所持有本公司股份总数的 25%
E. 公司公开发行股份前已发行的股份,自公司股票在证券交易所上市交易之日起 1 年内不得转让

10. 公司不得收购本公司股份，但有下列（　　）情形的除外。

A. 减少公司注册资本

B. 将股份奖励给本公司职工

C. 与持有本公司股份的其他公司合并

D. 股东因对股东大会做出的公司合并、分立决议持异议而要求公司收购其股份的

E. 公司连续5年不向股东分配利润，而公司该5年连续盈利并符合法定的分配利润条件的

三、案例分析题

1. 甲、乙、丙、丁、戊拟共同组建一有限责任性质的饮料公司，注册资本200万元，其中甲、乙各以货币60万元出资；丙以实物出资，经评估机构评估为20万元；丁以其专利技术出资，作价50万元；戊以劳务出资，经全体出资人同意作价10万元。公司拟不设董事会，由甲任执行董事；不设监事会，由丙担任公司的监事。饮料公司成立后经营一直不景气，已欠A银行贷款100万元未还。经股东会决议，决定把饮料公司唯一盈利的保健品车间分出去，另成立有独立法人资格的保健品厂。后饮料公司增资扩股，乙将其股份转让给大北公司。1年后，保健品厂也出现严重亏损，资不抵债，其中欠B公司货款达400万元。

问题：

(1) 饮料公司组建过程中，各股东的出资是否存在不符合《公司法》的规定之处，为什么？

(2) 饮料公司的组织机构设置是否符合《公司法》的规定，为什么？

(3) 饮料公司设立保健品厂的行为在《公司法》上属于什么性质的行为？设立后，饮料公司原有的债权债务应如何承担？

(4) A银行如起诉追讨饮料公司所欠的100万元贷款，应以谁为被告，为什么？

(5) B公司除采取起诉或仲裁的方式追讨保健品厂的欠债外，还可以采取什么法律手段以实现自己的债权？

2. 2023年9月9日，甲、乙、丙、丁共同出资设立了一家有限责任公司（下称公司）。公司未设董事会，仅设丙为执行董事。2024年7月9日，甲与戊订立合同，约定将其所持有的全部股权以20万元的价格转让给戊。甲于同日分别向乙、丙、丁发出拟转让股权给戊的通知书。乙、丙分别于21日和25日回复，均要求在同等条件下优先购买甲所持公司全部股权。丁于10日收到甲的通知后，至8月16日未就此项股权转让事项做出任何答复。戊在对公司进行调查的过程中发现乙在公司设立时以机器设备折合30万元用于出资，而该机器设备当时的实际价值仅为10万元。公司股东会于2024年3月就2023年度利润分配做出决议，决定将公司在该年度获得的可分配利润68万元全部用于分红，并在5月底之前实施完毕。至8月底丁尚未收到上述分红利润，在没有告知公司任何机构和人员的情况下，丁直接向人民法院提起诉讼，要求实施分红决议。

问题：

(1) 丁未作答复将产生何种法律后果？请说明理由。

(2) 乙、丙均要求在同等条件下优先受让甲所持公司全部股权，应当如何处理？

(3) 如果乙出资不实的行为属实，应当如何处理？

(4) 丁直接向人民法院提起诉讼的行为是否符合法律程序？请说明理由。

第三模块 市场交易法律制度

项目六
合同法律制度

【本项目涉及的主要法律法规文件】

1.《中华人民共和国民法典》,2021年1月1日起施行,主要涉及第一编总则、第二编物权的第四分编担保物权和第三编合同(463~988条)。

2.《最高人民法院关于适用〈中华人民共和国民法典〉时间效力的若干规定》(法释〔2020〕15号),2021年1月1日起施行。

3.《最高人民法院关于审理建设工程施工合同纠纷案件适用法律问题的解释(一)》(法释〔2020〕25号),2021年1月1日起施行。

4.《最高人民法院关于适用〈中华人民共和国民法典〉有关担保制度的解释》(法释〔2020〕28号),2021年1月1日起施行。

【本项目拟实现的目标】

知识目标:(1)了解合同的概念、特征、分类及适用范围。(2)掌握合同的订立、效力、履行、担保、变更、转让、终止及违约责任的主要规定。(3)掌握买卖合同、借款合同、租赁合同等典型合同的纠纷处理。

技能目标:(1)识别合同是否成立。(2)起草简单合同文书,审查合同效力。(3)识别违反合同的行为及其法律后果。

素质目标:(1)培养中国特色社会主义法治思维。(2)塑造学习者的契约精神、诚信品格等。(3)养成系统和严谨的思维习惯。

[导入案例]

李某与张某达成口头协议,李某将其房屋出租给张某,期限为1年。3个月后,李某儿子结婚,急需住房,于是向张某提出解除房屋租赁合同,张某不同意,李某便以口头协议无效为由,向人民法院起诉,要求强制张某退回房屋。

【问题】

1. 口头协议是否无效,为什么?

2. 什么是合同? 签订合同时应注意的事项有哪些?

3. 如何履行合同? 违反合同的法律责任有哪些?

任务一 认识合同

一、合同的概念及分类

(一)合同的概念及特征

合同是民事主体之间设立、变更、终止民事法律关系的协议。民事主体包括自然人、法人和非法人组织。

合同具有以下法律特征：

(1)合同是两方以上当事人的意思表示一致达成的协议。

(2)合同是当事人各方在平等、自愿的基础上达成的协议。

(3)合同是设立、变更、终止民事权利义务关系的协议，设立、变更、终止民事权利义务关系是当事人订立合同的目的。

(二)合同的分类

按照不同的标准可以将合同划分成不同的类型，合同主要有以下几种分类。

1. 有名合同与无名合同

此分类是依法律对合同名称是否做出明确规定为标准而进行的分类。由法律做出规定并赋予特定名称的合同，是有名合同。反之，法律未作规定的合同，是无名合同。《民法典》合同编规定了买卖合同等19种有名合同(民法典也称为典型合同)。除法律明文规定的合同种类以外的其他合同，属于无名合同。有名合同与无名合同区别的主要意义是法律的适用不同。前者法律有专门的规定，直接适用;而后者没有专门的规定，可以参照适用。

《民法典》合同编规定的19种有名合同包括买卖合同，供用电、水、气、热力合同，赠与合同，借款合同，保证合同，租赁合同，融资租赁合同，保理合同，承揽合同，建设工程合同，运输合同，技术合同，保管合同，仓储合同，委托合同，物业服务合同，行纪合同，中介合同，合伙合同。此外，《民法典》合同编也规定了两种准合同，分别是无因管理合同和不当得利合同，因这两种合同并非基于当事人意思表示一致设立，而是直接依据法律规定而确定的，因此称为准合同。

2. 诺成合同与实践合同

此分类是除双方意思表示一致外，依是否需交付标的物才能成立为标准的分类。诺成合同，是指一旦缔约当事人的意思表示达成一致即告成立的合同。实践合同，是指除当事人意思表示一致以外尚需交付标的物才能成立的合同。实践中，大多数合同均为诺成合同，实践合同仅限于法律规定的少数合同，如保管合同、自然人之间的借款合同。

3. 双务合同与单务合同

此分类是依双方当事人是否互负给付义务为标准的分类。双务合同是指当事人双方互相承担对待给付义务的合同。在双务合同中，当事人双方均承担合同义务，并且双方的义务具有对应关系，一方的义务就是对方的权利，反之亦然。双务合同是合同的主要形态，《民法典》合同编所规定的多数合同均为双务合同。单务合同是指只有一方当事人承担给付义务的合同。在单务合同中，当事人双方不存在对待给付关系，一方仅承担义务而不享有权利，另一方则相反,如赠与合同。

4. 有偿合同与无偿合同

此分类是依合同当事人之间的权利义务是否存在对价关系所做的分类。有偿合同,是指当事人一方享有合同规定的权益,须向对方当事人偿付相应代价的合同。有偿合同是商品交换最典型的法律形式,实践中常见的有买卖、租赁、运输、承揽等合同。无偿合同,是指一方当事人向对方给予某种利益,对方取得该利益时不支付任何代价的合同。实践中主要有赠与合同、无偿借用合同、无偿保管合同等。在无偿合同中,一方当事人不支付对价,但也要承担义务,如无偿借用他人物品,借用人负有正当使用和按期返还的义务。

5. 要式合同与不要式合同

此分类是依合同的成立是否须采取一定的形式为标准的分类。要式合同,是指法律规定必须采取一定形式的合同;反之,法律不要求采取特定形式的合同则为不要式合同。根据合同自由原则,当事人有权选择合同形式,故合同以不要式合同为常态,但对于一些重要的交易,如不动产买卖,法律常规定当事人应当采取特定的形式订立合同。

6. 主合同与从合同

此分类是根据合同相互间的主从关系的分类。在两个关联合同中,不依赖其他合同的存在即可独立存在的合同称为主合同,以其他合同的存在为前提而存在的合同称为从合同。例如,借款合同与保证合同之间,前者为主合同,后者为从合同。从合同不能独立存在,而必须以主合同的有效成立为成立和生效的前提;主合同转让,从合同不能单独存在;主合同被宣告无效或被撤销,从合同也失去效力;主合同终止,从合同也随之终止。

二、合同法律

合同法律指调整因合同产生的以权利义务为内容的社会关系的法律规范的总称。2020年5月28日第十三届全国人民代表大会第三次会议通过,2021年1月1日起施行的《中华人民共和国民法典》是目前我国合同法律制度方面的基本法律,其中的合同编直接调整合同关系。

(一)《民法典》合同编的调整范围

《民法典》合同编调整的是平等主体(自然人、法人和非法人组织)之间的民事关系,包括设立、变更、终止民事法律关系。婚姻、收养、监护等有关身份关系的协议,适用有关该身份关系的法律规定;没有规定的,可以根据其性质参照适用本编规定。政府的经济管理活动,属于行政管理关系,不是民事关系,不适用《民法典》;企业、单位内部的管理关系,不是平等主体间的关系,也不适用《民法典》。

【思考6-1】 下列合同中,适用于《民法典》合同编调整的有(　　　)。
A. 商品买卖合同　　B. 收养合同　　　C. 借款合同　　　D. 运输合同
【解析】 正确答案是ACD。

(二)合同的基本原则

合同的基本原则是指合同立法的指导思想以及调整民事主体间合同关系必须遵循的基本方针和准则,这些原则包括如下内容。

1. 平等原则

合同当事人的法律地位平等,一方不得将自己的意志强加给另一方。平等原则是合同最基本的原则,如果当事人的法律地位不平等,就谈不上自愿、公平、诚实信用等问题。

2. 自愿原则

民事主体从事民事活动,应当遵循自愿原则,按照自己的意思设立、变更、终止民事法律关系。民事主体依法享有自愿设立、变更和终止合同关系的权利,任何单位和个人不得非法干预。自愿是贯彻合同活动全过程的基本原则,但自愿的前提是不违反法律、法规的强制性规定和社会公序良俗。

3. 公平原则

民事主体从事民事活动,应当遵循公平原则,合理确定各方的权利和义务。根据这一原则,当事人在订立合同时应当按照公平原则,合理地设定各方的权利和义务;当事人在履行合同的过程中应当正当地履行自己的义务;当事人变更、解除和终止合同关系也不能导致不公平结果的出现。

4. 诚实信用原则

民事主体从事民事活动,应当遵循诚信原则,秉持诚实,恪守承诺。当事人应当诚实守信,不得有欺诈等恶意行为。当事人在合同的订立、履行、变更、终止以及解释的各个环节,都应充分注意和维护双方的利益平衡,以及当事人的利益与社会利益的平衡。

5. 遵守法律和公序良俗原则

民事主体从事民事活动,不得违反法律,不得违背公序良俗。当事人订立、履行合同,应当遵守法律、行政法规,尊重社会公德,不得扰乱社会经济秩序,损害社会公共利益和公序良俗。如代孕合同、包养合同等,在法律上是不被承认的。

6. 节约资源和保护生态环境原则

民事主体从事民事活动,应当有利于节约资源、保护生态环境。良好生态环境是人和社会持续发展的根本基础,节约资源和保护生态环境是我国的基本国策。每个民事主体在缔结和履行合同中都应节约资源和保护生态环境,否则可能会承担相应的法律责任。

任务二 了解合同的内容及订立

一、合同订立的形式与内容

(一)合同的订立与成立

合同的订立,是指两个或两个以上的当事人,依法就合同的主要条款经过协商一致,达成协议的法律行为,是当事人之间达成协议的过程。合同的成立是当事人达成协议的结果。合同的生效是已成立的合同在当事人之间产生了一定的法律约束力。这三者既相互联系,又相互区别。

(二)合同的形式

合同的形式,是指合同当事人意思表示一致的外在表现形式。当事人订立合同一般有书面形式、口头形式和其他形式三种。

1. 书面形式

书面形式是指合同书、信件和数据电文（包括电报、电传、传真、电子数据交换和电子邮件）等可以有形地表现所载内容的形式。书面形式明确、肯定，有据可查，是当事人普遍采用的一种合同形式。

2. 口头形式

口头形式的合同，是指当事人各方就合同内容达成一致的口头协议。口头形式直接、简便、迅速，但发生纠纷时难以取证，不易分清责任。因此，除标的极小或即时履行的以外，应当尽可能地采用书面形式订立合同。

3. 其他形式

其他形式的合同，是指采用除了书面形式、口头形式以外的方式订立合同的形式，即根据当事人的行为或者特定情形推定合同的成立，如推定形式和默示形式。

（三）合同的内容

合同的内容，即合同当事人所确定的各方的权利和义务，主要由合同的条款确定。由于合同的类型和性质不同，合同的主要条款可能有所不同。《民法典》合同编第四百七十条规定，合同的内容由当事人约定，一般应当包括以下条款。

1. 当事人的名称或者姓名和住所

这是每一份合同必须具备的条款。当事人是自然人的，应当明确规定其姓名和地址；当事人是法人或者其他组织的，应当明确规定其名称和住所以及法定代表人或者负责人等。订立合同时，要把各方当事人名称或者姓名和住所地记载准确、清楚。

2. 标的

标的是指合同当事人双方权利义务共同指向的对象。标的体现着合同的性质和当事人订立合同的目的，也是产生当事人权利和义务的依据。合同对标的的规定应当清楚明白，准确无误。合同的标的一般包括有形财产、无形财产、劳务和工作成果四类。

3. 数量

数量是对标的的量的规定，是对标的的计量。数量反映的是合同当事人权利义务的大小和多少。合同的数量要准确，应选择使用当事人共同接受的计量单位、计量方法和计量工具。

4. 质量

质量是指合同标的内在素质和外部形态的综合特征。一般以品种、规格、等级和工程项目的标准等体现出来。合同中必须对质量明确加以规定，国家有强制性标准规定的，必须按照规定的标准执行。如果有多种质量标准的，应尽可能约定其适用的标准。当事人还可以约定有关质量检验的方法、质量异议的条件等内容。

5. 价款或者报酬

价款或报酬是指当事人取得合同标的所付出的货币代价。价款一般指对提供财产的当事人支付的货币，如买卖合同的货款等。报酬一般指对提供劳务或工作成果的当事人支付的货币，如运输合同中的运输费等。

6. 履行期限、地点和方式

履行期限是指当事人履行合同义务的时间界限，如交付标的物、价款或报酬等的时间界限。它直接关系到合同义务完成的时间，是确定合同能否按时履行的依据。

履行地点是指当事人一方交付标的，另一方当事人接受标的并支付价款的具体地点。履行地点关系到履行合同的费用、风险由谁承担，以及确定所有权是否转移、何时转移、发生纠纷后应由何地法院管辖的依据。

履行方式是指当事人履行合同义务的具体方式和要求。例如，合同标的的交付是一次履行，还是分期分批履行；支付方式是现金，还是支票、本票、汇票等。

7. 违约责任

违约责任是指合同当事人不履行或者不完全履行合同时，依照法律或者合同的约定所应承担的法律责任。违约责任是合同具有法律约束力的重要体现，也是保证合同履行的主要条款。当事人可以在合同中明确规定违约责任条款，如约定定金或违约金、赔偿金等。

8. 解决争议的方法

解决争议的方法是指合同当事人对合同的履行发生争议时解决的途径和方式。解决合同争议的方法主要有协商和解、第三人调解、仲裁和诉讼。如果当事人意图通过诉讼解决争议，可以不进行约定；若选择仲裁解决方式，则必须约定，还要明确具体的仲裁机构。

除法律另有规定外，涉外合同的当事人可以选择解决他们的争议所适用的法律，可以选择中国法律、其他国家或地区的法律。

二、格式合同

（一）格式合同与格式条款的定义

格式合同是指当事人一方预先拟定合同条款，对方只能表示全部同意或者不同意的合同。因此，对于格式合同的非拟定条款的一方当事人而言，要订立格式合同，就必须全部接受合同条件，否则就不订立合同。现实生活中的车票、船票、飞机票、保险单、提单、仓单、出版合同等都是格式合同。

格式条款又称为标准条款，依据我国《民法典》合同编第四百九十六条规定，格式条款是当事人为了重复使用而预先拟定，并在订立合同时未与对方协商的条款。

（二）格式条款的限制规定

由于格式条款在订立时未与对方协商，容易造成权利义务的不公平，因此，《民法典》合同编对格式条款的使用从以下三个方面予以限制。

1. 提示说明义务

采用格式条款订立合同的，提供格式条款的一方应当遵循公平原则确定当事人之间的权利和义务，并采取合理的方式提示对方注意免除或者减轻其责任等与对方有重大利害关系的条款，按照对方的要求，对该条款予以说明。提供格式条款的一方未履行提示或者说明义务，致使对方没有注意或者理解与其有重大利害关系的条款的，对方可以主张该条款不成为合同的内容。

2. 部分格式条款无效

格式条款具有以下情形的无效：

（1）具有《民法典》第一编第六章第三节和本法第五百零六条规定的无效情形；

（2）提供格式条款一方不合理地免除或者减轻其责任、加重对方责任、限制对方主要权利；

（3）提供格式条款一方排除对方主要权利。

3. 对格式条款的解释

对格式条款的理解发生争议的,应当按照通常理解予以解释。对格式条款有两种以上解释的,应当做出不利于提供格式条款一方的解释。格式条款和非格式条款不一致的,应当采用非格式条款。

【思考 6 - 2】 李某赴外地出差,晚间到旅馆投宿。办理住宿手续时,服务员拿出一张事先印好的"住宿须知"请李某过目,而后李某签字同意,其中一条写明"除日用必需品之外的贵重物品,请交由总服务台统一保管,否则,若遗失本店不负责"。李某签字后,就立即回房间休息了。因旅途疲惫,李某用手机向他的领导简单汇报了一下工作进展,并将一些重要内容记录在笔记本电脑后,便立即睡下,直至次日早上 8:00 方醒。醒来后,李某发现自己房间的窗户被人打开,房门也大开,手机与笔记本电脑不翼而飞。李某遂以旅馆未尽到保护义务为由诉至法院,要求旅馆赔偿损失,旅馆则以李某签字同意的"住宿须知"为由不予赔偿。经查实,李某睡觉前已关好门窗,且手机、电脑被盗属实,另外,当地治安状况不佳,常有入室盗窃案件发生,但是旅馆未聘请保安人员。

请问:双方就"住宿须知"中"除日用必需品之外的贵重物品……"一句的理解发生争议,应如何予以解释?

【解析】 "住宿须知"中"除日用必需品之外的贵重物品,请交由总服务台统一保管,否则,若遗失本店不负责"是格式条款,李某手机、电脑被盗是由于当地治安状况不佳,常有入室盗窃案件发生,但是旅馆未聘请保安人员,旅馆存在重大过失。有因故意或重大过失造成对方财产损失的免责条款无效,因此,旅馆应当赔偿损失。

三、合同订立的程序

合同的订立是指两个或两个以上的当事人,依法就合同的主要条款经过协商一致达成合意的法律行为。当事人订立合同,采取要约、承诺或其他的方式进行。一般情况下,承诺生效时合同即为成立。

(一) 要约

要约是希望和他人订立合同的意思表示,是一方当事人向对方提出签订合同的建议和要求。发出要约的当事人称要约人,要约指向的对方当事人称受要约人。

1. 要约应具备的条件

（1）要约必须是要约人向相对人发出的意思表示。相对人一般为特定的人,但在特殊情况下,要约人也可以向不特定人发出要约。

（2）要约内容的具体确定。要约的内容必须具有足以使合同成立的主要条件与条款,如标的、数量、质量、价款或者报酬、履行期限、履行地点和履行方式等。因为要约一经受要约人承诺,合同即可成立。所以要约的内容越明确具体,越有利于受要约人了解合同内容,快速做出承诺。

（3）要约必须具有订立合同的目的。要约要表明一经受要约人承诺,要约人即受该意思表示的约束。因为发出要约的目的就是为了订立合同,整个要约的内容必须能够表明,如果对方接受要约,合同即告成立。

【思考 6 - 3】 2025 年 5 月 10 日,甲向乙发出一份电报称:"我公司现有 300 号水泥 100

吨,每吨售价5 000元,如贵公司需要,请在一个星期内予以答复。"该电报是否属于要约?

【解析】 本案中,甲向乙发出的电报是要约,因为甲发出的电报内容具体、确定,包括合同的主要条款。

2.要约邀请

要约邀请也称要约引诱,是希望他人向自己发出要约的意思表示。要约邀请是当事人订立合同的准备阶段,其目的是让他人向自己发出要约,没有法律约束力。我国《民法典》合同编规定,拍卖公告、招标公告、招股说明书、债券募集办法、基金招募说明书、商业广告和宣传、寄送的价目表等为要约邀请。商业广告和宣传的内容符合要约条件的,构成要约。在实践中要注意要约与要约邀请的区分。

【思考6-4】 A学校欲组建电脑教室,分别向几个电脑商发函,称"我学校急需电脑,如你公司有货,请速告知"。B公司第二天即派人将电脑100台送到学校,而A学校此时已决定购买另一电脑商的电脑,故拒绝接受B公司的电脑,由此发生纠纷。你认为A学校的发函是要约还是要约邀请?

【解析】 A学校的发函是要约邀请。要约邀请是希望他人向自己发出要约的意思表示。而本案中,A学校向几个电脑公司发函的目的是希望他们向自己发出要约,本身没有法律约束力。

3.要约的生效时间

要约的生效时间是指要约从何时开始对要约人和受要约人产生法律上的约束力。我国《民法典》合同编采取到达主义,即要约送达到受要约人能够控制的地方时开始生效。要约的送达方式不同,到达时间的确定也不同。采取直接方式发出要约的,记载要约的文件交给受要约人时即为到达;采用普通邮寄方式送达的,以受要约人收到要约文件或者要约送达到受要约人的信箱的时间为到达时间;采用数据电文方式发出要约的,电文进入收件人指定系统的时间或者未指定特定系统的,相对人知道或应当知道该数据电文进入其系统时生效。要约到达受要约人,并不是指要约一定实际到达受要约人(或者其代理人)手中,要约只要送达到受要约人通常的地址、住所或者能够控制的地方(如信箱)即为送达。

4.要约的撤回与撤销

(1)要约的撤回。要约的撤回是指要约人在发出要约后,要约生效前,使要约不发生法律效力的意思表示。但撤回要约的通知应当在要约到达受要约人之前或者与要约同时到达受要约人。

(2)要约的撤销。要约的撤销是指要约在发生法律效力之后,要约人取消要约使其效力归于消灭的意思表示。要约可以撤销,但撤销要约的通知应当在受要约人发出承诺之前到达受要约人。为了充分保护受要约人的合法权益,《民法典》合同编规定,有下列情形之一的,要约不得撤销:第一,要约人确定了承诺期限或者以其他形式明示要约不可撤销;第二,受要约人有理由认为要约是不可撤销的,并已经为履行合同做了准备工作。

5.要约的失效

要约失效是指要约丧失法律约束力,要约人与受要约人均不再受其约束。《民法典》合同编规定,有下列情形之一的,要约失效:① 拒绝要约的通知到达要约人;② 要约人依法撤销要约;③ 承诺期限届满,受要约人未做出承诺;④ 受要约人对要约的内容做出实质性变更。实质性的变更实际上就是一个新的要约,或者叫作反要约,原来的要约也就失去了效力。

【思考6-5】 甲公司向乙公司发出传真称:"我公司急需电脑500台,如你公司有货,请速告知,我公司有意购买。"乙公司接到该传真后回复,他们备有现货,且告知了电脑的配置、交货时间、地点、价格等,同时告知履行方式是先发货后付款。甲公司接到乙公司的传真后,及时复电同意乙公司的条件。

根据上述情况及《民法典》合同编的有关规定,回答下列问题:

(1)甲公司向乙公司发出的传真是要约,还是要约邀请?

(2)乙公司的回复是要约还是承诺,为什么?

【解析】 (1)甲公司向乙公司发出的传真是要约邀请。要约邀请是指希望他人向自己发出要约的意思表示,不能导致合同关系的产生,只能诱导他人向自己发出要约。而本案中甲公司向乙公司发出传真不具备一个合同应该具备的主要条款,因此不是要约,而是一项要约邀请。

(2)乙公司的回复是要约。要约是希望和他人订立合同的意思表示,是一方当事人向对方提出签订合同的建议和要求。要约的内容必须具体确定,有订合同的意图,并且有足以使合同成立的条款。而该要约的内容具备合同成立的条件,所以是要约。

(二)承诺

承诺是受要约人同意要约的意思表示。承诺的法律效力在于,承诺一经做出,并送达到要约人,合同即告成立。

1. 承诺应具备的条件

(1)承诺必须由受要约人向要约人做出。由于要约原则上是向特定人发出的,因此只有接受要约的特定人即受要约人才有权做出承诺。非受要约人向要约人做出的表示接受要约的意思表示不是承诺,而是一种要约。受要约人向非要约人做出的接受要约的意思表示也不是承诺,因为非要约人没有订立合同的意图。

(2)承诺应当以通知的方式做出,但根据交易习惯或者要约表明可以通过行为做出承诺的除外。

(3)承诺的内容应当与要约的内容一致。承诺是对要约的同意,其内容必须与要约的内容一致,才构成意思表示的一致即合意,从而使合同成立。受要约人对合同的内容做出实质性变更的,为新要约。有关合同的标的、数量、质量、价款或者报酬、履行期限、履行地点和方式、违约责任和解决争议的方法等变更,就是对要约的实质性变更。承诺对要约的内容做出非实质性变更的,除要约人及时表示反对或者要约表明承诺不得对要约的内容做出任何变更的以外,该承诺有效,合同的内容以承诺的内容为准。

(4)承诺必须在要约的有效期内做出。要约规定了承诺期限的,承诺应在规定的期限内到达要约人。

承诺期限的计算方法为:要约以信件或者电报做出的,承诺期限自信件载明的日期或者电报交发之日开始计算;信件未载明日期的,自投寄该信件的邮戳日期开始计算;要约以电话、传真等快速通信方式做出的,承诺期限自要约到达受要约人时开始计算。

要约没有确定承诺期限的,承诺应当依照下列规定到达:要约以对话方式做出的,应当即时做出承诺,但当事人另有约定的除外;要约以非对话方式做出的,承诺应当在合理期限内到达。受要约人超过承诺期限发出承诺,或者在承诺期限内发出承诺,按照通常情形不能及时到达要约人的,除要约人及时通知受要约人该承诺有效的以外,为新要约;受要约人在承诺期限内发出承诺按照通常情形能够及时到达要约人,但因其他原因承诺到达要约人时超过承诺期限的,除要约人及时通知受要约人因承诺超过期限不接受该承诺的以外,该承诺有效。

2. 承诺的撤回

承诺一般情况下自承诺通知到达要约人时生效,所以承诺在未生效之前可以撤回,但撤回承诺的通知应当在承诺通知到达要约人之前或者与承诺通知同时到达要约人。如果撤回承诺的通知迟于承诺通知到达要约人,则不产生承诺撤回的效力。

3. 承诺的生效

承诺通知到达要约人时生效。承诺不需要通知的,根据交易习惯或者要约的要求做出承诺的行为时生效。采用数据电文形式订立合同的,收件人指定特定系统接收数据电文的,该数据电文进入该特定系统的时间,视为承诺到达时间;未指定特定系统的,该数据电文进入收件人的任何系统的首次时间,视为承诺到达时间。承诺生效时合同成立,但是法律另有规定或者当事人另有约定的除外。

四、合同成立的时间及地点

(一)合同成立的时间

一般来说,合同经谈判成立的过程,就是要约、新要约、更新的要约直到承诺的过程。

在一般情况下,承诺生效后合同即告成立,当事人于合同成立时开始享有合同权利、承担合同义务。但在一些特殊情况下,合同成立的具体时间依不同情况而定:

(1)当事人采用合同书形式订立合同的,自当事人均签名、盖章或者按指印时合同成立。在签名、盖章或者按指印之前,当事人一方已经履行主要义务,对方接受时,该合同成立。

(2)当事人采用信件、数据电文等形式订立合同的,可以在合同成立之前要求签订确认书,签订确认书时合同成立。

(3)当事人以直接对话方式订立的合同,承诺人的承诺生效时合同成立。

(4)当事人签订要式合同的,以法律、行政法规的特殊形式要求完成的时间为合同成立时间。

(5)法律、行政法规规定或者当事人约定采用书面形式订立合同,当事人未采用书面形式但一方已经履行主要义务并且对方接受的,该合同成立。

【思考6-6】 A公司与B公司达成一份买卖协议,由A分两批给B供货,约定采用合同书形式,但双方均未在合同书上签字盖章。8月10日,A按约定将第一批货40台计算机送到B公司,B也按约定的时间支付了货款。由于B公司计算机销售不畅,于是拒绝接受A公司按约送来的第二批货10台计算机,理由是双方均未在合同书上签字盖章,双方合同关系不成立。试分析B公司拒绝的理由有无法律依据,为什么?

【解析】 没有法律依据。这属于事实合同,即双方虽未签字盖章,但一方已履行主要义务的,对方也接受的,合同成立。

(二)合同成立的地点

合同成立的地点关系到合同的管辖权,直接影响到当事人的权利义务。一般来说,承诺生效的地点为合同的成立地点,但在特殊情况下,合同可以有不同的成立地点:

(1)采用数据电文形式订立合同的,收件人的主营业地为合同成立的地点,没有主营业地的,其经常居住地为合同成立的地点。

（2）当事人采用合同书形式订立合同的,最后签名、盖章或者按指印的地点为合同成立的地点,但是当事人另有约定的除外。

（3）合同需要完成特殊的约定或法律形式才能成立的,以完成合同的约定形式或法定形式的地点为合同的成立地点。

（4）当事人对合同的成立地点另有约定的,按照其约定。

五、缔约过失责任

缔约过失责任是指当事人在订立合同过程中,因违背诚实信用原则给对方造成损失时所应承担的法律责任。一般情况下,当事人根据自愿和诚实信用原则进行协商,决定是否订立合同。协商不成,也无须承担责任。但是,如果当事人违背了诚实信用原则,在订立合同过程中有下列情形之一,给对方造成损失,就应当承担损害赔偿责任。

（1）假借订立合同,恶意进行磋商。即没有与对方签订合同的目的,以与对方谈判为借口,损害对方或第三人的利益,恶意地与对方进行谈判。

（2）故意隐瞒与订立合同有关的重要事实或者提供虚假情况。在订立合同的过程中,一方当事人已经知悉了与合同有关的重要情况,但不告诉对方,继续与对方进行谈判。

（3）当事人在订立合同过程中知悉的商业秘密,无论合同是否成立,泄露或不正当地使用的。

（4）有其他违背诚实信用原则的行为,如违背诚实信用原则终止谈判的行为。

缔约过失责任与违约责任存在如下区别:① 两种责任产生的时间不同。缔约过失责任发生在合同成立之前;而违约责任产生于合同生效之后。② 适用和范围不同。缔约过失责任适用于合同未成立、合同未生效等情况;违约责任适用于已生效合同。③ 赔偿范围不同。缔约过失责任赔偿的是信赖利益的损失;而违约责任赔偿的是可期待利益的损失。原则上,可期待利益的损失要大于信赖利益的损失。

【思考6-7】 李某和陈某两人各开一饭店,两饭店相邻,生意都很兴隆。后李某因投身其他行业欲将饭店转让给赵某,赵某出价100万元。陈某得知此事后担心财力雄厚的赵某接手李某的饭店后,在日后竞争中自己落于下风。于是陈某积极与李某磋商,表明自己亦有决心买下饭店并出价150万元。李某见陈某出价高,遂终止与赵某的磋商,转而一心一意与陈某谈判。陈某见赵某退出,便找借口不与李某签订购买饭店合同,造成李某饭店卖不出去,最终不得不以更低的价格转让给别人。

请问:陈某应对李某承担什么责任?

【解析】 陈某应当承担缔约过失责任。本案中,陈某假借订立合同的名义与李某进行恶意磋商,致使李某与第三方赵某的协商未获成功,使李某遭受了损失。陈某的行为违背了诚实信用原则,根据《民法典》合同编的规定,陈某要承担缔约过失责任,应当就李某所遭受的损失进行赔偿。

任务三 理解掌握合同的效力

一、合同效力概述

合同的效力是指依法成立的合同对当事人产生的约束力。合同的成立与合同的效力不同，合同成立与否取决于当事人之间是否就合同内容协商一致，而合同的生效与否涉及成立的合同是否具有法律约束力。合同成立之后，既可能因符合法律规定而生效，也可能因违反法律规定而无效，因意思表示不完全而可变更或因存在法定事由而效力待定。

二、合同的生效

（一）合同的生效要件

合同的生效要件是已经成立的合同产生法律效力应当具备的条件。合同生效一般应具备以下要件：

（1）行为人具有相应的民事行为能力；

（2）意思表示真实；

（3）不违反法律、行政法规的强制性规定，不违背公序良俗。

（二）合同的生效时间

（1）一般合同。对于绝大多数合同而言，依法成立的合同，自成立时生效。但法律、行政法规规定应当办理批准、登记等手续生效的，依照其规定。

（2）附条件的合同。附条件的合同是指当事人在合同中特别规定一定的条件，以条件的是否成就来作为合同的效力的发生或消灭的根据，但是根据其性质不得附条件的除外。附生效条件的合同，自条件成就时生效。附解除条件的合同，自条件成就时失效。当事人为自己的利益不正当地阻止条件成就的，视为条件已成就；不正当地促成条件成就的，视为条件不成就。

（3）附期限的合同。当事人对合同的效力可以约定附期限。附期限的合同是指当事人在合同中设定一定的期限，并把期限的到来作为合同效力的发生或消灭的根据，但是根据其性质不得附期限的除外。附生效期限的合同，自期限届至时生效。附终止期限合同，自期限届满时失效。

三、无效的合同

无效的合同是指合同因欠缺一定生效要件，而自始、绝对、当然不发生法律效力。根据《民法典》的相关规定，合同无效主要有以下几种情形：

（1）无民事行为能力人实施的民事法律行为无效。无民事行为能力的人订立的合同当然无效。（《民法典》第一百四十四条）

（2）行为人与相对人以虚假的意思表示实施的民事法律行为无效。以虚假的意思表示隐藏的民事法律行为的效力，依照有关法律规定处理。（《民法典》第一百四十六条）

（3）违反法律、行政法规的强制性规定的民事法律行为无效。但是，该强制性规定不导致

该民事法律行为无效的除外。违背公序良俗的民事法律行为无效。(《民法典》第一百五十三条)

(4) 行为人与相对人恶意串通,损害他人合法权益的民事法律行为无效。(《民法典》第一百五十四条)

(5) 造成对方人身损害或因故意或者重大过失造成对方财产损失的格式条款无效。(《民法典》第五百零六条)

无效合同自始无效,合同部分无效,不影响其他部分效力,也不影响合同中独立存在的有关解决争议方法条款的效力。

【思考 6 - 8】　公民甲与公民乙签订一份商品房转让合同,甲把自己的房子卖给乙,房款一共 30 万元。为了少缴契税,双方商量,签两份合同。一份合同里面写的是房款 30 万元,这是真实的合同,双方的权利义务以本合同为准;另外一份合同写的是房款 12 万元,是为了少缴契税,办理过户登记手续用的。后发生纠纷,原因是乙依据办理过户登记的合同,仅仅给付了甲 12 万元,余款一直不付给甲。甲多次索要无果,起诉至法院,请求法院判决乙给付余款。如何认定双方签订的房款为 12 万元合同的效力? 如何处理此纠纷?

【解析】　双方签订的房款为 12 万元合同没有法律效力。该合同表面上是合同双方真实意思表示的结果,但纵观整个案件,12 万元购房合同并非双方真实意思表示,而是一种虚假意思表示。根据《民法典》的规定,行为人与相对人以虚假的意思表示实施的民事法律行为无效。同时,合同双方当事人签订的 12 万元购房合同的真实目的是少缴契税,这违反法律、行政法规的强制性规定,并且造成国家利益的损害,所以房款为 12 万元合同无效。乙应补齐 18 万元的房款,甲、乙双方应依照法律规定到房地产交易管理部门补缴税费。

四、可撤销的合同

可撤销的合同即可变更、可撤销的合同,是指合同已经成立,但因合同当事人的意思表示不真实,一方当事人可以向法院或仲裁机构请求撤销或变更该合同,使已经生效的合同归于无效或合同内容发生变更。可撤销合同是一种相对无效的合同,其效力取决于当事人的意志。

《民法典》合同编规定,可撤销的合同主要有以下情形:

(1) 因重大误解而订立的合同。基于重大误解实施的民事法律行为,行为人有权请求人民法院或者仲裁机构予以撤销。重大误解是指合同当事人对合同的内容有重大误解,使行为的后果与自己的意思相悖,并造成较大损失。这里的重大误解主要是指对合同的标的、对方当事人、数量、质量、性质等做出的误解。

(2) 一方以欺诈手段,使对方在违背真实意思的情况下实施的民事法律行为。合同是当事人真实意思表示的结果,因一方欺诈而缔结的合同,违背了被欺诈方的真实意思表示,使得被欺诈方的合同目的落空,法律允许被欺诈方撤销合同。第三人实施欺诈行为,使一方在违背真实意思的情况下实施的民事法律行为,对方知道或者应当知道该欺诈行为的,受欺诈方有权请求撤销合同。

(3) 一方或者第三人以胁迫手段,使对方在违背真实意思的情况下实施的民事法律行为。若一方因被胁迫而缔结合同,该合同非被胁迫方的真实意思表示,法律允许被胁迫方撤销合同。

(4) 一方利用对方处于危困状态、缺乏判断能力等情形,致使民事法律行为成立时显失公平的。

上述 4 种情形下订立的合同,因违背了受害方的真实意思,法律赋予受害方享有请求人民法院或仲裁机构变更或者撤销合同的权利。请求变更还是撤销合同,由受害方选择。受害方请求变更的,人民法院或仲裁机构不得撤销。

有下列情形之一的,撤销权消灭:

(1)当事人自知道或者应当知道撤销事由之日起一年内、重大误解的当事人自知道或者应当知道撤销事由之日起 90 日内没有行使撤销权。

(2)当事人受胁迫,自胁迫行为终止之日起一年内没有行使撤销权。

(3)当事人知道撤销事由后明确表示或者以自己的行为表明放弃撤销权。当事人自民事法律行为发生之日起五年内没有行使撤销权的,撤销权消灭。

【思考 6-9】 李某继承其父亲遗留的一幅字画,误认为其是赝品,遂以 1 000 元的价格售于王某。一个月后,李某同回家探亲的叔叔谈起此字画,方知该字画系真迹,价值至少 50 万元。于是李某找到王某要求返还字画,王某不同意。为此,双方发生争议。李某起诉至法院,要求撤销与王某之间的交易,并要求返还字画。

请问:李某是否有权要求撤销与王某之间的交易,为什么?

【解析】 李某有权要求撤销与王某之间的交易。因重大误解而订立的合同为可撤销的合同,受损害方当事人有权请求撤销。根据《民法典》的规定,行为人因对行为的性质、对方当事人、标的物的品种、质量、规格和数量等的错误认识,使行为的后果与自己的意思相悖,并造成较大损失的,构成重大误解的民事行为。因重大误解订立的合同,受损害方当事人有权在知道或者应当知道撤销事由之日起 90 日内请求人民法院或者仲裁机构予以撤销。本案中,李某因对所出售字画的性质发生错误认识,造成较大损失,因此依法可以在知道或者应当知道该情形之日起 90 日内申请人民法院予以撤销。

五、效力待定合同

效力待定合同,是指合同虽然已经成立,因不符合有关生效要件的规定,其效力是否发生尚未确定,而有待于其他行为使之确定的合同。效力待定的合同只有经有权人的追认,才能具有法律效力;如果有权人在一定期限内不予承认,则合同无效。效力待定合同主要有以下几种类型。

(一)限制行为能力人订立的与其年龄、智力、精神状况不相适应的合同

限制民事行为能力人实施的纯获利益的民事法律行为或者与其年龄、智力、精神健康状况相适应的民事法律行为有效;实施的其他民事法律行为经法定代理人同意或者追认后有效。也就是说,如果限制行为能力人订立的与其年龄、智力、精神状况不相适应的合同,在法定代理人未确定同意或不同意追认前,合同效力处于待定状态。

相对人可以催告法定代理人自收到通知之日起 30 日内予以追认。法定代理人未作表示的,视为拒绝追认。民事法律行为被追认前,善意相对人有撤销的权利。撤销应当以通知的方式做出。

【思考 6-10】 甲有一儿子乙,12 周岁。2025 年 1 月 5 日,乙从家中拿 5 000 元到某商场购买数码相机一部。乙拿数码相机回家后,甲知道了乙从家中偷偷拿钱买相机这事,于是找到了某商场,称不承认其子购买相机行为,要求退货。

请问:乙购买相机的行为是否有效?

【解析】　乙购买相机的合同无效。根据《民法典》的规定,限制行为能力人订立的与其年龄、智力、精神状况不相适应的合同,经法定代理人同意或者追认后有效。本案中,甲的儿子属于限制行为能力人,12周岁小孩花5 000元购买相机的行为与其年龄、智力不相适应,而甲作为乙的法定代理人不追认该交易,则乙和某商场的买卖合同无效。

(二)无权代理人订立的合同

行为人没有代理权、超越代理权或者代理权终止后,仍然实施代理行为,未经被代理人追认的,对被代理人不发生效力。

相对人可以催告被代理人自收到通知之日起30日内予以追认。被代理人未作表示的,视为拒绝追认。行为人实施的行为被追认前,善意相对人有撤销的权利。撤销应当以通知的方式做出。

行为人实施的行为未被追认的,善意相对人有权请求行为人履行债务或者就其受到的损害请求行为人赔偿。但是,赔偿的范围不得超过被代理人追认时相对人所能获得的利益。

无权代理人以被代理人的名义订立合同,被代理人已经开始履行合同义务或者接受相对人履行的,视为对合同的追认。相对人知道或者应当知道行为人无权代理的,相对人和行为人按照各自的过错承担责任。

行为人没有代理权、超越代理权或者代理权终止后以被代理人名义订立合同,相对人有理由相信行为人有代理权的,该代理行为有效。

法人的法定代表人或者非法人组织的负责人超越权限订立的合同,除相对人知道或者应当知道其超越权限外,该代表行为有效,订立的合同对法人或者非法人组织发生效力。

(三)无处分权人订立的合同

无处分权的人处分他人财产,经权利人追认或者无处分权的人订立合同后取得处分权的,该合同有效。

(四)欠缺债权人同意的债务转移合同

《民法典》第五百五十一条规定,债务人将债务的全部或者部分转移给第三人的,应当经债权人同意。债务人或者第三人可以催告债权人在合理期限内予以同意,债权人未作表示的,视为不同意。若债务人转让债务,尚未取得债权人同意的,此时的合同效力处于待定状态,若债权人同意,转让合同有效,若不同意,转让合同无效。

六、合同被确认无效或被撤销的法律后果

合同被确认无效或被撤销以后,自始没有法律效力。合同部分无效,不影响其他合同条款的效力,合同其他部分条款仍然有效。合同不生效、无效、被撤销或者终止的,不影响合同中有关解决争议方法的条款的效力。根据《民法典》第一百五十七条的规定,合同被确认无效或被撤销将引起以下法律后果:

(1)返还财产。合同无效或者被撤销后,因该合同取得的财产,应当予以返还;不能返还或者没有必要返还的,应当折价补偿。

(2)赔偿损失。合同无效或者被撤销后,有过错的一方应当赔偿对方因此所受到的损失,双方都有过错的,应当各自承担相应的责任。

（3）追缴财产。当事人恶意串通，损害国家、集体或者第三人利益的，因此取得的财产收归国家所有或者返还集体、第三人。

任务四　了解合同的履行规则

一、合同履行的概念

合同的履行是指合同生效后，双方当事人按照合同规定的各项条款，完成各自承担的义务和实现各自享受的权利，使双方当事人的合同目的得以实现的行为。

合同履行应遵循诚实信用的原则，承担通知、协助，以及保密等义务，遵循全面履行、协作履行、经济合理及情势变更等原则。

二、合同履行的规则

（一）当事人就有关合同内容约定不明确时的履行规则（《民法典》第五百一十、五百一十一条）

合同生效后，当事人就质量、价款或者报酬、履行地点等内容没有约定或者约定不明确的，可以协议补充；不能达成补充协议的，按照合同相关条款或者交易习惯确定。当事人就有关合同内容约定不明确，依据前条规定仍不能确定的，适用下列规定：

（1）质量要求不明确的，按照强制性国家标准履行；没有强制性国家标准的，按照推荐性国家标准履行；没有推荐性国家标准的，按照行业标准履行；没有国家标准、行业标准的，按照通常标准或者符合合同目的的特定标准履行。

（2）价款或者报酬不明确的，按照订立合同时履行地的市场价格履行；依法应当执行政府定价或者政府指导价的，依照规定履行。

（3）履行地点不明确，给付货币的，在接受货币一方所在地履行；交付不动产的，在不动产所在地履行；其他标的，在履行义务一方所在地履行。

（4）履行期限不明确的，债务人可以随时履行，债权人也可以随时请求履行，但是应当给对方必要的准备时间。

（5）履行方式不明确的，按照有利于实现合同目的的方式履行。

（6）履行费用的负担不明确的，由履行义务一方负担；因债权人原因增加的履行费用，由债权人负担。

（二）电子合同交易规则（《民法典》第五百一十二条）

通过互联网等信息网络订立的电子合同的标的为交付商品并采用快递物流方式交付的，收货人的签收时间为交付时间。电子合同的标的为提供服务的，生成的电子凭证或者实物凭证中载明的时间为提供服务时间；前述凭证没有载明时间或者载明时间与实际提供服务时间不一致的，以实际提供服务的时间为准。

电子合同的标的物为采用在线传输方式交付的，合同标的物进入对方当事人指定的特定系统且能够检索识别的时间为交付时间。

电子合同当事人对交付商品或者提供服务的方式、时间另有约定的,按照其约定。

（三）执行政府定价或者政府指导价的合同履行规则（《民法典》第五百一十三条）

执行政府定价或者政府指导价的,在合同约定的交付期限内政府价格调整时,按照交付时的价格计价。逾期交付标的物的,遇价格上涨时,按照原价格执行;价格下降时,按照新价格执行。逾期提取标的物或者逾期付款的,遇价格上涨时,按照新价格执行;价格下降时,按照原价格执行。

（四）多项标的的履行规则（《民法典》第五百一十五、五百一十六条）

标的有多项而债务人只需履行其中一项的,债务人享有选择权;但是,法律另有规定、当事人另有约定或者另有交易习惯的除外。

享有选择权的当事人在约定期限内或者履行期限届满未作选择,经催告后在合理期限内仍未选择的,选择权转移至对方。

当事人行使选择权应当及时通知对方,通知到达对方时,标的确定。标的确定后不得变更,但是经对方同意的除外。可选择的标的发生不能履行情形的,享有选择权的当事人不得选择不能履行的标的,但是该不能履行的情形是由对方造成的除外。

（五）涉及第三人的合同履行规则（《民法典》第五百二十二、五百二十三、五百二十四条）

1. 向第三人履行

向第三人履行的合同又称利他合同。当事人约定由债务人向第三人履行债务,债务人未向第三人履行债务或者履行债务不符合约定的,应当向债权人承担违约责任。

法律规定或者当事人约定第三人可以直接请求债务人向其履行债务,第三人未在合理期限内明确拒绝,债务人未向第三人履行债务或者履行债务不符合约定的,第三人可以请求债务人承担违约责任;债务人对债权人的抗辩,可以向第三人主张。

2. 由第三人履行

由第三人履行的合同又称第三人负担的合同。当事人约定由第三人向债权人履行债务,第三人不履行债务或者履行债务不符合约定的,债务人应当向债权人承担违约责任。

债务人不履行债务,第三人对履行该债务具有合法利益的,第三人有权向债权人代为履行;但是,根据债务性质、按照当事人约定或者依照法律规定只能由债务人履行的除外。

债权人接受第三人履行后,其对债务人的债权转让给第三人,但是债务人和第三人另有约定的除外。

【思考 6-11】　甲、乙签订了一份合同,约定由丙向甲履行债务,但丙履行债务的行为不符合合同的约定。下列关于甲请求承担违约责任的表述中,（　　　）是正确的。

A. 请求丙承担　　　　　　　　　B. 请求乙承担
C. 请求丙和乙共同承担　　　　　D. 请求丙或乙承担

【解析】　正确答案是 B。涉及第三人履行的合同,因第三人不是合同的当事人,出现违约,责任仍由原合同的当事人承担。

三、抗辩权的行使

抗辩权是指在双务合同中,一方当事人在对方不履行或履行不符合约定时,依法对抗对方要求或否认对方权利主张的权利。《民法典》合同编规定了同时履行抗辩权、先履行抗辩权和不安抗辩权。

(一)同时履行抗辩权

当事人互负债务,没有先后履行的顺序的,应当同时履行。一方在对方履行之前有权拒绝其履行要求;另一方在对方履行债务不符合约定时,有权拒绝其相应的履行要求。

(二)先履行抗辩权

当事人互负债务,有先后履行顺序,应当先履行债务一方未履行的,后履行一方有权拒绝其履行请求。先履行一方履行债务不符合约定的,后履行一方有权拒绝其相应的履行请求。

【思考 6－12】 甲与乙订立了一份买卖茶叶的合同,合同约定,甲于 2024 年 10 月 7 日发货,乙收到货物后 10 日内付款。乙收到货物后,经检验,发现货物质量有问题,于是拒付货款。

请问:乙的做法是否违约?

【解析】 乙的做法不违约。乙行使的是先履行抗辩权。

(三)不安抗辩权

不安抗辩权是指当事人互负债务,有先后履行的顺序,先履行的一方有确切证据证明后履行一方丧失履行债务能力时,在对方没有履行或没有提供担保之前,有权中止合同履行的权利。

《民法典》第五百二十七条规定,应当先履行债务的当事人,有确切证据证明对方有下列情形之一的,可以中止履行:

(1)经营状况严重恶化;

(2)转移财产、抽逃资金,以逃避债务;

(3)丧失商业信誉;

(4)有丧失或者可能丧失履行债务能力的其他情形。

当事人没有确切证据中止履行的,应当承担违约责任。

《民法典》第五百二十八条规定,当事人依据前条规定中止履行的,应当及时通知对方。对方提供适当担保的,应当恢复履行。中止履行后,对方在合理期限内未恢复履行能力且未提供适当担保的,视为以自己的行为表明不履行主要债务,中止履行的一方可以解除合同并可以请求对方承担违约责任。

另外,《民法典》第五百二十九条规定,债权人分立、合并或者变更住所没有通知债务人,致使履行债务发生困难的,债务人可以中止履行或者将标的物提存。

【思考 6－13】 甲、乙签订了一份买卖合同,双方约定甲应在 3 月 10 日前先向乙支付 10 万元的预付货款,乙于 6 月 10 日交货,验收合格后 5 天内付余款。3 月 9 日,甲从报纸上得知,乙因意外火灾,厂房设备均被烧毁。于是甲通知乙,在乙提供担保前中止履行支付预付货款。

请问:甲能否暂停支付预付货款,为什么?

【解析】 在乙提供担保之前,甲可以拒付预付货款,甲具备行使不安抗辩权的条件。

四、合同的保全

合同保全是指法律为防止因债务人财产的不当减少而给债权人的债权带来损害,采取的一种保障制度。合同保全的措施主要包括代位权和撤销权两种。

(一) 代位权

代位权是指因债务人怠于行使其债权或者与该债权有关的从权利,影响债权人的到期债权实现的,债权人可以向人民法院请求以自己的名义代位行使债务人对相对人的权利,但是该权利专属于债务人自身的除外。

债权人行使代位权应具备以下条件:

(1) 债务人对第三人享有合法债权。

(2) 债务人怠于行使其债权或者与该债权有关的从权利,影响债权人的到期债权实现的。即债务人不履行其对债权人的到期债务,又不以诉讼方式或者仲裁方式向其债务人主张其享有的具有金钱给付内容的到期债权,致使债权人的到期债权未能实现。

(3) 债务人的债权已到期,已陷于迟延履行。

(4) 债务人的债权不是专属于债务人自身的债权。所谓专属于债务人自身的债权,是指基于扶养关系、抚养关系、赡养关系、继承关系产生的给付请求权和劳动报酬、退休金、抚恤金、安置费、人寿保险、人身伤害赔偿请求权等权利。

债权人代位权的行使必须通过法院进行,其行使范围以债权人的到期债权为限。债权人行使代位权的必要费用,由债务人负担。相对人对债务人的抗辩,可以向债权人主张。

《民法典》第五百三十六条规定,债权人的债权到期前,债务人的债权或者与该债权有关的从权利存在诉讼时效期间即将届满或者未及时申报破产债权等情形,影响债权人的债权实现的,债权人可以代位向债务人的相对人请求其向债务人履行、向破产管理人申报或者做出其他必要的行为。

《民法典》第五百三十七条规定,人民法院认定代位权成立的,由债务人的相对人向债权人履行义务,债权人接受履行后,债权人与债务人、债务人与相对人之间相应的权利义务终止。债务人对相对人的债权或者与该债权有关的从权利被采取保全、执行措施,或者债务人破产的,依照相关法律的规定处理。

【思考 6 - 14】　乙公司欠甲公司 8 万元货款,丙公司欠乙公司 4 万元货款,两笔欠款均已到期,乙公司无力偿还甲公司货款,又不向丙公司主张债权。试分析甲公司应该怎样行使自己的权利。

【解析】　甲公司可以向法院请求行使代位权。

(二) 撤销权

撤销权是指债权人对债务人滥用其处分权而损害债权人债权的行为,可以请求人民法院予以撤销的权利。《民法典》第五百三十八条规定,债务人以放弃其债权、放弃债权担保、无偿转让财产等方式无偿处分财产权益,或者恶意延长其到期债权的履行期限,影响债权人的债权实现的,债权人可以请求人民法院撤销债务人的行为。

《民法典》第五百三十九条规定,债务人以明显不合理的低价转让财产、以明显不合理的高价受让他人财产或者为他人的债务提供担保,影响债权人的债权实现,债务人的相对人知道或者应当知道该情形的,债权人可以请求人民法院撤销债务人的行为。第五百四十条规定,撤销权的行使范围以债权人的债权为限。债权人行使撤销权的必要费用,由债务人负担。第五百四十一条规定,撤销权自债权人知道或者应当知道撤销事由之日起一年内行使。自债务人的行为发生之日起五年内没有行使撤销权的,该撤销权消灭。债务人影响债权人的债权实现的行为被撤销的,自始没有法律约束力。

【思考 6-15】 甲公司欠乙公司 30 万元,一直无力偿付。丙公司欠甲公司 20 万元,已经到期,但是,甲公司明确表示放弃对丙的债权。若你是乙公司,如何保护自身的合法权益?

【解析】 乙公司可以请求人民法院撤销甲公司放弃对丙公司债权的行为。《民法典》规定,债务人以放弃其债权、放弃债权担保、无偿转让财产等方式无偿处分财产权益,或者恶意延长其到期债权的履行期限,影响债权人的债权实现的,债权人可以请求人民法院撤销债务人的行为。

【拓展】

合同履行中的告知与通知

合同履行中的告知,除合同明确规定的告知义务外,如合同履行过程中的技术交底、订货的技术要求、安装条件等,一般是依据诚实信用的原则,各方当事人依据交易习惯,为共同实现合同目的而应当履行的义务。告知的方式是多种多样的,应当依据告知内容的不同性质、不同要求选择不同的形式。

合同履行中的催告,一般是基于对方在未能依据合同的约定,及时适当地履行合同义务时向对方发出的要求。其主要内容一般是要求对方及时、尽快或限时履行,或要求其按照合同继续履行。

例示如下:

催告履行通知书

致×××公司:

我公司与你公司于 2024 年 7 月 14 日订立×××买卖合同。合同约定你公司应于 2024 年 10 月 15 日向我公司交付××,但你公司至今未向我公司依据合同约定进行交付。

我公司特致函你公司在接到本通知十日内向我公司进行交付××。如在十日内你公司仍未依合同向我公司进行交付,我公司将依合同约定(或法律规定)解除合同。

特此函告。

×××公司
2024 年 10 月 20 日

如果发现对方交付的产品的质量出现瑕疵,则应毫不迟延地向其发出产品质量异议书。可采取发文签收的方式。但最好是要求对方当事人或使用人、代理人在文本上签字。如果对方不愿签收则可采取邮寄方式,保留邮寄凭证,并且要在快件的详情单上填明邮寄的内容:×××质量异议书。

例示如下:

质量异议通知书

致××××公司:

我公司与你公司于2024年7月14日订立××××买卖合同。你公司于2024年10月15日向我公司交付。我公司在使用过程中发现你公司交付的产品,具有以下严重质量问题:

1. ……
2. ……
3. ……

我公司特就上述问题向你公司提出异议,请你公司在收到本异议书后立即前来我公司协商解决有关产品质量问题。

×××公司

2024 年 10 月 20 日

质量异议通知书的核心在于对产品质量所出现的问题,向对方进行通知并提出异议,具备条件可以直接提出有关质量问题的权利请求,但至少要将产品出现的问题明确列明。

任务五　掌握合同担保制度

一、合同担保概述

(一)担保的概念

担保是指依照法律规定,或由当事人双方经过协商一致而约定的,为保障合同债权实现而采取的法律措施。债权人在债务人不履行到期债务或者发生当事人约定的实现担保的情形时,依法享有就担保财产优先受偿、请求担保人承担责任或行使定金罚则的权利,但是法律另有规定的除外。

(二)合同担保的主要方式

合同担保的主要方式包括抵押权、质权、留置权、保证、定金等五种,其中,抵押权、质权、留置权属于担保物权,保证和定金由于其具有担保合同债权实现的功能,因此将其纳入合同担保的范畴一并介绍。从设立的方式来看,抵押权、质权、保证、定金的设立需要通过当事人约定,学理上称为意定担保(亦称为约定担保),而留置权是基于法律的直接规定,故又称为法定担保。保证是以保证人的财产和信用为担保的基础,属于人的担保。抵押、质押、留置,是以一定的财产为担保的基础,属于物的担保。定金是以一定的金钱为担保的基础,称为金钱担保。

另外,第三人为债务人向债权人提供担保的,可以要求债务人提供反担保。反担保适用本法和其他法律的规定。

二、抵押权

抵押权是指为担保债务的履行,债务人或者第三人不转移财产的占有,将该财产抵押给债权人的,债务人不履行到期债务或者发生当事人约定的实现抵押权的情形,债权人有权就该财产优先受偿。债务人或者第三人为抵押人,债权人为抵押权人,提供担保的财产为抵押财产。抵押权分为一般抵押权和最高额抵押权两种。

（一）一般抵押权

一般抵押权相对最高额抵押权而言,是指为担保债务的履行,债务人或者第三人不转移财产的占有,将该财产抵押给债权人的,债务人不履行到期债务或者发生当事人约定的实现抵押权的情形,债权人有权就该财产优先受偿。

1. 抵押财产

抵押人拥有处分权的合法财产可以作为抵押财产。《民法典》第 395 条规定,债务人或者第三人有权处分的下列财产可以抵押:

（1）建筑物和其他土地附着物;

（2）建设用地使用权;

（3）海域使用权;

（4）生产设备、原材料、半成品、产品;

（5）正在建造的建筑物、船舶、航空器;

（6）交通运输工具;

（7）法律、行政法规未禁止抵押的其他财产。

抵押人可以将前款所列财产一并抵押。

另外,在设立抵押权时,注意以下几点:

（1）企业、个体工商户、农业生产经营者可以将现有的以及将有的生产设备、原材料、半成品、产品抵押,债务人不履行到期债务或者发生当事人约定的实现抵押权的情形,债权人有权就抵押财产确定时的动产优先受偿。

（2）以建筑物抵押的,该建筑物占用范围内的建设用地使用权一并抵押。以建设用地使用权抵押的,该土地上的建筑物一并抵押。抵押人未依据前款规定一并抵押的,未抵押的财产视为一并抵押。

（3）乡镇、村企业的建设用地使用权不得单独抵押。以乡镇、村企业的厂房等建筑物抵押的,其占用范围内的建设用地使用权一并抵押。

根据《民法典》第三百九十九条规定,下列财产不得抵押:

（1）土地所有权;

（2）宅基地、自留地、自留山等集体所有土地的使用权,但是法律规定可以抵押的除外;

（3）学校、幼儿园、医疗机构等为公益目的成立的非营利法人的教育设施、医疗卫生设施和其他公益设施;

（4）所有权、使用权不明或者有争议的财产;

（5）依法被查封、扣押、监管的财产;

（6）法律、行政法规规定不得抵押的其他财产。

2. 抵押权设立基本程序

抵押权的设立,当事人应签订书面抵押合同,并根据抵押财产性质确定是否需要登记。

（1）签订书面抵押合同。

《民法典》第四百条规定,设立抵押权,当事人应当采用书面形式订立抵押合同。抵押合同一般包括下列条款:

① 被担保债权的种类和数额;

② 债务人履行债务的期限；

③ 抵押财产的名称、数量等情况；

④ 担保的范围。

（2）抵押登记与抵押权。

根据抵押财产的不同性质，抵押登记与抵押权获得主要有以下两种情形：

① 登记是抵押权的设立条件（登记生效主义）。

《民法典》第四百零二条规定，以本法第三百九十五条第一款第一项至第三项规定的财产①或者第五项规定的正在建造的建筑物抵押的，应当办理抵押登记。抵押权自登记时设立。未经登记的，债权人不享有抵押权。

② 登记不是抵押权设立的条件，仅具有对抗第三人的效力（登记对抗主义）。

《民法典》第四百零三条规定，以动产抵押的，抵押权自抵押合同生效时设立；未经登记，不得对抗善意第三人。动产包括特殊动产和一般动产，特殊动产如交通运输工具、船舶、航空器等。对这些财产是否进行抵押登记，完全由当事人决定。抵押权自抵押合同签订并生效时设立，并对当事人产生拘束力。未经登记的，不得对抗善意第三人。

另外，抵押权设立要注意以下几点：

① 以动产抵押的，不得对抗正常经营活动中已经支付合理价款并取得抵押财产的买受人。

② 抵押权设立前，抵押财产已经出租并转移占有的，原租赁关系不受该抵押权的影响。

3. 抵押权的效力

抵押物权的担保范围包括主债权及其利息、违约金、损害赔偿金、保管担保财产和实现担保物权的费用。当事人另有约定的，按照其约定。

抵押权设定以后，抵押人并不丧失对抵押物的所有权，但抵押权受到如下限制：

（1）抵押期间，抵押人可以转让抵押财产。当事人另有约定的，按照其约定。抵押财产转让的，抵押权不受影响。抵押人转让抵押财产的，应当及时通知抵押权人。抵押权人能够证明抵押财产转让可能损害抵押权的，可以请求抵押人将转让所得的价款向抵押权人提前清偿债务或者提存。转让的价款超过债权数额的部分归抵押人所有，不足部分由债务人清偿。

（2）抵押权不得与债权分离而单独转让或者作为其他债权的担保。债权转让的，担保该债权的抵押权一并转让，但是法律另有规定或者当事人另有约定的除外。

（3）抵押权人可以放弃抵押权或者抵押权的顺位。抵押权人与抵押人可以协议变更抵押权顺位以及被担保的债权数额等内容。但是，抵押权的变更未经其他抵押权人书面同意的，不得对其他抵押权人产生不利影响。

债务人以自己的财产设定抵押，抵押权人放弃该抵押权、抵押权顺位或者变更抵押权的，其他担保人在抵押权人丧失优先受偿权益的范围内免除担保责任，但是其他担保人承诺仍然提供担保的除外。

4. 抵押权的实现

《民法典》第四百一十条规定，债务人不履行到期债务或者发生当事人约定的实现抵押权的情形，抵押权人可以与抵押人协议以抵押财产折价或者以拍卖、变卖该抵押财产所得的价款

---

① 指的是建筑物和其他土地附着物、建设用地使用权、海域使用权。

优先受偿。协议损害其他债权人利益的,其他债权人可以请求人民法院撤销该协议。抵押权人与抵押人未就抵押权实现方式达成协议的,抵押权人可以请求人民法院拍卖、变卖抵押财产。抵押财产折价或者变卖的,应当参照市场价格。抵押财产折价或者拍卖、变卖后,其价款超过债权数额的部分归抵押人所有,不足部分由债务人清偿。

抵押权实现过程中,需要注意以下两点:

(1) 依据本法第三百九十六条规定设定抵押的[①],抵押财产自下列情形之一发生时确定:

① 债务履行期限届满,债权未实现;

② 抵押人被宣告破产或者解散;

③ 当事人约定的实现抵押权的情形;

④ 严重影响债权实现的其他情形。

(2) 债务人不履行到期债务或者发生当事人约定的实现抵押权的情形,致使抵押财产被人民法院依法扣押的,自扣押之日起,抵押权人有权收取该抵押财产的天然孳息或者法定孳息,但是抵押权人未通知应当清偿法定孳息义务人的除外。前款规定的孳息应当先充抵收取孳息的费用。

抵押权行使的顺位:

(1) 同一财产向两个以上债权人抵押。拍卖、变卖抵押财产所得的价款依照下列规定清偿:

① 抵押权已经登记的,按照登记的时间先后确定清偿顺序;

② 抵押权已经登记的先于未登记的受偿;

③ 抵押权未登记的,按照债权比例清偿。

其他可以登记的担保物权,清偿顺序参照适用前款规定。

(2) 同一财产既设立抵押权又设立质权的,拍卖、变卖该财产所得的价款按照登记、交付的时间先后确定清偿顺序。

注意以下几点:

① 动产抵押担保的主债权是抵押物的价款,标的物交付后 10 日内办理抵押登记的,该抵押权人优先于抵押物买受人的其他担保物权人受偿,但是留置权人除外。

② 建设用地使用权抵押后,该土地上新增的建筑物不属于抵押财产。该建设用地使用权实现抵押权时,应当将该土地上新增的建筑物与建设用地使用权一并处分。但是,新增建筑物所得的价款,抵押权人无权优先受偿。

③ 以集体所有土地的使用权依法抵押的,实现抵押权后,未经法定程序,不得改变土地所有权的性质和土地用途。

④ 抵押权人应当在主债权诉讼时效期间行使抵押权;未行使的,人民法院不予保护。

(二) 最高额抵押权

最高额抵押权,是指为担保债务的履行,债务人或者第三人对一定期间内将要连续发生的债权提供担保财产的,债务人不履行到期债务或者发生当事人约定的实现抵押权的情形,抵押权人有权在最高债权额限度内就该担保财产优先受偿。最高额抵押权设立前已经存在的债权,经当事人同意,可以转入最高额抵押担保的债权范围。

---

① 指的是企业、个体工商户、农业生产经营者将现有的以及将有的生产设备、原材料、半成品、产品抵押。

最高额抵押担保的债权确定前,部分债权转让的,最高额抵押权不得转让,但是当事人另有约定的除外。

最高额抵押担保的债权确定前,抵押权人与抵押人可以通过协议变更债权确定的期间、债权范围以及最高债权额。但是,变更的内容不得对其他抵押权人产生不利影响。

有下列情形之一的,最高额抵押权人的债权确定:

(1) 约定的债权确定期间届满;

(2) 没有约定债权确定期间或者约定不明确,抵押权人或者抵押人自最高额抵押权设立之日起满两年后请求确定债权;

(3) 新的债权不可能发生;

(4) 抵押权人知道或者应当知道抵押财产被查封、扣押;

(5) 债务人、抵押人被宣告破产或者解散;

(6) 法律规定债权确定的其他情形。

【思考 6 - 16】　2025 年 1 月 15 日,广东某科技有限公司(简称甲公司)因经营需要向乙银行申请贷款 500 万元,贷款期限 1 年。为保护银行债权实现,乙银行要求甲公司提供担保,甲公司同意以其前段时间竞拍所得的一块地(商业建设用地)的使用权作为抵押物,双方签订了借款合同及抵押合同。由于银行工作人员的疏忽,双方并未到有关登记部门办理登记手续。2025 年 2 月 10 日,甲公司在该块地上盖了 2 间厂房并已投入使用。后甲公司经营不善,无力还款,乙银行遂主张抵押权。

请分析:

(1) 该案中,抵押权是否已经成立,为什么?

(2) 如果抵押权没有成立生效,乙银行应采取什么补救措施?

(3) 如果该块地的建设用地使用权经过了登记,乙银行在实现抵押权时,对土地上 2 间厂房是否享有优先受偿权。

【解析】　① 抵押权尚未成立。根据《民法典》第 402 条的规定,以建设用地使用权作为抵押财产的,应当办理抵押登记。抵押权自登记时设立。未经登记的,债权人不享有抵押权。② 乙银行可要求甲公司补办抵押登记。虽然抵押权并未产生,但乙银行与甲公司之间的抵押合同是成立的,乙银行可以基于合同要求甲公司补办抵押登记手续。③ 不享有优先受偿权。建设用地使用权抵押后,该土地上新增的建筑物不属于抵押财产。该建设用地使用权实现抵押权时,应当将该土地上新增的建筑物与建设用地使用权一并处分。但是,新增建筑物所得的价款,抵押权人无权优先受偿。

三、质权

质权是指为担保债务的履行,债务人或者第三人将其动产或有权处分的权利出质给债权人占有的,债务人不履行到期债务或者发生当事人约定的实现质权的情形,债权人有权就该动产或权利优先受偿。债务人或者第三人为出质人,债权人为质权人,交付的动产或权利为质押财产。质权包括动产质权和权利质权两种。

(一) 动产质权

动产质权是指为担保债务的履行,债务人或者第三人将其动产出质给债权人占有的,债务人不履行到期债务或者发生当事人约定的实现质权的情形,债权人有权就该动产优先受偿。

对动产享有所有权或处分权的都可以作为质押财产,设定质权,但法律、行政法规禁止转让的动产不得出质。

1. 动产质权设立的基本程序

(1) 签订书面质押合同。

《民法典》第四百二十七条规定,设立质权,当事人应当采用书面形式订立质押合同。质押合同一般包括下列条款:

① 被担保债权的种类和数额;

② 债务人履行债务的期限;

③ 质押财产的名称、数量等情况;

④ 担保的范围;

⑤ 质押财产交付的时间、方式。

质权人在债务履行期限届满前,与出质人约定债务人不履行到期债务时质押财产归债权人所有的,只能依法就质押财产优先受偿。

(2) 交付动产。

质权自出质人交付质押财产时设立。因此,签订书面质押合同后,抵押人必须先将质押财产交付抵押权人占有,质权才能设立。

2. 质权人的权利义务

质权有效设立后,质权人即对该质押财产享有优先受偿的权利。但要注意以下几点:

(1) 质权人有权收取质押财产的孳息,但是合同另有约定的除外。孳息应当先充抵收取孳息的费用。

(2) 质权人在质权存续期间,未经出质人同意,擅自使用、处分质押财产,造成出质人损害的,应当承担赔偿责任。

(3) 质权人负有妥善保管质押财产的义务;因保管不善致使质押财产毁损、灭失的,应当承担赔偿责任。质权人的行为可能使质押财产毁损、灭失的,出质人可以请求质权人将质押财产提存,或者请求提前清偿债务并返还质押财产。

(4) 质权人在质权存续期间,未经出质人同意转质,造成质押财产毁损、灭失的,应当承担赔偿责任。

(5) 质权人可以放弃质权。债务人以自己的财产出质,质权人放弃该质权的,其他担保人在质权人丧失优先受偿权益的范围内免除担保责任,但是其他担保人承诺仍然提供担保的除外。

3. 质权实现

债务人不履行到期债务或者发生当事人约定的实现质权的情形,质权人可以与出质人协议以质押财产折价,也可以就拍卖、变卖质押财产所得的价款优先受偿。质押财产折价或者变卖的,应当参照市场价格。若债务人履行债务或者出质人提前清偿所担保的债权的,质权人应当返还质押财产。

出质人可以请求质权人在债务履行期限届满后及时行使质权;质权人不行使的,出质人可以请求人民法院拍卖、变卖质押财产。

出质人请求质权人及时行使质权,因质权人怠于行使权利造成出质人损害的,由质权人承担赔偿责任。

质押财产折价或者拍卖、变卖后,其价款超过债权数额的部分归出质人所有,不足部分由债务人清偿。另外,出质人与质权人可以协议设立最高额质权。

(二)权利质权

权利质权是指为担保债务的履行,债务人或者第三人将其拥有处分权的权利出质给债权人的,债务人不履行到期债务或者发生当事人约定的实现质权的情形,债权人有权就该权利优先受偿。债务人或者第三人有权处分的财产性权利可以作为质押财产,设定质权。

1. 质押财产

哪些权利可以作为质押财产设定质权呢?《民法典》第四百四十条规定,债务人或者第三人有权处分的下列权利可以出质:

(1)汇票、本票、支票;

(2)债券、存款单;

(3)仓单、提单;

(4)可以转让的基金份额、股权;

(5)可以转让的注册商标专用权、专利权、著作权等知识产权中的财产权;

(6)现有的以及将有的应收账款;

(7)法律、行政法规规定可以出质的其他财产权利。

2. 权利质权设立基本程序

权利的无形性与动产有形性不同,根据质权设立的基本规则,质权只在交付时成立,但权利如何交付? 如何才能获得权利质权? 主要有以下程序:

(1)签订书面权利质押合同。

《民法典》第四百二十七条规定,设立质权,当事人应当采用书面形式订立质押合同。质押合同一般包括下列条款:

① 被担保债权的种类和数额;

② 债务人履行债务的期限;

③ 质押财产的名称、数量等情况;

④ 担保的范围;

⑤ 质押财产交付的时间、方式。

(2)交付权利。

根据权利存在形态的不同,交付权利方式不同,主要有以下几种情况:

① 以汇票、本票、支票、债券、存款单、仓单、提单出质的,质权自权利凭证交付质权人时设立;没有权利凭证的,质权自办理出质登记时设立。法律另有规定的,依照其规定。

② 以基金份额、股权出质的,质权自办理出质登记时设立。基金份额、股权出质后,不得转让,但是出质人与质权人协商同意的除外。出质人转让基金份额、股权所得的价款,应当向质权人提前清偿债务或者提存。

③ 以注册商标专用权、专利权、著作权等知识产权中的财产权出质的,质权自办理出质登记时设立。知识产权中的财产权出质后,出质人不得转让或者许可他人使用,但是出质人与质权人协商同意的除外。出质人转让或者许可他人使用出质的知识产权中的财产权所得的价款,应当向质权人提前清偿债务或者提存。

④ 以应收账款出质的,质权自办理出质登记时设立。应收账款出质后,不得转让,但是出质人与质权人协商同意的除外。出质人转让应收账款所得的价款,应当向质权人提前清偿债务或者提存。

权利质权的实现规则和动产质权实现相同。

【思考 6-17】 甲公司欠乙公司货款 500 万元,乙公司要求提供担保,甲公司遂以其在 A 有限责任公司所占股份质押给乙公司,双方签订股权质押合同。同日,A 公司其他股东同意甲公司以其股权质押给乙公司并做出董事会决议。为保险起见,乙公司为股权质押合同及相关质押资料办理了公证。下列说法中不正确的是( )。

A. 该股权质权设立有效

B. 该股权质权的设立不生效力

C. 该股权质权自 A 公司其他股东同意并做出董事会决议之日起有效设立

D. 该股权质权自办理公证之日起有效设立

【解析】 ACD。以股权出质的,质权自办理出质登记时设立。

四、留置权

留置权是指债务人不履行到期债务,债权人可以留置已经合法占有的债务人的动产,并有权就该动产优先受偿。债权人为留置权人,占有的动产为留置财产。

留置担保的范围包括主债权及利息、违约金、损害赔偿金、留置物保管费用和实现留置权的费用。

(一)留置财产

哪些动产可以作为留置财产?根据《民法典》的规定,满足以下条件可以作为留置财产:

(1)债权人已合法占有的动产。可以基于法律规定,也可以基于约定。

(2)不属于法律规定或当事人约定不得留置的动产。

债权人留置的动产,应当与债权属于同一法律关系,但是企业之间留置的除外。留置财产为可分物的,留置财产的价值应当相当于债务的金额。

(二)留置权人的权利义务

留置权人有权收取留置财产的孳息,孳息应当先充抵收取孳息的费用。留置权人负有妥善保管留置财产的义务;因保管不善致使留置财产毁损、灭失的,应当承担赔偿责任。

(三)留置权行使和消灭

(1)宽限期。债权人留置债务人的动产,若债务人一直未履行债务,债权人多久可以行使留置权?《民法典》第四百五十三条规定,留置权人与债务人应当约定留置财产后的债务履行期限;没有约定或者约定不明确的,留置权人应当给债务人 60 日以上履行债务的期限,但是鲜活易腐等不易保管的动产除外。债务人逾期未履行的,留置权人可以与债务人协议以留置财产折价,也可以就拍卖、变卖留置财产所得的价款优先受偿。留置财产折价或者变卖的,应当参照市场价格。留置财产折价或者拍卖、变卖后,其价款超过债权数额的部分归债务人所有,不足部分由债务人清偿。

(2)债务人可以请求留置权人在债务履行期限届满后行使留置权;留置权人不行使的,债务人可以请求人民法院拍卖、变卖留置财产。同一动产上已经设立抵押权或者质权,该动产又被留置的,留置权人优先受偿。

（3）留置权消灭。① 留置权人对留置财产丧失占有或者留置权人接受债务人另行提供担保的,留置权消灭。② 债务人履行债务,留置权消灭。

【思考6-18】　严某携带一台电脑到某维修部修理,并约好一周后交费取货。一周后,严某来取电脑,维修部让严某交修理费500元,严某认为收费太高,双方协商不成,严某只好说:"要不这样,我还有一台电视机要修,一起给你修,但一定要少收费。"谁知严某拿来电视机,修理部不但不修,反而扣下严某的电视机抵交电脑维修费500元。

请问:修理部扣留电视机的行为是否合法?

【解析】　修理部扣留电视机的行为不合法。行使留置权以债权的发生与标的物的占有是基于同一合同关系为前提。本案中修理部强行扣押严某的电视机,与维修部因维修电脑形成的债权不是基于同一合同关系,因此,留置权不成立。

五、保证

（一）保证与保证合同

1. 保证的概念

保证是指为保障债权的实现,保证人和债权人约定,当债务人不履行到期债务或者发生当事人约定的情形时,保证人履行债务或者承担责任的一种方式。保证人是指债务人之外的合格第三人;债权人既是主债的债权人,也是保证合同中的债权人。

2. 保证合同

保证合同是为保障债权的实现,保证人和债权人约定,当债务人不履行到期债务或者发生当事人约定的情形时,保证人履行债务或者承担责任的合同。保证合同是单务合同、无偿合同、要式合同。根据《民法典》相关规定,保证合同是主债权债务合同的从合同。主债权债务合同无效的,保证合同无效,但是法律另有规定的除外。保证合同被确认无效后,债务人、保证人、债权人有过错的,应当根据其过错各自承担相应的民事责任。

保证合同的内容一般包括被保证的主债权的种类、数额,债务人履行债务的期限,保证的方式、范围和期间等条款。保证合同可以是单独订立的书面合同,也可以是主债权债务合同中的保证条款。第三人单方以书面形式向债权人做出保证,债权人接收且未提出异议的,保证合同成立。

（二）保证人

保证合同当事人为保证人和债权人。债权人可以是一切享有债权之人。自然人、法人或其他组织,均无不可。自然人、法人或者其他组织均可以为保证人,但保证人必须有代为清偿债务的能力,保证人也可以为两人以上。但法律对保证人仍有相应的限制,这些限制主要有以下两条:

（1）机关法人不得为保证人,但是经国务院批准为使用外国政府或者国际经济组织贷款进行转贷的除外。

（2）以公益为目的的非营利法人、非法人组织不得为保证人。

（三）保证方式

保证的方式包括一般保证和连带责任保证。

（1）一般保证。当事人在保证合同中约定,债务人不能履行债务时,由保证人承担保证责任的,为一般保证。

所谓一般保证是指当事人在保证合同中约定,债务人不能履行债务时,由保证人承担保证责任的保证。当事人在保证合同中对保证方式没有约定或者约定不明确的,按照一般保证承担保证责任。

一般保证人享有先诉抗辩权。所谓先诉抗辩权是指在主合同纠纷未经审判或仲裁,并就债务人财产依法强制执行用于清偿债务前,对债权人可拒绝承担保证责任。《民法典》第六百八十七条第二款规定,一般保证的保证人在主合同纠纷未经审判或者仲裁,并就债务人财产依法强制执行仍不能履行债务前,有权拒绝向债权人承担保证责任,但是有下列情形之一的除外:

① 债务人下落不明,且无财产可供执行;

② 人民法院已经受理债务人破产案件;

③ 债权人有证据证明债务人的财产不足以履行全部债务或者丧失履行债务能力;

④ 保证人书面表示放弃本款规定的权利。

（2）连带责任保证。所谓连带责任保证是指当事人在保证合同中约定保证人和债务人对债务承担连带责任的,为连带责任保证。连带责任保证的债务人不履行到期债务或者发生当事人约定的情形时,债权人可以请求债务人履行债务,也可以请求保证人在其保证范围内承担保证责任。也就是说连带责任保证人不享有先诉抗辩权。

【思考6-19】 A企业与B企业签订了一份购销合同,由A企业向B企业供货10万元,B企业收货后1个月内付款,并约定由甲公司为B企业做一般保证。A企业依约履行后,B企业在1个月内未支付货款。A企业便向甲公司主张债权,被甲公司拒绝。

请问:甲公司拒绝承担保证责任是否合法?

【解析】 合法。甲公司承担的是一般保证,具有先诉抗辩权,A企业应先向B企业追偿。

（四）保证责任

保证人在约定的保证范围内承担保证责任。保证的范围包括主债权及其利息、违约金、损害赔偿金和实现债权的费用。当事人另有约定的,按照其约定。保证责任的承担主要有以下几种情形:

（1）未在保证期间主张保证责任。一般保证的债权人未在保证期间对债务人提起诉讼或者申请仲裁的,保证人不再承担保证责任。连带责任保证的债权人未在保证期间请求保证人承担保证责任的,保证人不再承担保证责任。

（2）主债务变更。债权人和债务人未经保证人书面同意,协商变更主债权债务合同内容,减轻债务的,保证人仍对变更后的债务承担保证责任;加重债务的,保证人对加重的部分不承担保证责任。债权人和债务人变更主债权债务合同的履行期限,未经保证人书面同意的,保证期间不受影响。债权人未经保证人书面同意,允许债务人转移全部或者部分债务,保证人对未经其同意转移的债务不再承担保证责任,但是债权人和保证人另有约定的除外。第三人加入债务的,保证人的保证责任不受影响。

（3）主债权变更。债权人转让全部或者部分债权,未通知保证人的,该转让对保证人不发生效力。保证人与债权人约定禁止债权转让,债权人未经保证人书面同意转让债权的,保证人对受让人不再承担保证责任。

（4）债权人放弃或怠于行使权利。一般保证的保证人在主债务履行期限届满后,向债权人提供债务人可供执行财产的真实情况,债权人放弃或者怠于行使权利致使该财产不能被执行的,保证人在其提供可供执行财产的价值范围内不再承担保证责任。

（5）数个保证人责任承担。同一债务有两个以上保证人的,保证人应当按照保证合同约定的保证份额,承担保证责任;没有约定保证份额的,债权人可以请求任何一个保证人在其保证范围内承担保证责任。

（五）保证期间

保证期间是确定保证人承担保证责任的期间,不发生中止、中断和延长。债权人与保证人可以约定保证期间,但是约定的保证期间早于主债务履行期限或者与主债务履行期限同时届满的,视为没有约定;没有约定或者约定不明确的,保证期间为主债务履行期限届满之日起六个月。

债权人与债务人对主债务履行期限没有约定或者约定不明确的,保证期间自债权人请求债务人履行债务的宽限期届满之日起计算。

一般保证的债权人在保证期间届满前对债务人提起诉讼或者申请仲裁的,从保证人拒绝承担保证责任的权利消灭之日起,开始计算保证债务的诉讼时效。

连带责任保证的债权人在保证期间届满前请求保证人承担保证责任的,从债权人请求保证人承担保证责任之日起,开始计算保证债务的诉讼时效。

六、定金

（一）定金的概念

定金,是以确保合同的履行为目的,由当事人一方在合同订立前或合同履行前预先交付于另一方的金钱或者其他代替物的法律制度。在实践中定金的种类很多,有订约定金、履约定金、违约定金等。

（二）定金的生效与法律效力

《民法典》第五百八十六条规定,当事人可以约定一方向对方给付定金作为债权的担保。定金合同自实际交付定金时成立。

定金的数额由当事人约定;但是,不得超过主合同标的额的20%,超过部分不产生定金的效力。实际交付的定金数额多于或者少于约定数额的,视为变更约定的定金数额。

《民法典》第五百八十七条规定,债务人履行债务的,定金应当抵作价款或者收回。给付定金的一方不履行债务或者履行债务不符合约定,致使不能实现合同目的的,无权请求返还定金;收受定金的一方不履行债务或者履行债务不符合约定,致使不能实现合同目的的,应当双倍返还定金。

总结起来,定金的效力表现为以下几个方面:

（1）定金一旦交付,定金所有权发生移转。当定金由给付定金方转移至收受定金方时,定金所有权即发生移转,此为货币的特点决定的。

（2）给付定金一方不履行约定的债务的,无权要求返还定金;收受定金的一方不履行约定的债务的,应当双倍返还定金。当事人一方不完全履行合同的,应当按照未履行部分所占合同约定内容的比例,适用定金罚则。

(3) 在迟延履行或者有其他违约行为时，并不能当然适用定金罚则。只有因当事人一方迟延履行或者其他违约行为，致使合同目的不能实现，才可以适用定金罚则。当然法律另有规定或者当事人另有约定的除外。

(4) 当事人约定的定金数额不得超过主合同标的额的 20%。如果超过 20% 的，超过部分不产生定金的效力。

(5) 因不可抗力、意外事件致使主合同不能履行的，不适用定金罚则。因合同关系以外第三人的过错，致使主合同不能履行的，适用定金罚则。受定金处罚的一方当事人，可以依法向第三人追偿。

(6) 如果在同一合同中，当事人既约定违约金，又约定定金的，在一方违约时，当事人只能选择适用违约金条款或者定金条款，不能同时要求适用两个条款。

【思考 6-20】 甲公司与乙公司于 2025 年 1 月签订一份买卖钢材的合同，总价值 13 万元，并约定甲公司于 2025 年 2 月前交付货物，乙公司向甲公司支付了 2.5 万元的定金。合同签订后，钢材价格急剧上涨，甲公司受利益驱动，虽经乙公司多次催促，直至合同履行期满仍未交货。于是，乙公司要求甲公司返还定金。请问：

(1) 甲公司和乙公司约定的定金是否有效？

(2) 乙公司可以向甲公司请求返还多少金额？

【解析】 (1) 甲、乙两公司约定的定金 2.5 万元合法有效。根据《民法典》的规定，当事人可以约定一方向对方给付定金作为债权的担保，定金的数量由当事人约定，但不得超过主合同标的总额的 20%。本案中，甲、乙两公司在签订买卖钢材的合同中约定定金作为担保，且约定定金的金额为 2.5 万元，未超过主合同标的 13 万元的 20%，故合法有效。

(2) 乙公司可以请求甲公司返还 5 万元定金。根据《民法典》的规定，收受定金的一方不履行约定的义务的，应当双倍返还定金。

任务六　了解合同变动制度

一、合同的变更

这里的合同的变更是指合同内容的变更，不包括合同主体的变更。合同主体的变更属于合同的转让。

合同是双方当事人合意的体现，因此经当事人协商一致，当然可以变更合同。但法律、行政法规规定变更合同应当办理批准、登记等手续的，应当办理相应手续。《民法典》第五百四十四条规定，当事人对合同变更的内容约定不明确的，推定为未变更。

除了双方通过合意变更合同以外，还存在法定变更的情形，即一方当事人单方通知对方变更合同的权利。《民法典》第七百七十七条规定，定作人中途变更承揽工作的要求，造成承揽人损失的，应当赔偿损失。《民法典》第八百二十九条规定，在承运人将货物交付收货人之前，托运人可以要求承运人中止运输、返还货物、变更到达地或者将货物交给其他收货人，但是应当赔偿承运人因此受到的损失。

合同的变更，仅对变更后未履行的部分有效，对已履行的部分无溯及力。

二、合同的转让

合同的转让,即合同主体的变更,指当事人将合同的权利和义务全部或者部 分转让给第三人。合同的转让分为债权的转让和债务的转让,当事人一方经对方同意,也可以将自己在合同中的权利和义务一并转让给第三人,即合同的概括移转。

(一)合同债权的转让

1. 债权转让的定义及条件

债权转让,是指债权人将合同的权利全部或者部分转让给第三人的法律制度。其中债权人是转让人,第三人是受让人。《民法典》规定,债权人转让债权,未通知债务人的,该转让对债务人不发生效力。债权人转让权利的通知不得撤销,但经受让人同意的除外。

2. 禁止债权转让的情形

《民法典》合同编规定,下列情形的债权不得转让:

(1)根据合同性质不得转让。主要指基于当事人特定身份而订立的合同,如出版合同、赠与合同、委托合同、雇用合同等。

(2)按照当事人约定不得转让。

(3)依照法律规定不得转让。

当事人约定非金钱债权不得转让的,不得对抗善意第三人。当事人约定金钱债权不得转让的,不得对抗第三人。

3. 债权转让的效力

对债权人而言,在全部转让的情形下,原债权人脱离债权债务关系,受让人取代债权人的地位。在部分转让的情形下,原债权人就转让部分丧失债权。

对受让人而言,债权人转让权利的,受让人取得与债权有关的从权利,如抵押权,但该从权利专属于债权人自身的除外。受让人取得从权利不因该从权利未办理转移登记手续或者未转移占有而受到影响。

对债务人而言,债权人权利的转让,不得损害债务人的利益,不应影响债务人的权利:

(1)债务人接到债权转让通知后,债务人对让与人的抗辩可以向受让人主张,如提出债权无效、诉讼时效已过等事由的抗辩。

(2)债务人接到债权转让通知时,债务人对让与人享有债权,并且其债权先于转让的债权到期或者同时到期的,债务人可以向受让人主张抵销。债务人的债权与转让的债权是基于同一合同产生,债务人也可以向受让人主张抵销。

(二)合同债务的转移

《民法典》第五百五十一条规定,债务人将债务的全部或者部分转移给第三人的,应当经债权人同意。债务人或者第三人可以催告债权人在合理期限内予以同意,债权人未作表示的,视为不同意。

这是因为新债务人的资信情况和偿还能力须得到债权人的认可,以免债权人的利益受到不利影响。债务人转移债务的,新债务人可以主张原债务人对债权人的抗辩;原债务人对债权人享有债权的,新债务人不得向债权人主张抵销。债务人转移债务的,新债务人应当承担与主债务有关的从债务,但是该从债务专属于原债务人自身的除外。

（三）合同债权债务的概括移转

合同权利义务的概括移转，是指合同一方当事人将自己在合同中的权利义务一并转让的法律制度。《民法典》第五百五十六条规定，合同的权利和义务一并转让的，适用债权转让、债务转移的有关规定。

当事人一方经他方当事人同意，可以将自己在合同中的权利义务一并转让给第三人。当事人订立合同后合并的，由合并后的法人或者其他组织行使合同权利，履行合同义务。当事人订立合同后分立的，除债权人和债务人另有约定的以外，由分立的法人或者其他组织对合同的权利和义务享有连带债权，承担连带债务。

三、合同的权利义务终止

（一）合同终止的原因

合同的终止，是指因发生法律规定或当事人约定的情况，使当事人之间的权利义务关系消灭，而使合同终止法律效力。

《民法典》第五百五十七条规定的债权债务终止情形有：

（1）债务已经履行；

（2）债务相互抵销；

（3）债务人依法将标的物提存；

（4）债权人免除债务；

（5）债权债务同归于一人；

（6）法律规定或者当事人约定终止的其他情形。

合同解除的，该合同的权利义务关系终止。

债权债务终止后，当事人应当遵循诚信等原则，根据交易习惯履行通知、协助、保密、旧物回收等义务。

（二）合同的解除

合同的解除，是指合同有效成立以后，没有履行或者没有完全履行之前，双方当事人通过协议或者一方行使解除权的方式，使得合同关系终止的法律制度。合同的解除，分为合意解除与法定解除两种情况。

1. 合意解除

合意解除，是指根据当事人事先约定的情况或经当事人协商一致而解除合同。其中协商解除是以一个新的合同解除旧的合同。而约定解除则是一种单方解除，即双方在订立合同时，当事人可以约定一方解除合同的事由。解除合同的事由发生时，解除权人可以解除合同。法律规定或者当事人约定了解除权行使期限的，期限届满当事人不行使的，该权利消灭。法律没有规定或者当事人没有约定解除权行使期限，经对方催告后在合理期限内不行使的，该权利消灭。合同订立后，经当事人协商一致，也可以解除合同。

2. 法定解除

法定解除，是指根据法律规定而解除合同。《民法典》第五百六十三条规定，有下列情形之一的，当事人可以解除合同：

（1）因不可抗力致使不能实现合同目的；

（2）在履行期限届满之前，当事人一方明确表示或者以自己的行为表明不履行主要债务；

（3）当事人一方迟延履行主要债务，经催告后在合理期限内仍未履行；

（4）当事人一方迟延履行债务或者有其他违约行为致使不能实现合同目的；

（5）法律规定的其他情形。

以持续履行的债务为内容的不定期合同，当事人可以随时解除合同，但是应当在合理期限之前通知对方。

【思考 6-21】　甲公司和乙公司订立签订 100 万元货物买卖合同，约定甲公司在 5 月 15 日之前向乙公司交货，乙公司在收货验收无误后 3 天内付款。合同签订后甲方积极组织生产为履行合同做准备。但是 5 月 12 日甲公司所在地突然发生强烈地震，甲公司变成一片废墟而不能交货。

请问：甲公司如果到时不能交货能否解除合同？

【解析】　甲公司如果到时不能交货能解除合同。本案中，甲公司不能交货是由于不可抗力的原因造成的，《民法典》规定因不可抗力致使不能实现合同目的的，当事人有权解除合同。

法律规定或者当事人约定解除权行使期限，期限届满当事人不行使的，该权利消灭。法律没有规定或者当事人没有约定解除权行使期限，自解除权人知道或者应当知道解除事由之日起一年内不行使，或者经对方催告后在合理期限内不行使的，该权利消灭。

当事人一方依法主张解除合同的，应当通知对方。合同自通知到达对方时解除；通知载明债务人在一定期限内不履行债务则合同自动解除，债务人在该期限内未履行债务的，合同自通知载明的期限届满时解除。对方对解除合同有异议的，任何一方当事人均可以请求人民法院或者仲裁机构确认解除行为的效力。

当事人一方未通知对方，直接以提起诉讼或者申请仲裁的方式依法主张解除合同，人民法院或者仲裁机构确认该主张的，合同自起诉状副本或者仲裁申请书副本送达对方时解除。

合同解除后，尚未履行的，终止履行；已经履行的，根据履行情况和合同性质，当事人可以请求恢复原状或者采取其他补救措施，并有权请求赔偿损失。

合同因违约解除的，解除权人可以请求违约方承担违约责任，但是当事人另有约定的除外。主合同解除后，担保人对债务人应当承担的民事责任仍应当承担担保责任，但是担保合同另有约定的除外。

合同的权利义务终止，不影响合同中结算和清理条款的效力。

（三）抵销

当事人互负债务，该债务的标的物种类、品质相同的，任何一方可以将自己的债务与对方的到期债务抵销；但是，根据债务性质、按照当事人约定或者依照法律规定不得抵销的除外。

当事人主张抵销的，应当通知对方。通知自到达对方时生效。抵销不得附条件或者附期限。这种抵销又称为法定抵销。

当事人互负债务，标的物种类、品质不相同的，经协商一致，也可以抵销。这种抵销又称为约定抵销。

【思考 6-22】　甲公司欠乙商场货款 5 万元，乙商场欠甲公司货款 2 万元。现甲公司欠款已到期，乙商场欠款也已到期。甲公司能否主张抵销？

【解析】　甲公司有权主张抵销。根据《民法典》的规定，当事人互负到期债务，债务标的物种类、品质相同的，任何一方均可主张抵销。本案中双方债务都属于金钱债务，可以抵销。

（四）提存

1. 提存的定义

提存是指非因可归责于债务人的原因,导致债务人无法履行债务或者难以履行债务的情况下,债务人将标的物交由提存机关保存,以终止合同权利义务关系的行为。《民法典》规定的提存是以清偿为目的,所以是债消灭的原因。

2. 提存的原因

《民法典》第五百七十条规定,有下列情形之一,难以履行债务的,债务人可以将标的物提存:

（1）债权人无正当理由拒绝受领;

（2）债权人下落不明;

（3）债权人死亡未确定继承人、遗产管理人,或者丧失民事行为能力未确定监护人;

（4）法律规定的其他情形。

标的物不适于提存或者提存费用过高的,债务人依法可以拍卖或者变卖标的物,提存所得的价款。

3. 提存的法律后果

债务人将标的物或者将标的物依法拍卖、变卖所得价款交付提存部门时,提存成立。提存成立的,视为债务人在其提存范围内已经交付标的物。标的物提存后,债务人应当及时通知债权人或者债权人的继承人、遗产管理人、监护人、财产代管人。

标的物提存后,毁损、灭失的风险由债权人承担。提存期间,标的物的孳息归债权人所有,提存费用由债权人负担。

债权人可以随时领取提存物。但是,债权人对债务人负有到期债务的,在债权人未履行债务或者提供担保之前,提存部门根据债务人的要求应当拒绝其领取提存物。

债权人领取提存物的权利,自提存之日起五年内不行使而消灭,提存物扣除提存费用后归国家所有。但是,债权人未履行对债务人的到期债务,或者债权人向提存部门书面表示放弃领取提存物权利的,债务人负担提存费用后有权取回提存物。

（五）免除与混同

债权人免除债务人部分或者全部债务的,债权债务部分或者全部终止,但是债务人在合理期限内拒绝的除外。债权和债务同归于一人的,债权债务终止,但是损害第三人利益的除外。

【拓展】

解除合同的通知

解除合同的通知是合同实务中非常重要的一种通知。合同的解除需要具备法定或者约定解除权,并且要在合同约定的合同解除权行使期限内,向对方发出解除合同的通知。

（1）合同解除通知的方式。

无论采取何种方式,这种方式应当足以证明:① 你向对方发出了通知;② 发出通知的时间;③ 表明发出通知的主要内容。关于对方是否收到,只需在通常情况下可以及时到达即可。

（2）通知的主要内容。

① 当事人之间订立合同的事实。

② 当事人违约等导致发生合同解除的事实。

③ 合同中约定的合同解除权。

④ 绝对明确的解除合同的意思表示。

⑤ 对对方违约责任追究的权利保留。

例示如下：

解除合同通知书

致×××公司：

　　我公司与你公司于 2024 年 7 月 14 日订立×××买卖合同。你公司于 2024 年 7 月 15 日向我公司交付。我公司于 2024 年 7 月 15 日使用过程中发现你公司交付的产品具有以下严重质量问题：

　　1. ……

　　2. ……

　　我公司于当日就上述问题向你公司提出异议，并请你公司立即前来我公司协商解决有关产品质量问题，但至今你公司未派人前来解决质量问题。

　　依据双方于 2024 年 7 月 14 日订立的×××买卖合同第 4.2 条之规定，我公司特向你公司通知如下：

　　由于(文句应参照合同约定或法律规定的相应的解除权条件)你公司交付的产品质量存在上述严重问题，我公司特依合同约定通知你公司解除合同。同时，我公司将保留进一步追究你公司违约责任的权利。

　　特此通知。

×××公司
××××年××月××日

任务七　掌握违约责任制度

一、违约责任的概念

　　违约责任即违反合同的民事责任，是指合同当事人一方或双方不履行合同义务或者履行合同义务不符合约定时，依照法律规定或者合同约定所承担的法律责任。依法订立的有效合同对当事人双方来说，都具有法律约束力。如果不履行或者履行义务不符合约定，就要承担违约责任。

二、承担违约责任的形式

　　《民法典》第四百七十七条规定，当事人一方不履行合同义务或者履行合同义务不符合约定的，应当承担继续履行、采取补救措施或者赔偿损失等违约责任。第四百七十八条规定，当事人一方明确表示或者以自己的行为表明不履行合同义务的，对方可以在履行期限届满前请求其承担违约责任。

　　违约的当事人承担违约责任的主要形式有继续履行、采取补救措施、赔偿损失、支付违约金、给付或者双倍返还定金等。具体适用哪种违约责任，由当事人根据自己的要求加以选择。

（一）继续履行

订立合同是为了实现合同的约定，即实际履行合同。继续履行合同既是为了实现合同目的，又是一种违约责任。当事人一方未支付价款或者报酬的，对方可以要求其支付价款或者报酬。当事人一方不履行非金钱债务或者履行非金钱债务不符合约定的，对方可以要求履行，但有下列情形之一的除外：① 法律上或者事实上不能履行。② 债务的标的不适于强制履行或者履行费用过高。③ 债权人在合理期限内未要求履行。有前款规定的除外情形之一，致使不能实现合同目的的，人民法院或者仲裁机构可以根据当事人的请求终止合同权利义务关系，但是不影响违约责任的承担。当事人一方不履行债务或者履行债务不符合约定，根据债务的性质不得强制履行的，对方可以请求其负担由第三人替代履行的费用。

（二）采取补救措施

履行不符合约定的，应当按照当事人的约定承担违约责任。对违约责任没有约定或者约定不明确，依据《民法典》第五百一十条的规定仍不能确定的，受损害方根据标的的性质以及损失的大小，可以合理选择请求对方承担修理、重作、更换、退货、减少价款或者报酬等违约责任。当事人一方不履行合同义务或者履行合同义务不符合约定的，在履行义务或者采取补救措施后，对方还有其他损失的，应当赔偿损失。

（三）赔偿损失

当事人一方不履行合同义务或者履行合同义务不符合约定，造成对方损失的，损失赔偿额应当相当于因违约所造成的损失，包括合同履行后可以获得的利益；但是，不得超过违约一方订立合同时预见到或者应当预见到的因违约可能造成的损失。

当事人一方违约后，对方应当采取适当措施防止损失的扩大；没有采取适当措施致使损失扩大的，不得就扩大的损失要求赔偿。当事人因防止损失扩大而支出的合理费用，由违约方承担。

赔偿损失的方式有以下三种：① 恢复原状，即恢复到损害发生前的原状。② 金钱赔偿，是赔偿损失的主要方式，需加付利息。③ 代物赔偿，即以其他财产替代赔偿。

（四）支付违约金

为了保证合同的履行，保护自己的利益不受损失，合同当事人可以约定一方违约时应当根据情况向对方支付一定数额的违约金，也可以约定因违约产生的损失赔偿额的计算方法。

违约金是指合同当事人一方由于不履行合同或者履行合同不符合约定时，按照合同的约定，向对方支付的一定数额的货币。违约金有法定违约金和约定违约金之分。违约金是对不能履行或者不能完全履行合同行为的一种带有惩罚性质的经济补偿手段，不论违约的当事人一方是否已给对方造成损失，都应当支付。约定的违约金低于造成的损失的，当事人可以请求人民法院或者仲裁机构予以增加；约定的违约金过分高于造成的损失的，当事人可以请求人民法院或者仲裁机构予以适当减少。当事人就迟延履行约定违约金的，违约方支付违约金后，还应当履行债务。

（五）定金责任

定金既是一种债的担保形式，又是一种违约责任形式。当事人可以约定一方向对方给付定金作为债权的担保。定金合同自实际交付定金时成立。定金的数额由当事人约定；但是，不得超过主合同标的额的 20%,超过部分不产生定金的效力。实际交付的定金数额多于或者少于约定数额的,视为变更约定的定金数额。

债务人履行债务的,定金应当抵作价款或者收回。给付定金的一方不履行债务或者履行债务不符合约定,致使不能实现合同目的的,无权请求返还定金;收受定金的一方不履行债务或者履行债务不符合约定,致使不能实现合同目的的,应当双倍返还定金。

当事人既约定违约金,又约定定金的,一方违约时,对方可以选择适用违约金或者定金条款。但由于二者在目的、性质、功能等方面具有共性而不能并用。当事人执行定金条款后不足以弥补所受损害的,仍可以请求赔偿损失。

【思考 6 - 23】 甲、乙订立买卖合同约定:甲向乙交付 200 吨铜材,货款为 200 万元;乙向甲支付定金 20 万元;如任何一方不履行合同应支付违约金 30 万元。甲因将铜材卖给丙而无法向乙交货。乙向法院起诉请求法院判令甲支付违约金 30 万元,同时请求甲双倍返还定金 40 万元。

请问:法院能支持乙的诉讼请求吗?

【解析】 法院不会支持乙的诉讼请求。《民法典》规定,当事人既约定违约金,又约定定金的,一方违约时,对方可以选择适用违约金或者定金条款。这就是说,定金和违约金不能同时并用,而只能选择其一适用,适用了定金责任就不能再适用违约金责任,适用了违约金责任就不能再适用定金责任,否则,会给违约方施以过重的责任,有失公平。因此,乙只能向法院请求选择双倍返还定金或违约金。

三、违约责任的免除

一般来说,在合同订立之后,如果一方当事人没有履行合同或者履行合同不符合约定,不论是自己的原因,还是第三人的原因,都应当向对方承担违约责任。但是,当当事人一方违约是由于免责事由的出现造成的,则可以根据情况免除违约方的违约责任。

概括起来,《民法典》主要规定了两种免责事由:法定事由和免责条款。

(一)法定事由

根据《民法典》的规定,当事人一方因不可抗力不能履行合同的,根据不可抗力的影响,部分或者全部免除责任,但是法律另有规定的除外。因不可抗力不能履行合同的,应当及时通知对方,以减轻可能给对方造成的损失,并应当在合理期限内提供证明。当事人迟延履行后发生不可抗力的,不能免除责任。具体来说,如果是在合同订立后发生不可抗力的,可以视不可抗力的影响变更、解除合同,由此产生的违约责任均予以免除,即当事人不负违约责任。

当事人一方违约后,对方应当采取适当措施防止损失的扩大;没有采取适当措施致使损失扩大的,不得就扩大的损失请求赔偿。当事人因防止损失扩大而支出的合理费用,由违约方负担。

当事人都违反合同的,应当各自承担相应的责任。当事人一方违约造成对方损失,对方对损失的发生有过错的,可以减少相应的损失赔偿额。

(二)免责条款

免责条款是指合同双方当事人在合同中约定,当出现一定的事由或条件时,可免除违约方的违约责任。当然,免责条款不能出现无效的情形。

【思考 6 - 24】 丙、丁两公司于 2024 年 9 月 1 日订立了一份合同,约定由丙公司向丁公司交付某种原材料 10 吨,在交货后丁公司支付全部货款 20 万元。在订立合同的过程中,丙公司对原材料的质量问题提供了虚假的证明材料。9 月 15 日丙公司交付了 5 吨原材料,丁公司收货后发现质量有问题而拒绝付款,并拒绝丙公司交付剩余的货物。因未能及时买进原材料,导致丁公司损失 1 万元,该合同未造成影响国家和社会利益。9 月 30 日丁公司向法院起诉,要求撤销该合同,法院于 11 月 5 日经审理后撤销了该合同。

请问:

(1) 从效力上讲该合同属于何种类型的合同,为什么?

(2) 如果该合同不具有法律效力,那么从何时开始不具有法律效力?

(3) 对于该合同所引起的财产后果应当如何处理?

【解析】

(1) 该合同属于可撤销合同。依《民法典》第一百四十八条规定,一方以欺诈手段,使对方在违背真实意思的情况下实施的民事法律行为,受欺诈方有权请求人民法院或者仲裁机构予以撤销。丙公司在订立合同时对质量问题进行了欺诈,故属于可撤销的合同。

(2) 由于该合同经当事人申请后被法院撤销,故不具有法律效力,应当从 9 月 1 日起便不具有法律效力。因为被撤销合同从一开始(即合同订立日)便不具有法律约束力。

(3) 由于合同已经部分履行,首先,依《民法典》规定返还财产,丁公司应当将根据合同取得的财产(即丙方交付的 5 吨货物)返还给丙方,若不必返还或不能返还的,折价补偿;丙公司尚未根据合同的约定取得对方丁的财产,故不存在返还的问题。其次,赔偿损失,有过错的一方应当赔偿对方的损失,该合同被撤销的过错在于欺诈方丙公司,丙公司应当赔偿丁公司因此所受的 1 万元损失。

任务八　掌握典型合同纠纷处理

一、买卖合同

(一)买卖合同的定义

买卖合同是出卖人转移标的物的所有权于买受人,买受人支付价款的合同。买卖关系的主体是出卖人和买受人,交付财产取得价款的一方称为出卖人,接受财产支付价款的一方称为买受人。

(二)买卖合同的标的物

出卖的标的物,应当属于出卖人所有或者出卖人有权处分的物,可以是现实存在的物,也可以是将来产生的物。法律禁止流通的物不得作为买卖标的物。

1. 标的物所有权的转移

标的物的所有权自标的物交付时起转移,但法律另有规定或者当事人另有约定的除外。在一般情况下,合同标的物何时交付,标的物所有权就何时转移,即二者同步转移。但在特殊情况下,标的物所有权并非与标的物的交付同时转移,如机动车买卖、房屋买卖等合同,其所有权均在有关部门完成登记之时转移。

2. 标的物的风险承担

标的物的风险,是指在买卖合同成立后至终止前,标的物因不可归责于当事人任何一方的事由而发生的毁损、灭失。

标的物毁损、灭失的风险，在标的物交付之前由出卖人承担，交付之后由买受人承担，但法律另有规定或者当事人另有约定的除外。这表明我国法律对风险承担采取的是"交付转移风险"或"风险随交付"的原则。根据《民法典》合同编的有关规定，买卖合同标的物风险承担的规则主要有下列内容：

（1）一般情形下，标的物风险在标的物交付之前由出卖人承担，交付之后由买受人承担。

（2）因买受人的原因致使标的物不能按照约定的期限交付的，买受人应当自违反约定之日起承担标的物风险。

（3）出卖人出卖交由承运人运输的在途标的物，除当事人另有约定外，买受人应自合同成立时起承担标的物风险。

（4）当事人没有约定交付地点或者约定不明确，而由出卖人将标的物交付给第一承运人的，买受人自标的物交付时起承担标的物风险。

（5）出卖人按照约定或者依照法律有关规定将标的物置于交付地点，买受人违反约定没有收取的，买受人自违反约定之日起承担标的物风险。

（6）出卖人未按照约定交付有关标的物的单证和资料的，不影响标的物风险的转移，即标的物风险的转移不受上述单证、资料是否交付的影响。

（7）因标的物质量不符合质量要求，致使不能实现合同目的，买受人拒绝接受或者解除合同的，标的物风险由出卖人承担。

（三）标的物的检验

出卖人交付标的物后，买受人应对收到的标的物在约定的检验期间内检验。没有约定检验期间的，应当及时检验。当事人约定检验期间的，买受人应当在检验期间内将标的物存在的问题及时通知出卖人。买受人怠于通知的，视为标的物符合约定。

当事人没有约定检验期限的，买受人应当在发现或者应当发现标的物的数量或者质量不符合约定的合理期限内通知出卖人。买受人在合理期限内未通知或者自收到标的物之日起二年内未通知出卖人的，视为标的物的数量或者质量符合约定；但是，对标的物有质量保证期的，适用质量保证期，不适用该二年的规定。

出卖人知道或者应当知道提供的标的物不符合约定的，买受人不受前两款规定的通知时间的限制。

当事人约定的检验期限过短，根据标的物的性质和交易习惯，买受人在检验期限内难以完成全面检验的，该期限仅视为买受人对标的物的外观瑕疵提出异议的期限。约定的检验期限或者质量保证期短于法律、行政法规规定期限的，应当以法律、行政法规规定的期限为准。

当事人对检验期限未作约定，买受人签收的送货单、确认单等载明标的物数量、型号、规格的，推定买受人已经对数量和外观瑕疵进行检验，但是有相关证据足以推翻的除外。

【思考6-25】 甲在首饰店看到一款式样很新颖的钻戒，要价4 500元。她非常想买但又未带够钱，而该钻戒仅剩一枚。于是便与首饰店老板商定，先付2 000元，第二天再付足余款并取走钻戒。孰料当晚首饰店发生盗窃案，该钻戒被盗。第二天商场要求甲交清欠款，但却不承担钻戒被盗的责任。甲诉至法院，法院应如何审理此案？

【解析】 应由首饰店承担风险，退回甲预付款2 000元。标的物毁损、灭失的风险，在标的物交付之前由出卖人承担，交付之后由买受人承担，但法律另有规定或者当事人另有约定的除外。本案中首饰店尚未将钻戒交付于甲,当事人又没有另外约定。因此,应由首饰店承担风险。

【拓展】

买卖合同书范本

出卖人(以下简称甲方):

住所地:

法定代表人:

买受人(以下简称乙方):

住所地:

法定代表人:

甲、乙双方根据《中华人民共和国民法典》合同编等有关法律规定,在平等、自愿的基础上,经充分协商,就乙方购买甲方产品达成以下买卖合同条款。

一、产品名称、型号、数量

二、产品质量

1. 质量标准:

2. 乙方对产品质量的特殊要求:

3. 乙方对产品包装的特殊要求:

4. 乙方对产品质量有异议的,应当在收到产品后_____日内提出确有证据的书面异议并通知到甲方;逾期不提出异议的,视为甲方产品质量符合本合同约定要求。但乙方使用甲方产品的,不受上述期限限制,视为甲方产品符合合同约定要求。

三、产品价款

1. 产品的单价与总价:

上述货物的含税价为:_____总价款为:_____

2. 甲方产品的包装费用、运输费用、保险费用及交付时的装卸费按下列约定承担:

甲方产品的包装物由_____提供,包装费用由_____承担。

甲方产品的运输由_____办理,运输费用由_____承担。

甲方产品的保险由_____办理,保险费用由_____承担。

甲方产品交付时的装卸费由_____承担。

乙方承担的上述费用,乙方应当在甲方交货前一次性给付甲方。

四、产品交付

甲方产品交付方式为:乙方提货/甲方送货/甲方代办托运。

产品交付地点为甲方所在地,交货时间为合同生效后_____天,若乙方对甲方产品有特殊要求的,甲方应当在乙方提供相关确认文件后_____天内交货。但乙方未能按约定付款的,甲方有权拒绝交货;乙方未能及时提供相应文件的,甲方有权延期交货。

在合同约定期限内甲方违约未能及时交货的,产品的灭失、毁损的风险由甲方承担;产品交付后或乙方违约致使甲方拒绝交货、延期交货的,产品的灭失、毁损的风险由乙方承担。

五、价款结算

乙方应在本合同书签订_____日内向甲方预付货款_____元,甲方交付前给付价款

_____元,余款由乙方在收到甲方产品之日起_____天内付清。

乙方应当以现金、支票或即期银行承兑汇票方式支付甲方价款。

双方同意乙方未能付清所有价款之前,甲方产品的所有权仍属于甲方所有。

六、合同的解除与终止

双方协商一致的,可以终止合同的履行。一方根本性违约的,另一方有权解除合同,但应当及时书面通知到对方。

七、商业秘密

乙方在签订和履行本合同中知悉的甲方的全部信息(包括技术信息和经营信息等)均为甲方的商业秘密。

无论何种原因终止、解除本合同的,乙方同意对在签订和履行本合同中知悉的甲方的商业秘密承担保密义务。非经甲方书面同意或为履行本合同义务之需要,乙方不得使用、披露甲方的商业秘密。

乙方违反上述约定的,应当赔偿由此给甲方造成的全部损失。

八、违约责任

本合同签订后,任何一方违约,都应当承担违约金_____元。若违约金不足以弥补守约方损失的,违约方应当赔偿给守约方造成的一切损失(包括直接损失、可得利益损失及主张权利的费用等)。

九、不可抗力

因火灾、战争、罢工、自然灾害等不可抗力因素而致本合同不能履行的,双方终止合同的履行,各自的损失各自承担。不可抗力因素消失后,双方需要继续履行合同的,由双方另行协商。

因不可抗力终止合同履行的一方,应当于事件发生后_____日内向对方提供有权部门出具的发生不可抗力事件的证明文件并及时通知对方。未履行通知义务而致损失扩大的,过错方应当承担赔偿责任。

十、争议解决

本合同履行过程中产生争议的,双方可协商解决。协商不成的,应向甲方所在地人民法院提起诉讼解决。

本合同经双方盖章或授权代表签字后生效。本合同未约定的事项,由双方另行签订补充协议,补充协议与本合同书具有同等法律效力。本合同书一式四份,双方各执二份。

甲　方:　　　　　　　　　　　　　乙　方:
委托代理人:　　　　　　　　　　　委托代理人:
____年____月____日　　　　　　　　____年____月____日

二、借款合同

借款合同是借款人向贷款人借款,到期返还借款并支付利息的合同。借款合同应当采用书面形式,但是自然人之间借款另有约定的除外。借款合同的内容一般包括借款种类、币种、用途、数额、利率、期限和还款方式等条款。订立借款合同,借款人应当按照贷款人的要求提供与借款有关的业务活动和财务状况的真实情况。

借款人应当按照约定的期限返还借款。贷款人未按照约定的日期、数额提供借款,造成借款人损失的,应当赔偿损失。借款人未按照约定的日期、数额收取借款的,应当按照约定的日期、数额支付利息。借款人未按照约定的借款用途使用借款的,贷款人可以停止发放借款、提前收回借款或者解除合同。

借款的利息不得预先在本金中扣除。利息预先在本金中扣除的,应当按照实际借款数额返还借款并计算利息。借款人应当按照约定的期限支付利息。对支付利息的期限没有约定或者约定不明确,依据本法第五百一十条的规定仍不能确定,借款期间不满一年的,应当在返还借款时一并支付;借款期间一年以上的,应当在每届满一年时支付,剩余期间不满一年的,应当在返还借款时一并支付。

借款人应当按照约定的期限返还借款。对借款期限没有约定或者约定不明确,依据本法第五百一十条的规定仍不能确定的,借款人可以随时返还;贷款人可以催告借款人在合理期限内返还。借款人未按照约定的期限返还借款的,应当按照约定或国家有关规定支付逾期利息。借款人提前偿还借款的,除当事人另有约定的以外,应当按照实际借款的期间计算利息。

自然人之间的借款合同,自贷款人提供借款时成立。禁止高利放贷,借款的利率不得违反国家有关规定①。借款合同对支付利息没有约定的,视为没有利息。借款合同对支付利息约定不明确,当事人不能达成补充协议的,按照当地或者当事人的交易方式、交易习惯、市场利率等因素确定利息;自然人之间借款的,视为没有利息。

三、租赁合同

租赁合同是出租人将租赁物交付给承租人使用、收益,承租人支付租金的合同。租赁合同的内容包括租赁物的名称、数量、用途、租赁期限、租金及其支付期限和方式、租赁物维修等条款。

租赁期限不得超过20年;超过20年的,超过部分无效。租赁期间届满,当事人可以续订租赁合同,但约定的租赁期限自续订之日起不得超过20年。租赁期限6个月以上的,应当采用书面形式。当事人未采用书面形式,无法确定租赁期限的,视为不定期租赁,当事人可以随时解除合同,但出租人解除合同应当在合理期限之前通知承租人。

出租人应当履行租赁物的维修义务,但是当事人另有约定的除外。承租人在租赁物需要维修时可以请求出租人在合理期限内维修。出租人未履行维修义务的,承租人可以自行维修,维修费用由出租人负担。因维修租赁物影响承租人使用的,应当相应减少租金或者延长租期。因承租人的过错致使租赁物需要维修的,出租人不承担前款规定的维修义务。承租人应当按照约定的方法使用租赁物。对租赁物的使用方法没有约定或者约定不明确,依据本法第五百一十条的规定仍不能确定的,应当根据租赁物的性质使用。承租人按照约定的方法或者根据租赁物的性质使用租赁物,致使租赁物受到损耗的,不承担赔偿责任。承租人未按照约定的方法或者未根据租赁物的性质使用租赁物,致使租赁物受到损失的,出租人可以解除合同并请求

---

① 《最高人民法院关于修改〈关于审理民间借贷案件适用法律若干问题的规定〉的决定》(法释〔2020〕6号)第二十条规定:出借人请求借款人按照合同约定利率支付利息的,人民法院应予支持,但是双方约定的利率超过合同成立时一年期贷款市场报价利率四倍的除外。

前款所称"一年期贷款市场报价利率",是指中国人民银行授权全国银行间同业拆借中心自2019年8月20日起每月发布的一年期贷款市场报价利率。

赔偿损失。

承租人应当按照约定的期限支付租金。承租人无正当理由未支付租金或延期支付租金的,出租人可以要求承租人在合理期限内支付。承租人逾期不支付的,出租人可以解除合同。承租人不得擅自改善和增设他物。承租人经出租人同意,可以对租赁物进行改善和增设他物。承租人未经出租人同意对租赁物进行改善和增设他物的,出租人可以请求承租人恢复原状或赔偿损失。

承租人转租租赁物须经出租人同意。转租期间,承租人与出租人的租赁合同继续有效,第三人不履行对租赁物妥善保管义务造成损失的,由承租人向出租人负赔偿责任。承租人未经同意而转租的,出租人可终止合同。

租赁物在租赁期间发生所有权变动的,不影响租赁合同的效力,即"买卖不破租赁"。

租赁期间届满,承租人继续使用租赁物,出租人没有提出异议的,原租赁合同继续有效,但租赁期限为不定期。

四、赠与合同

(一)赠与合同概述

赠与合同是赠与人将自己的财产无偿给予受赠人,受赠人表示接受赠与的合同。赠与合同是单务、无偿、诺成性合同。赠与的财产依法需要办理登记等手续的,应当办理有关手续。

赠与可以附义务。赠与附义务的,受赠人应当按照约定履行义务。因赠与人故意或者重大过失致使赠与的财产毁损、灭失的,赠与人承担赔偿责任。赠与的财产有瑕疵的,赠与人不承担责任。附义务的赠与,赠与的财产有瑕疵的,赠与人在附义务的限度内承担与出卖人相同的责任。赠与人故意不告知瑕疵或者保证无瑕疵,造成受赠人损失的,应当承担损害赔偿责任。

赠与合同成立后,赠与人的经济状况显著恶化,严重影响其生产经营或者家庭生活的,可以不再履行赠与义务。

(二)赠与合同的撤销

赠与合同的撤销分为任意撤销和法定撤销。

任意撤销,是指赠与人基于赠与合同的无偿性及单务性特征,在赠与财产的权利转移之前可以撤销赠与。但具有救灾、扶贫等社会公益、道德义务性质的赠与合同或者经过公证的赠与合同,不得撤销赠与。对于这类赠与合同,如果赠与人不交付赠与的财产的,受赠人可以要求交付。

法定撤销,是指当受赠人有忘恩行为时,无论赠与财产的权利是否转移,赠与是否具有救灾、扶贫等社会公益、道德义务性质或者经过公证,赠与人或者赠与人的继承人、法定代理人可以撤销赠与的情形。

1. 赠与人的撤销权

受赠人有下列情形之一的,赠与人可以行使撤销权:① 严重侵害赠与人或者赠与人的近亲属;② 对赠与人有扶养义务而不履行;③ 不履行赠与合同约定的义务。

赠与人的撤销权,自知道或者应当知道撤销原因之日起一年内行使。

2. 赠与人的继承人、法定代理人的撤销权

因受赠人的违法行为致使赠与人死亡或者丧失民事行为能力的,赠与人的继承人或者法

定代理人可以撤销赠与。赠与人的继承人或者法定代理人的撤销权,自知道或者应当知道撤销原因之日起 6 个月内行使。

如果是法定撤销情形,则撤销权人撤销赠与的,可以向受赠人要求返还赠与的财产。

【案例解析】

【导入案例】解析:

1. 有效。合同订立的形式包含口头形式。

2. 合同是民事主体之间设立、变更、终止民事法律关系的协议。签订合同时要注意核实对方主体资格,明确合同形式,必备条款要具体明确,违约责任要量化等事项。

3. 双方当事人应当按照生效合同约定的各项条款,完成各自承担的义务,实现各自享受的权利。承担违约责任的形式包括继续履行、采取补救措施、赔偿损失、支付违约金和定金责任。

【项目小结】

本项目主要知识点:合同,是指平等主体的自然人、法人、其他组织之间设立、变更、终止民事权利义务关系的协议。本项目主要阐述了合同订立、履行、变更、转让和终止及其违约责任。订立合同应当遵循平等、自愿、公平、诚实信用及合法原则,可以采取口头、书面及其他形式,要采取要约和承诺的方式;依法成立的合同,对当事人有法律约束力,但并非所有的合同都有效,合同的效力还包括无效合同、效力待定合同以及可变更、可撤销合同;履行合同应遵循全面、诚实信用的原则;当事人为了保护自身的合法权益,可以依法行使抗辩权、代位权和撤销权;合同成立后,当事人可以依法进行变更和转让,也可以依法终止合同;当事人不履行合同义务或履行合同义务不符合约定的,应当依法承担相应违约责任。

【项目训练】

一、单选题

1. 下列属于要约的是(　　)。

A. 某股份公司的招股说明书

B. 某公司在电视台播发的售房广告,但称"价格面议"

C. 某出租车未打开空车灯,在马路上行驶

D. 某处于运营中的自动售货机,投入一元硬币,即可自动送出一杯可乐

2. 下列选项中,属于无效合同的是(　　)。

A. 无权处分合同　　　　　　　　　B. 乘人之危合同

C. 显失公平合同　　　　　　　　　D. 损害社会公共利益的合同

3. 某商店橱窗内展示的衣服上标明"正在出售",并标示了价格,则"正在出售"的标示视为(　　)。

A. 要约　　　　B. 承诺　　　　C. 要约邀请　　　　D. 既是要约又是承诺

二、多选题

1. 下列承诺行为中,不发生承诺效力的有(　　)。

A. 承诺对要约的内容做出实质性变更

B. 撤回承诺的通知与承诺同时到达要约人

C. 撤回承诺的通知因送达的原因后于承诺到达,要约人未及时将该情况通知承诺人

D. 超出承诺期限发出承诺

E. 承诺对要约的内容做出非实质性变更,要约人未及时反对

2. 下列选项中( )不适用《民法典》合同编。

A. 离婚协议   B. 收养协议   C. 租赁协议   D. 监护协议

3. 农民甲去外地经商,将其一头青骡留给岳父乙使用。甲在经商地事业得意,已无返乡务农之意。乙年事已高,青骡遂派不上用场,且需饲养照料,乙既无力负担,又以为养而无用,颇不经济。于是与丙约定将青骡以公道价格卖给丙。关于此买卖合同,下列说法正确的是( )。

A. 买卖合同如经甲追认有效

B. 如合同签订后,甲将青骡赠与乙,则合同有效

C. 如丙订立合同时知道该青骡是甲的,则合同无效

D. 如该青骡已经交付给丙,则合同有效

4. 甲、乙二人是好友,现年均为 17 岁,甲已经参加工作,乙还在高中读书。乙继承了巨额遗产,欲委托甲投资,遂与甲订立合同,约定乙出资 5 万元,委托甲投资,投资所得收益甲可取得 20%。关于此合同的效力,正确的说法是( )。

A. 甲、乙的父母均追认时,合同有效

B. 乙的父母追认时,合同有效

C. 甲可催告乙的父母在一个月内追认合同,如到期乙的父母未作表示,则合同无效

D. 在乙的父母追认之前,甲有权撤销合同

5. 下列情况下,债务人可以中止履行合同义务的有( )。

A. 应当先履行债务的当事人有确切证据证明对方经营状况严重恶化的

B. 买卖合同的买受人有确切证据证明第三人可能就标的物主张权利的

C. 债权人变更住所未通知债务人使履行债务发生困难的

D. 债权人死亡未确定继承人使债务难以履行的

三、判断题

1. 无行为能力人不能作为购买人订立买卖合同,但可以作为受赠人订立赠与合同。

                                                 ( )

2. 双务合同为有偿合同,有偿合同也为双务合同。   ( )

3. 格式条款有两种以上解释的,应采纳提供格式条款方的解释。   ( )

4. "你结婚那天我送你一枚戒指",这是附期限的合同。   ( )

5. 债务人转让债务,应通知债权人,未经通知,该转让对债权人不发生效力。   ( )

四、案例分析题

1. 甲公司与乙公司签订了一份买卖合同。合同约定:乙公司供给甲公司限量生产的 X 型号的手表 1 000 块,每块单价 100 元;甲公司应交付定金 3 万元。合同签订后,甲公司立即将 3 万元定金交付乙公司,并很快与丙公司就同一批货物签订了一份买卖合同,每块表单价 120 元。后乙公司没有按期履行合同,由此导致甲公司无法履行与丙公司之间的合同,为此甲公司向丙公司支付违约金 2 万元。现甲公司要求乙公司双倍返还定金 6 万元。乙公司则以定金条

款无效为由主张合同无效。

问题：

(1) 定金条款是否无效？

(2) 若乙公司本已准备了 1 000 块手表,但在履行期到来之前三天因突发地震而灭失,乙公司当即向甲公司通报了此情况,问乙公司是否应向甲公司承担违约责任,为什么？

(3) 若乙公司不能交付手表的原因是因为相邻的丁工厂失火(因消防设施不全所致),延烧及乙公司的仓库,导致 1 000 块手表灭失,问乙公司是否要承担违约责任？丁工厂应否承担责任？向谁承担责任？

2. 甲企业(以下称甲)向乙企业(以下称乙)发出传真订货,该传真列明了货物的种类、数量、质量、供货时间、交货方式等,并要求乙在 10 日内报价。乙接受甲发出传真列明的条件并按期报价,亦要求甲在 10 日内回复;甲按期复电同意其价格,并要求签订书面合同。乙在未签订书面合同的情况下按甲提出的条件发货,甲收货后未提出异议,亦未付货款。后因市场发生变化,该货物价格下降。甲遂向乙提出,由于双方未签订书面合同,买卖关系不能成立,故乙应尽快取回货物。乙不同意甲的意见,要求其偿付货款。随后,乙发现甲放弃其对关联企业的到期债权,并向其关联企业无偿转让财产,这可能会使自己的货款无法得到清偿,遂向人民法院提起诉讼。

(1) 试述甲传真订货、乙报价、甲回复报价行为的法律性质。

(2) 买卖合同是否成立？说明理由。

(3) 对甲放弃到期债权、无偿转让财产的行为,乙可向人民法院提出何种权利请求,以保护其利益不受侵害？对乙行使该权利的期限,法律有何规定？

3. 2025 年 3 月 1 日,甲公司与乙厂签订了买卖白酒合同。合同规定:甲公司在 4 月 3 日前支付 2 万元预付款;乙厂在 7 月 1 日交货。4 月 2 日,乙厂突发火灾,设备原料大部分被烧毁,严重影响了履行债务的能力。甲公司闻讯后,认为乙厂极有可能丧失履行合同的能力,于是通知乙厂中止履行合同,后经交涉,丙公司为乙厂作一般保证,甲公司按期向乙厂支付预付款,合同仍继续履行。7 月 1 日,乙厂未交货。甲公司要求乙厂返还预付款,赔偿经济损失,遭到乙厂拒绝。随后,甲公司要求丙公司承担保证责任,又被丙公司拒绝。8 月 5 日,在多次协商未果的情况下,甲公司向法院起诉,要求乙厂和丙公司承担违约责任,赔偿损失。经法院查明,由于乙厂违约,甲公司除 2 万元预付款没有收回外,还发生经济损失 3 万元;甲公司尚欠乙厂设备款 5 万元。在调解下,双方同意将债务相互抵销。

问题：

(1) 甲公司能否单方通知乙厂中止履行合同,为什么？

(2) 丙公司拒绝甲公司要求其承担保证责任,是否合法,为什么？

(3) 甲公司与乙厂的债务能否抵销,为什么？

五、实训题

1. 合同的签订

2025 年 3 月 10 日,甲市 A 百货有限公司(买方)与乙市 B 服装有限公司(卖方)签订买卖服装合同。合同约定数量 2 000 件,单价 150 元,总价款 300 000 元;同时约定卖方于 4 月 10 日将货物送到买方的仓库,买方收货后 10 天内付清货款;还约定产品质量与验收方法,以双方封存样品为准,提货时抽样检查;任何一方违约,向对方支付一定数额的违约金。

根据给定案例,请拟订一份买卖合同。要求学生每两人为一组,分别代表合同中的一方当事人,不完善之处请学生协商补充。

2. 合同的审核

根据已拟订的合同书,相互交换,审查合同的不妥、遗漏与错误之处。

项目七

票据法律制度

【本项目涉及的主要法律法规文件】

1.《中华人民共和国票据法》,1996 年 1 月 1 日起施行,2004 年 8 月 28 日修改。

2.《最高人民法院关于审理票据纠纷案件若干问题的规定》,2020 年 12 月 23 日起施行。

【本项目拟实现的目标】

知识目标:(1) 了解票据的概念、特征。(2) 掌握票据行为、票据权利的取得及其补救措施和票据抗辩。(3) 掌握汇票、本票、支票的主要规定。

技能目标:(1) 区分不同的票据。(2) 识别有效的票据行为,正确行使票据权利。

素质目标:在票据行为中养成遵法、诚信品格。

[导入案例]

A 公司为支付 B 公司的货款,于 2025 年 6 月 5 日给 B 公司开出一张 20 万元的银行承兑汇票。B 公司获此汇票后,因向 C 公司购买一批钢材而将该汇票背书转让给 C 公司,但事后不久,B 公司发现 C 公司根本无货可供,完全是一场骗局,便马上通知付款人停止向 C 公司支付票款。C 公司获此票据后,并未向付款人请求支付票款,而是将该汇票又背书转让给了 D 公司,以支付其所欠的工程款。D 公司获此汇票时,不知道 C 公司以欺诈方式从 B 公司获得该汇票且 B 公司已通知付款人停止付款的情况,即于 7 月 1 日向付款人请求付款。付款人在对该汇票进行审查之后即为拒绝付款,理由是:① C 公司以欺诈行为从 B 公司处获取票据的行为为无效票据行为,B 公司已通知付款人停止付款。② 该汇票未记载付款日期,为无效票据。据此,付款人便做成退票理由书,交付于 D 公司。

【问题】

根据上述事实,付款人拒付理由是否合法,为什么?

任务一 认识票据

一、票据

(一)票据的概念

票据的概念有广义、狭义之分。广义的票据包括各种有价证券和凭证,如股票、债券、发票、提单、仓单、保单等;狭义的票据,仅指出票人依法签发的、由本人或委托他人在见票时或指定的日期无条件支付票据金额给收款人或持票人的有价证券。《中华人民共和国票据法》(简称《票据法》),规定的票据,是狭义的票据,包括汇票、本票和支票。

(二)票据的特征

与其他有价证券相比,票据具有以下特征。

1. 设权证券

票据权利的产生、行使及处分都以票据的存在为条件,即票据上所表示的权利,由票据行为而产生。票据的签发,是为了创设票据权利。

2. 金钱证券

票据是以支付一定金额货币为目的而创设的有价证券,不同于仓单、提单。

3. 无因证券

票据权利的行使以持有票据为必要条件,持票人无须证明其取得票据的原因。只要票据形式要件合法,票据权利人取得票据的基础关系是否有效,不影响票据权利人行使票据权利。

【思考 7-1】 甲、乙之间签订了一份假酒买卖合同,甲供货后,乙于 3 月 10 日签发了一张面额为 10 万元、期限为 3 个月的商业承兑汇票交付给甲。3 月 20 日,甲从丙公司购进原材料,便将该汇票依法转让给了丙。之后,假酒被查封,甲、乙之间的合同被裁定为无效合同。

请问:票据到期后,丙提示付款,乙能否以买卖合同无效为由,拒绝兑现票据金额?

【解析】 不能拒绝兑现票据金额。票据是无因证券,依法出票后,便与当初签发票据的基础原因分离,不论基础原因是否合法,只要票据本身无缺陷,持票人依法取得票据,即享有票据权利,付款人应当见票付款。

4. 文义证券

票据所表现的权利和义务的内容,必须以票据上记载的文义为标准,不得因票据以外的任何事由变更其效力,如金额为 10 万元,则只能主张 10 万元。

5. 要式证券

票据的制作、转让、格式等《票据法》均有明确的规定,票据行为必须严格按照《票据法》规定的要素和格式做成;否则,票据无效。

6. 流通证券

在票据到期前,票据权利可以依法转让,其流通方式简捷便利,能够迅速完成,转让的次数越多,票据的使用度越高,可靠性越强。

二、票据法

票据法是指规定票据的种类、形式、内容以及各当事人之间权利义务关系的法律规范的总称。票据法有广义、狭义之分。广义的票据法，是指各种法律中有关票据规定的总称，包括狭义的《票据法》《民法典》《中华人民共和国商业银行法》(简称《商业银行法》)等法律、法规中有关票据的规定。狭义的票据法则仅指 1995 年 5 月 10 日全国人大常务委员会通过的《中华人民共和国票据法》，本法自 1996 年 1 月 1 日起施行，2004 年进行了修订。

任务二　理解票据行为

一、票据行为的概念

票据行为是指票据关系的当事人之间以发生、变更或终止票据关系为目的而进行的法律行为。《票据法》规定的票据行为包括出票、背书、承兑、保证四种。

（1）出票是指出票人签发票据并将其交付给收款人的票据行为。

（2）背书是指收款人或持票人为将票据权利转让给他人或将一定的票据权授予他人行使，而在票据背面或者粘单上记载有关事项并签章的票据行为。

（3）承兑是指汇票付款人承诺在汇票到期日支付汇票金额并签章的行为。

（4）保证是指票据债务人以外的人，为担保特定债务人履行票据债务而在票据上记载有关事项并签章的行为。

二、票据行为成立的要件

票据行为的成立，必须符合以下基本条件。

（一）行为人必须具有从事票据行为的能力

《票据法》规定，无民事行为能力人或者限制民事行为能力人在票据上签章的，其签章无效。即在票据上签章的自然人必须是具有完全民事行为能力的人，否则，该签章不具有任何效力，签章者并不因此而成为票据上的债务人，其他票据当事人也不得据此签章向无行为能力人或限制行为能力人主张任何票据债权。

（二）行为人的意思表示必须真实或无缺陷

票据的取得和转让，应当遵循诚实信用的原则，以欺诈、偷盗或者胁迫等手段取得票据的，或者明知有前述情形，出于恶意取得票据的，不得享有票据权利。

（三）票据行为符合法定形式

票据行为是一种要式行为，必须符合法律、法规规定的形式。

1. 票据签章

票据上的签章，为签名、盖章或者签名加盖章。法人和其他使用票据的单位在票据上的签章，为该法人或者该单位的盖章加其法定代表人或者其授权的代理人的签章。个人在票据上的签章，应为该个人本人的签名或者盖章。

出票人在票据上的签章不符合规定的,票据无效;其他人在票据上的签章不符合规定的,或者无民事行为能力人、限制民事行为能力人在票据上签章的,其签章无效,但不影响其前手符合规定签章的效力,即其他有效签章人仍应承担票据责任。

【思考7-2】 甲公司签发了一张商业汇票,下列关于出票人签章的说法中,正确的有( )。

A. 甲公司盖章 B. 甲公司法定代表人赵某签名或盖章

C. 甲公司法定代表人赵某签名并盖章 D. 甲公司盖章加法定代表人赵某签名或盖章

【解析】 正确答案是D。公司法人或单位在票据上的签章为该单位的盖章加其法定代表人或其授权的代理人的签章。

2. 票据记载事项

票据记载事项一般分为绝对记载事项、相对记载事项、任意记载事项、不得记载事项等。

绝对记载事项是指《票据法》明文规定必须记载的,如果未记载,票据无效,如出票日期、票据收款人等;相对记载事项是指某些应该记载而未记载,适用法律的有关规定而不使票据失效的事项,如未记载付款地的,以付款人所在地为付款地;任意记载事项是指《票据法》规定由当事人任意记载的事项,行为人不记载,对票据效力不发生影响,一旦作了记载,就发生《票据法》规定的效力,如出票人在票据上记载了"不得转让"字样,则该票据不能再转让;不得记载事项是指《票据法》禁止行为人在票据上记载的事项,包括记载无效的事项和使票据无效的事项,如约定"产品质量不合格,则本票据无效"等。

票据的金额、出票或签发日期、收款人名称不得更改,更改的票据无效。

任务三 理解票据权利及抗辩

一、票据权利

(一)票据权利的概念

票据权利,是指持票人向票据债务人请求支付票据金额的权利,包括付款请求权和追索权。付款请求权是持票人对主债务人所享有的,依票据而请求支付票据所载金额的权利。付款请求权是持票人最基本的权利,也称票据的第一次权利或主票据权利。追索权是持票人行使付款请求权未果时,向其前手请求支付票据金额的权利,也称第二次请求权。

(二)票据权利的取得

票据权利的取得有两种方式:一是因票据的创设而取得票据的权利,即原始取得;二是由于票据的转让或继承、合并等法定原因而取得票据的权利,即继受取得。

票据权利依持票人取得票据时的主观意思不同,亦可分为善意取得和恶意取得。善意取得,指在善意或无重大过失的情况下,依法律规定的转让方法,支付对价后取得的票据权利。因税收、继承、赠与可以依法无偿取得票据的,不受给付对价之限制,但是,所享有的票据权利不得优于其前手。恶意取得,指明知或应当知道票据转让人无处分票据的权利,仍接受转让取得票据权利。善意取得票据的受让人可取得票据上的一切权利,即使票据让与人的票据权利有瑕疵，也不影响善意取得票据者享有权利。恶意取得票据的人，不得享有票据上的权利，债务人可以拒绝付款(但要负举证责任)。持票人遭到拒付后，责任自负。《票据法》规定，以欺诈、偷盗或者胁迫等手段取得票据的，或者明知有前列情形，出于恶意取得票据的，不得享有票据权利。持票人因重大过失取得不符合本法规定的票据的，也不得享有票据权利。

【思考7-3】 A向B购买了一批价值1万元的货物，并签发了一张1万元票据支付给B。C以赝品冒充真品从B手中骗得该票据，而后C以该票据偿还欠D的8 000元借款并告知D实情，D因多得到2 000元就接受了。后来D将该票据赠与E，E用该票据支付欠F的1万元装修款，F过世由H继承。

请问：上述哪些人无票据权利，为什么？

【解析】 ①C无票据权利，因为C采用欺诈方式取得票据，其手段不合法。②D无票据权利，因为D取得票据时主观上是恶意的，不具备善意这一构成要件。③E无票据权利，因为E无偿取得票据，其所享有的票据权利不得优于其前手。由于D无票据权利，所以E也无票据权利。

(三)票据权利的消灭

票据权利在下列期限内不行使而消灭：持票人对票据的出票人和承兑人的权利，自票据到期日起两年；见票即付的汇票、本票，自出票日起两年；持票人对支票出票人的权利，自出票日起六个月；持票人对前手的追索权，自被拒绝承兑或者被拒绝付款之日起六个月；持票人对前手的再追索权，向清偿日或者被提起诉讼之日起三个月。票据的出票日、到期日由票据当事人依法确定。

持票人因超过票据权利时效或者因票据记载事项欠缺而丧失票据权利的，仍享有民事权利，可以请求出票人或者承兑人返还其与未支付的票据金额相当的利益。

(四)票据权利的丧失与补救

票据权利的丧失与补救是指在票据权利人因某种原因丧失对票据的实际占有，使票据权利的行使遭到一定障碍时，为使权利人的票据权利能够实现，而对其提供的特别的法律救济，包括挂失止付、公示催告和提起诉讼。

1. 挂失止付

挂失止付是指失票人将丧失票据的情况通知付款人或代理付款人，由接受通知的付款人或代理付款人审查后暂停支付的一种方式。未记载付款人或者无法确定付款人及其代理付款人的票据，不得申请挂失止付，如未填明"现金"字样的银行汇票、本票等。只有确定票据丧失时，才可能进行挂失止付，挂失止付并不是票据丧失采取的必经措施，而只是一种暂时的预防措施，最终要通过申请公示催告或提起普通诉讼。

2. 公示催告

公示催告是指在票据丧失后由失票人向人民法院提出申请，请求人民法院以公告方式通知不确定的利害关系人限期申报权利，逾期未申报者，则权利失效，而由法院通过除权判决宣告所丧失的票据无效的一种制度或程序。根据《票据法》的规定，失票人应当在通知挂失止付后的3日内，也可以在票据丧失后，依法向票据支付地人民法院申请公示催告，申请公示催告的主体必须是可以背书转让的票据的最后持票人。

3. 普通诉讼程序

普通诉讼程序是指丧失票据的人为原告，以承兑人或出票人为被告，请求法院判决其向失票人付款的诉讼活动。如果与票据上的权利有利害关系的人是明确的，无须公示催告，可按一般的票据纠纷向法院提起诉讼。

【思考7-4】 甲公司财务室被盗,丢失现金支票1张、转账支票1张、未填明"现金"字样的银行本票1张,甲公司可以采取什么方式补救票据权利?

【解析】 丢失的现金支票及转账支票可以挂失止付,也可以采取公示催告或普通诉讼措施。但丢失的未填明"现金"字样的银行本票不能挂失止付,只能公示催告。

二、票据抗辩

(一)票据抗辩的定义

票据抗辩是指票据的债务人依照《票据法》的规定,对票据债权人拒绝履行义务的行为。票据债务人行使抗辩权,旨在阻止票据权利人行使票据权利。票据抗辩不同于民法上的抗辩制度。民法注重保护债务人的利益,因此规定了抗辩权的继续。《票据法》则注重保护债权人的利益,为了保证票据的流通性,在规定票据抗辩权的同时,还规定了票据抗辩切断制度。因此,《票据法》规定票据抗辩制度的根本目的是对票据抗辩进行限制,以保护票据权利人的票据权利,促进票据流通。

(二)票据抗辩的种类

根据抗辩原因以及抗辩效力的不同,票据抗辩可分为对物抗辩和对人抗辩两种。

1. 对物抗辩

这是基于票据本身的事由而发生的抗辩,又称为绝对抗辩。票据债务人的这一抗辩可以对抗一切票据债权人。主要包括以下两类:

(1)一切票据债务人可以对一切票据债权人行使的抗辩。主要情形有:① 票据上欠缺绝对必要记载事项或者记载了禁止记载的事项,而使票据无效。② 票据的付款日期尚未届至。③ 票据债权因票据债务人依法付款而归于消灭。④ 票据债权因票据债务人依法提存而归于消灭。

(2)特定票据债务人可对一切票据债权人行使的抗辩。主要情形有:① 欠缺票据行为能力的抗辩。无民事行为能力人或限制民事行为能力人在票据上签章的,其签章无效,他可以以自己欠缺票据行为能力为由对抗所有持票人。② 票据伪造、变造的抗辩。发生票据伪造时,被伪造人未在票据上签章,因此不负票据责任,可以对任何票据债权人进行抗辩。发生票据变造时,在变造前签名的票据债务人,只对变造前的记载事项承担票据责任,对变造后的记载事项不承担票据责任。③ 无权代理的抗辩。无权代理及超越代理而实施的票据行为,被代理人不承担票据责任,可以此对抗所有持票人。④ 票据债权因时效届满而消灭的抗辩。票据法上的权利,对于不同的义务人有不同的时效期间,票据债务人可根据法律的具体规定对持票人行使抗辩。⑤ 票据权利的保全手续欠缺而为的抗辩,如应作成拒绝证书而未作等。

2. 对人抗辩

这是指基于票据债务人与特定的票据债权人之间的关系而发生的抗辩,又称为相对抗辩。人的抗辩也可分为两类:

(1)一切票据债务人可以对特定的票据债权人行使的抗辩。主要情形有:① 票据权利人欠缺实质上受领票据金额资格的抗辩,如票据权利人为无民事行为能力人或者因被宣告破产而失去受领能力,票据债务人可以此抗辩。② 票据权利人形式上受领票据金额资格的抗辩。如果票据背书欠缺连续性,票据债务人可以此抗辩。③ 票据债权人恶意取得票据因而不享有票据权利的抗辩。如果票据债务人知道票据债权人存在恶意或者重大过失,就可以此抗辩。

(2) 特定票据债务人可以向特定的票据债权人行使的抗辩。主要情形有:① 欠缺对价的抗辩。在直接相对的当事人之间,如果票据权利的转让是以支付约定对价为条件的,在票据债权人没有向票据债务人支付约定对价的情况下,票据债务人可以此抗辩。② 票据行为无效的抗辩。票据行为是由依法记载和交付两个行为组成,所以当票据已记载但尚未交付而遗失或被盗窃时,票据债务人可以对拾得者和盗窃者行使抗辩权拒绝向其付款。③ 原因关系欠缺或已消灭的抗辩等。

(三)抗辩切断

抗辩切断亦称票据抗辩的限制,是指票据债务人基于其与特定票据债权人的关系而享有的抗辩,在票据依法转让后,该抗辩事由不得随之转移,即票据债务人不得以原抗辩事由对抗后手票据债权人。这是各国立法普遍采用的做法。《票据法》第十三条第一款规定,票据债务人不得以自己与出票人或者与持票人的前手之间的抗辩事由,对抗持票人。但是,持票人明知存在抗辩事由而取得票据的除外。根据这一规定,《票据法》中对票据抗辩的限制主要表现在以下几个方面:

(1) 票据债务人不得以自己与出票人之间的抗辩事由对抗持票人。例如,票据债务人(承兑人或付款人)与出票人之间因合同关系或者资金关系而存在抗辩事由,该票据债务人不得以此抗辩事由对抗善意持票人。

(2) 票据债务人不得以自己与持票人的前手之间的抗辩事由对抗持票人。例如,票据债务人与持票人的前手(如背书人、保证人等)存在抵销关系,而持票人的前手将票据转让给了持票人,票据债务人就不能以其与持票人的前手存在抗辩事由而拒绝向持票人付款。

(四)恶意抗辩

恶意抗辩亦称票据抗辩的限制的例外,是指票据债务人仍可以自己与出票人或持票人前手之间的抗辩事由,对恶意或者重大过失取得票据的持票人进行抗辩。抗辩切断旨在保护票据善意持有人的权利,如果持票人取得票据是出于恶意或有重大过失,则《票据法》对之不予保护。恶意抗辩的主要情形有以下几个方面:

(1) 持票人以欺诈、盗窃或者胁迫等非法手段取得票据,或者明知有前列情形,出于恶意取得票据。

(2) 持票人明知票据债务人与出票人或与出票人的前手之间存在抗辩,仍取得票据。这表明持票人具有主观恶意,票据债务人可以对其主张抗辩,拒绝付款。在此情况下,票据债务人应对持票人的恶意行为承担举证责任。

【思考7-5】 A与B签订一份合同。根据此合同,A签发并承兑了一张以B为收款人的商业承兑汇票。B将该汇票背书转让给C,当C持该汇票向A的开户银行D提示付款时,D银行以B未按约定履行合同为由拒绝付款。

请问:

(1) D银行拒绝付款是否合法,为什么?

(2) 若C取得该汇票时知道B未按约定履行合同,则D可否拒绝付款,为什么?

【解析】 (1) 不合法。因为《票据法》规定,票据债务人不得以自己与出票人或者持票人的前手之间的抗辩事由,对抗持票人。

(2) 可以。因为《票据法》规定,票据债务人不得以自己与出票人或者持票人的前手之间的抗辩事由对抗持票人,但是持票人明知存在抗辩事由而取得票据的例外。

三、票据的伪造和变造

(一)票据的伪造

票据的伪造是指假冒他人名义进行的票据行为,包括票据的伪造和票据上签章的伪造两种。前者是指假冒他人名义进行出票行为,如在空白票据上伪造出票人的签章或者盗盖出票人的印章而进行出票;后者是指假冒他人名义,伪造背书签章、承兑签章、保证签章等。

对于被伪造人,由于其自己未在票据上签章,因此不负票据法上的责任,并且可以对抗一切持票人。对伪造人而言,由于未以自己名义在票据上签章,因此也不应承担票据责任。但是,如果伪造人的行为给他人造成损害的,必须承担民事责任,构成犯罪的,还应承担刑事责任。

票据上有伪造签章的,不影响票据上其他真实签章的效力。在票据上真正签章的人,仍应对被伪造的票据的持票人承担票据责任,票据债权人按《票据法》的规定提示承兑、提示付款或行使追索权时,在票据上真正签章人不能以伪造为由进行抗辩。

(二)票据的变造

票据的变造是指无权更改票据内容的人,对票据上签章以外的记载事项加以变更的行为。《票据法》第九条规定,票据金额、日期、收款人名称不得更改,更改的票据无效。对票据上的其他记载事项,原记载人可以更改,更改时原记载人应当签章证明。无变更权的人所做的更改才属于票据的变造。应当注意的是,变更票据上的签章的,属于票据的伪造,而不属于票据的变造。

票据的变造应依照签章是在变造之前或之后来承担责任。如果当事人签章在变造之前,应按原记载的内容负责;如果当事人签章在变造之后,则应按变造后的记载内容负责;如果无法辨别是在票据被变造之前或之后签章的,视同在变造前签章。

变造票据是一种违法行为,变造人给他人造成经济损失的,应承担赔偿责任,构成犯罪的,还应承担刑事责任。

【思考7-6】 甲以乙为收款人,签发一张面额为100万元的汇票;丙从乙处偷得汇票,伪造乙的签章背书给不知情的丁;丁将汇票金额改写为150万元后,背书给不知情的戊。

请问:

(1) 如何定性丙、丁的行为?

(2) 这张汇票上的票据责任应如何承担,为什么?

【解析】 (1) 丙的行为是票据伪造,丁的行为是票据变造。

(2) 甲在票据金额被变造之前签章,承担100万元的责任;丁在票据金额被变造之后签章,承担150万元的责任。

任务四 掌握汇票制度

一、汇票的特征和分类

《票据法》第十九条第一款规定,汇票是出票人签发的,委托付款人在见票时或者在指定日期无条件支付确定的金额给收款人或者持票人的票据。

（一）汇票的特征

（1）汇票的基本当事人有三个，即出票人、付款人和收款人。票据除出票外，往往还要经过背书、承兑、保证等多项票据行为，因此被背书人、保证人等也成为汇票上的当事人。

（2）汇票是一种委托他人支付的票据，属于委托证券，而非自付证券。

（3）汇票的到期日。指定到期日是指见票即付、定日付款、出票后定期付款、见票后定期付款四种形式。

（二）汇票的分类

（1）根据汇票出票人的不同，汇票可分为银行汇票和商业汇票。

（2）以付款期限长短为标准，汇票可分为即期汇票和远期汇票。即期汇票是指见票即付的汇票。远期汇票是指载明在一定期间或特定日期付款的汇票，包括定期付款汇票、出票日后定期付款汇票（计期汇票）和见票后定期付款汇票（注期汇票）。

（3）以记载收款人的方式不同为标准，汇票可分为记名式汇票和无记名式汇票。

【拓展】

实践中的银行汇票和商业汇票

银行汇票是指银行签发的汇票。出票人是指"签发行"。根据我国现行做法，只有参加"全国联行往来"的银行才能签发汇票。汇票一般由汇款人将款项交存当地银行，由银行签发给汇款人并持往异地办理转账结算或支取现金。单位、个体工商户和个人需要使用各种款项，均可使用银行汇票。

商业汇票是指银行以外的企事业单位、机关、团体等其他主体签发的汇票。在我国目前的经济生活中，商业汇票的出票人限制在具有法人资格的工商企业和事业单位。商业汇票按承兑人的不同，分为银行承兑汇票和商业承兑汇票。前者是由银行承兑、付款的汇票，后者是由银行以外的人承兑、付款的汇票。

二、出票

（一）出票的定义

《票据法》第二十条规定,出票是指出票人签发票据并将其交付给收款人的票据行为。出票实际包括两个行为:一是出票人依照《票据法》的规定作成票据,即在原始票据上记载法定事项并签章;二是交付票据,即将做成的票据交付给他人占有。这两者相辅相成,缺一不可。

商业承兑汇票2背面

注 意 事 项

一、付款人于汇票到期日前须将票款足额交存开户银行，如账户存款余额不足时，银行比照空头支票处以罚款。

二、本汇票经背书可以转让。

被背书人	被背书人	被背书人
背书	背书	背书
日期 年 月 日	日期 年 月 日	日期 年 月 日

商业承兑汇票①

（二）汇票的记载事项

汇票是一种要式证券，汇票出票必须依据《票据法》的规定记载一定的事项，符合法定的格式。汇票的记载事项主要分为以下几类。

1. 绝对必要记载事项

（1）表明"汇票"的字样。

（2）无条件支付的委托。如我国银行汇票通常已印制了固定文句"本汇票请你行承兑,到期无条件付款"。

（3）确定的金额。

（4）付款人名称。

（5）收款人名称。

（6）出票日期。

（7）出票人签章。

汇票必须完整记载这七个方面的内容,否则汇票无效。

2. 相对必要记载事项

（1）付款日期。汇票上未记载付款日期的,为见票即付。

（2）付款地。汇票上未记载付款地的,付款人的营业场所、住所或者经常居住地为付款地。

（3）出票地。汇票未记载出票地的,出票人的营业场所、住所或者经常居住地为出票地。

3. 任意记载事项

出票人在汇票上记载"不得转让"字样的,汇票不得转让。

4. 禁止记载事项

出票人签发汇票后,即承担保证该汇票承兑和付款的责任。如果出票人记载了"免除担保承兑和付款",则该项记载无效,而汇票仍然有效。在汇票上记载了附条件的委托付款或不确定金额,则整个汇票无效。

5. 不发生票据法效力的记载事项

出票人在汇票上可以记载《票据法》规定事项以外的其他出票事项,但这些记载事项不具有汇票上的效力。

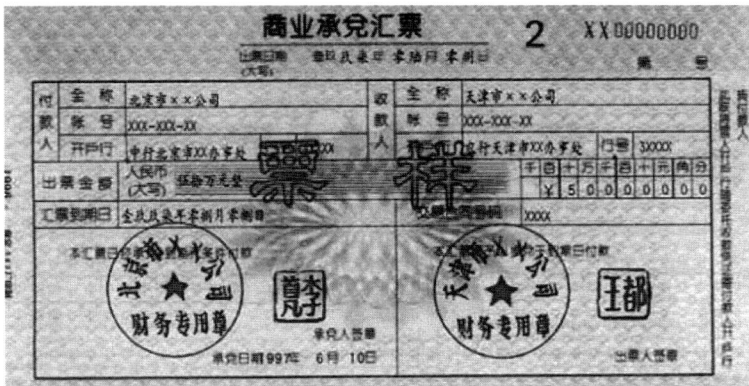

（三）出票的效力

1. 对出票人的效力

出票人必须对其签发的汇票承担承兑担保和付款担保的责任。收款人或者持票人如果在汇票到期日前不获承兑,可以请求出票人偿还票据金额、利息和有关费用;如果汇票到期时,付款人虽已承兑但拒绝付款,可以要求出票人承担清偿责任。

2. 对收款人的效力

收款人取得出票人签发的汇票后即取得票据权利,包括付款请求权和追索权。

3. 对付款人的效力

出票行为是单方法律行为,出票行为一旦完成,付款人即取得一种地位或权限,可以依据其与出票人的约定,选择是否对汇票进行承兑。付款人不对汇票承兑的,则不负付款义务,只有在付款人对汇票进行承兑后,才能成为汇票上的主债务人。

三、汇票的背书

背书是指持票人在票据的背面或粘单上记载有关事项并签章将汇票权利让与他人的一种票据行为。票据转让必须做成记名背书。票据凭证如不能满足背书人记载事项的需要,可以加附粘单,黏附于票据凭证上。粘单上的第一记载人,应当在汇票和粘单的粘接处签章。

(一)背书记载事项

背书应记载的事项包括背书人签章、被背书人名称和背书日期。其中,前两项属于绝对记载事项;背书日期如未记载,则视为在汇票到期日前背书。

背书不得附有条件,附有条件的,所附条件不具有汇票上的效力,但背书转让仍然有效。此外,将汇票金额的一部分转让或将汇票金额分别转让给两人以上的背书无效。

(二)禁止背书的记载

禁止背书是任意记载事项,如果背书人不愿意对其后手以后的当事人承担票据责任,即可在背书时记载禁止背书。《票据法》规定,背书人在汇票上记载"不得转让"字样,其后手再背书转让的,该转让不产生《票据法》上的效力,而只具有普通债权让与的效力,原背书人对后手的被背书人不承担保证责任。

【思考7-7】 下列关于票据背书的表述中,正确的有(   )。
A. 背书人在背书时记载"不得转让"字样的,其后手再行背书转让的行为无效
B. 背书附条件的,背书无效
C. 部分转让票据权利的背书无效
D. 将汇票金额分别转让给两人以上的,该背书转让无效
【解析】 正确答案是CD。

(三)背书连续

背书连续是指在票据转让中,转让汇票的背书人与受让汇票的被背书人在汇票上的签章依次前后衔接。例如,第一次背书的被背书人是第二次背书的背书人,第二次背书的被背书人是第三次背书的背书人,依此类推。若背书形式上不连续,票据并非无效,而仅是背书间断后的持票人不得主张票据上的权利,如果持票人非经背书转让而以其他合法方式取得汇票的(如质押、委托收款取得等)必须依法举证,证明其汇票权利。

汇票被拒绝承兑、被拒绝付款或者超过付款提示期限的,不得背书转让;背书转让的,背书人应当承担汇票责任。

【思考7-8】 甲公司从乙公司购入一批设备,给乙公司开出期限为两个月的商业承兑汇票一张,面额为50万元。后乙公司依法将该汇票背书转让给丙,丙将汇票遗失,被A捡到,A便将该汇票背书转让给丁。

请问:该汇票到期,付款人是否应该给丁付款?

【解析】　不付款。A取得汇票时,丙未背书签章,背书发生间断,不连续。

四、汇票的承兑

承兑是指汇票付款人承诺在汇票到期日支付汇票金额的票据行为。承兑是汇票特有的制度。汇票是一种出票人委托他人付款的委付证券,只有在付款人表示愿意向收款人或持票人支付汇票金额后,持票人才可于汇票到期日向付款人行使付款请求权。

(一)承兑的程序

1. 提示承兑

提示承兑是指持票人向付款人出示汇票,并要求付款人承诺付款的行为。提示期限因汇票种类不同而有所区别。

见票即付的汇票,因请求承兑的同时就意味着请求付款,因此,无须提示承兑;定日付款或者出票后定期付款的汇票,持票人应当在汇票到期日前向付款人提示承兑;见票后定期付款的汇票,持票人应当自出票日起1个月内向付款人提示承兑。持票人未在提示期限内请求承兑的,丧失对其前手的追索权。

【思考7-9】　下列汇票中,(　　　)属于无须提示承兑的汇票。

A. 见票后定期付款的汇票　　　　　　B. 见票即付的汇票

C. 定日付款的汇票　　　　　　　　　　D. 出票后定期付款的汇票

【解析】　正确答案是B。

2. 承兑的记载事项

承兑的记载事项包括三项,即承兑文句、承兑日期、承兑人签章。其中,承兑文句和承兑人签章是绝对应记载事项,承兑日期属于相对应记载事项,但见票后定期付款的汇票,则必须记载日期。付款人承兑汇票,不得附有条件;承兑附有条件的,视为拒绝承兑。

付款人应当自收到提示承兑的汇票之日起3日内承兑或者拒绝承兑。如果付款人在3日内不做承兑与否的表示,则视为拒绝承兑,持票人可以请求其做出拒绝承兑证明,向其前手行使追索权。

(二)承兑的效力

承兑的效力在于确定汇票付款人的付款责任。一经承兑,承兑人于票据到期日必须向持票人无条件地支付汇票上的金额。承兑人的票据责任不因持票人未在法定期限提示付款而解除,承兑人仍要对持票人承担票据责任。

【思考7-10】　甲公司在与乙公司的交易中获得面额为100万元的商业汇票一张,付款人为丙公司。甲公司请求丙公司承兑时,丙公司在汇票上签注:"承兑,待账上有资金时支付"。请问:丙公司的行为是否属于承兑?

【解析】　丙公司没有承兑,承兑不得附条件,否则视为拒绝承兑。

五、保证

(一)保证的定义

保证即是票据保证,是指票据债务人以外的第三人,为担保特定债务人履行票据债务,以负担同一内容的汇票债务为目的而为的一种附属票据行为。《票据法》第四十五条规定了汇票的保证制度:"汇票的债务可以由保证人承担保证责任。"

保证的作用在于加强持票人票据权利的实现,确保票据付款义务的履行,促进票据流通。

(二)保证的当事人

保证的当事人为保证人与被保证人。就保证人而言,根据《票据法》第四十五条第二款之规定,其由汇票债务人以外的他人担当。就被保证人而言,这是指票据关系中已有的债务人,包括出票人、背书人、承兑人。

(三)保证的格式

汇票保证是要式票据行为,根据《票据法》第四十六条之规定,保证人必须在汇票或粘单上记载下列事项:

(1)表明"保证"的字样;

(2)保证人名称和住所;

(3)被保证人的名称;

(4)保证日期;

(5)保证人签章。

绝对应记载事项包括保证文句和保证人签章;相对应记载事项包括被保证人的名称、保证日期和保证人住所。保证人在汇票或者粘单上未记载被保证人的名称的,已承兑的汇票,承兑人为被保证人;未承兑的汇票,出票人为被保证人。未记载保证日期的,出票日期为保证日期。

保证不得附有条件,如果附有条件,则记载无效,不影响对汇票的保证责任。

(四)保证的效力

保证行为成立之后,保证人就成为票据上的债务人,必须向被保证人的一切后手承担票据责任,即满足被保证人票据权利的实现。但是,如果被保证人的债务因形式要件欠缺而无效,保证人可不负保证责任。

保证人的责任范围与被保证人完全一致,保证人应当与被保证人对持票人承担连带责任。汇票到期后得不到付款的,持票人有权向保证人请求付款,保证人应当足额付款。

当保证人为二人以上时,称为共同保证。共同保证人之间承担连带责任。

(五)保证人的追索权

保证人在向持票人清偿债务后,依法取得持票人的地位,可以向汇票上的其他债务人行使追偿权。

六、付款

(一)付款的定义

付款是指汇票的付款人或其代理付款人支付票据金额,以消灭票据关系的行为。付款是票据流转的终点,是实现汇票功能的最后一个环节。

(二)付款的程序

1. 付款提示

付款提示是指持票人向付款人或承兑人出示票据,请求付款的行为。持票人提示付款的法定期限如下:第一,见票即付的汇票,自出票日起 1 个月内向付款人提示付款;第二,定日付款、出票后定期付款或者见票后定期付款的汇票,自到期日起 10 日内向承兑人提示付款。在实践中,持票人可能会因不可抗力等原因而不能在法定提示付款期间提示付款,如果持票人由此而丧失对其前手的追索权不尽合理,因此,法律规定在持票人做出说明后,承兑人或者付款人仍应当继续对持票人承担付款责任。

2. 实际支付

持票人依照规定提示付款的,付款人必须在当日足额付款。付款人或承兑人不能当日足额付款的,应承担迟延付款的责任。付款人或者代理付款人在付款时应当尽审查义务,如审查汇票背书的连续、提示付款人的合法身份证明或者有效证件等。但这种审查义务仅限于汇票形式上的审查,而不负责实质上的审查。此外,如果付款人对定日付款、出票后定期付款或者见票后定期付款的汇票在到期日前付款,应由付款人自行承担责任。

3. 交回汇票

持票人获得付款的,应当在汇票正面签章,表明持票人已经获得付款,并将汇票交给付款人。

(三)付款的效力

根据《票据法》第六十条之规定,付款人依法足额付款后,全体汇票债务人的责任解除。付款人依照票据文义支付票据金额之后,票据关系随之消灭,付款人和全体汇票债务人的责任因此而解除。

七、追索权

(一)追索权的定义

追索权是指持票人在票据到期不获付款或期前不获承兑或有其他法定原因,并在依法行使或保全了汇票权利后,可以向其前手请求偿还票据金额、利息及其他法定款项的一种票据权利。汇票追索权是汇票上的第二次权利,是在票据权利人的付款请求权得不到满足时,法律赋予持票人对票据债务人进行追偿的权利。

根据持票人行使追索权的时间不同,可分为期前追索权、期后追索权和再追索权。期前追索权是指在汇票上所载的到期日届至之前,因到期付款的可能性显著降低,持票人所行使的追索权。期后追索权是指在票据到期时,持票人因不获付款而行使的追索权。再追索权是指被追索人在履行了自己的追索义务,向追索人偿还追索金额后,得向其前手行使的追索权。

(二)追索权的要件

1. 实质要件

在发生以下情形之一时,持票人可以行使追索权:第一,汇票到期被拒绝付款;第二,汇票在到期日前被拒绝承兑;第三,在汇票到期日前,承兑人或付款人死亡、逃匿;第四,在汇票到期日前,承兑人或付款人被依法宣告破产或因违法被责令终止业务活动。

2. 形式要件

行使追索权的形式要件是指持票人行使追索权必须履行一定的保全手续而不致使追索权丧失。保全追索权的手续包括遵期提示承兑或提示付款、作成拒绝证明。拒绝证明包括两种形式:一是拒绝证书,二是退票理由书。《票据法》第六十二条的规定,持票人提示承兑或者提示付款被拒绝的,承兑人或者付款人必须出具拒绝证明,或者出具退票理由书。

【拓展】

实务中拒绝证明的取得

拒绝证书的作成主体是拒绝承兑人或者拒绝付款人。拒绝证书没有统一的格式,可以单独作成一个证明文件,也可以由承兑人或付款人在汇票上做出记载并签章。根据相关行政规章,拒绝证书主要包括以下内容:① 拒绝人和被拒绝人的名称;② 汇票的内容,即汇票记载的事项;③ 提示日期;④ 拒绝事由或无从提示的原因;⑤ 作成日期;⑥ 公证机关和公证员盖章。

退票理由书是指付款人或者代理付款银行拒绝付款时,向持票人出具的记载不付款理由的书面证明。退票理由书的作成主体是付款人或者付款人委托的付款银行。退票理由书可以证明持票人已行使其权利而未获结果,所以持票人有退票理由书就无须再请求作成拒绝证书。根据《支付结算办法》第四十二条的规定,退票理由书应包括下列事项:① 所退票据的种类;② 退票的事实依据和法律依据;③ 退票时间;④ 退票人签章。

在特殊情况下,持票人可以用其他证明文件来替代拒绝证明。如持票人因承兑人或者付款人死亡、逃匿或者其他原因,不能取得拒绝证明的,可以依法取得其他有关证明,如死亡证明、失踪证明书等。这些证明也具有拒绝证明的作用。再如承兑人或者付款人被人民法院依法宣告破产或者因违法被责令终止业务活动的,人民法院的有关司法文书或者有关行政主管部门的处罚决定也具有拒绝证明的效力。

持票人不能出示拒绝证明、退票理由书或者未按照规定期限提供其他合法证明的,丧失对其前手的追索权。但是,承兑人或者付款人仍应当对持票人承担责任。

(三)追索权的行使

1. 发出追索通知

持票人为向其前手行使追索权就必须先将汇票不获承兑或不获付款的事实告知其前手,也称追索通知。

持票人应当自收到被拒绝承兑或者被拒绝付款的有关证明之日起 3 日内,将被拒绝事由书面通知其前手;其前手应当自收到通知之日起 3 日内书面通知其再前手。持票人也可以同时向各汇票债务人发出书面通知。通知应当以书面形式发出。书面通知应记明汇票的主要记载事项,并说明该汇票已被退票。如果持票人未按规定期限发出追索通知或其前手收到通知未按规定期限再通知其前手,持票人仍可以行使追索权,因延期通知给其前手或者出票人造成损失的,由没有按照规定期限通知的汇票当事人承担赔偿责任,但是所赔偿的金额以汇票金额为限。

2. 确定追索对象

汇票的出票人、背书人、承兑人和保证人对持票人承担连带责任。持票人可以不按照汇票债务人的先后顺序,对其中任何一人、数人或者全体行使追索权,也称选择追索权。持票人对汇票债务人中的一人或者数人已经进行追索的,对其他汇票债务人仍可以行使追索权,也称变更追索权。

3. 请求清偿金额和受领

持票人行使追索权,可以请求被追索人支付汇票金额和费用。该金额和费用包括:① 被拒绝付款的汇票金额;② 汇票金额自到期日或者提示付款日起至清偿日止,按照中国人民银行规定的同档次流动资金贷款利率计算的利息;③ 取得有关拒绝证明和发出通知书的费用。

被追索人向持票人支付清偿金额及费用后,可以向其他票据债务人行使再追索权,请求其他汇票债务人支付相应的金额和费用。被追索人清偿债务,其责任解除。

任务五 了解本票制度

一、本票的概念

本票是出票人签发的,承诺自己在见票时无条件支付确定的金额给收款人或者持票人的票据。本票是出票人约定自己付款的一种自付票据,具有支付本票金额的可靠资金来源,并保证支付,票据到期前无须进行承兑。

我国使用的本票仅限于银行本票,且为记名式本票和即期本票,是申请人将款项交存银行,由银行签发给其凭以办理同一票据交换区域内转账或支取现金的票据。

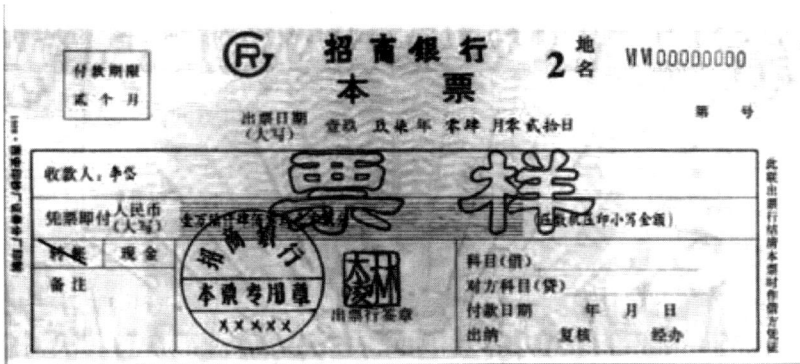

二、本票的记载事项

本票必须记载如下事项:

(1)表明"本票"的字样。

(2)无条件支付的承诺。

(3)确定的金额。

(4)收款人名称。

(5)出票日期。

(6)出票人签章。

本票上未记载前款规定事项之一的,本票无效。

本票上未记载付款地的,出票人的营业场所为付款地。本票上未记载出票地的,出票人的营业场所为出票地。

三、本票的付款

银行本票是见票付款的票据,收款人或持票人在取得银行本票后,随时可以向出票人请求付款。银行本票的提示付款期限自出票日起最长不得超过2个月。本票的持票人未按照规定期限提示见票的,丧失对出票人以外的前手的追索权。

汇票关于出票、背书、保证、付款及追索权等有关规定,除法律另有规定的,均适用于本票。

【思考 7-11】 下列关于本票的表述中,正确的有(　　)。

A. 付款日期是本票的绝对应记载事项

B. 本票的基本当事人只有出票人和收款人

C. 本票无须承兑

D. 本票是由出票人本人对持票人付款的票据

【解析】 正确答案是 BCD。本票限于见票即付,随时支付,不允许另约定付款日期。

任务六　掌握支票制度

一、支票的概念

支票是出票人签发的,委托办理支票存款业务的银行或者其他金融机构在见票时无条件支付确定的金额给收款人或者持票人的票据。

支票为见票即付。支票的出票人签发支票的金额不得超过付款时付款人处实有的存款金额。

二、支票的种类

支票按照支付票款的方式可以分为普通支票、现金支票和转账支票三种。

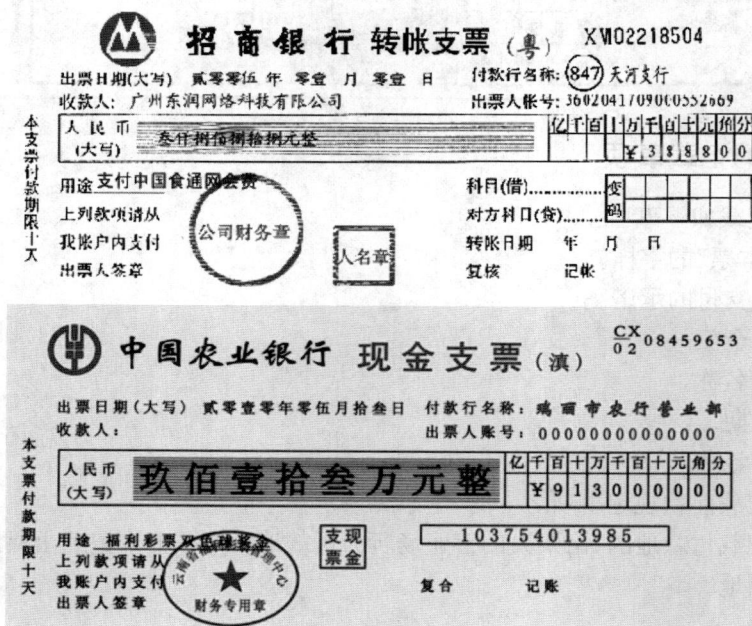

现金支票专门用于支取现金。转账支票专门用于转账,不得用于支取现金。普通支票既可以转账,也可以支取现金。用于转账的,可在普通支票左上角加划两条平行线,也称为划线支票;未划线的普通支票,可用于支取现金。

在实践中,我国一直采用的是现金支票和转账支票,没有普通支票,但为了方便当事人,并借鉴国外的方法和经验,《票据法》便规定了普通支票的形式。

三、支票的记载事项

支票必须记载如下事项:

(1) 表明"支票"的字样。

(2) 无条件支付的委托。

(3) 确定的金额。

(4) 付款人名称。

(5) 出票日期。

(6) 出票人签章。

支票上未记载前款规定事项之一的,支票无效。

支票的付款人为支票上记载的出票人开户银行。支票的金额、收款人名称,可以由出票人授权补记,未补记前不得背书转让和提示付款。

支票上未记载付款地的,付款人的营业场所为付款地。支票上未记载出票地的,出票人的营业场所、住所或者经常居住地为出票地。出票人可以在支票上记载自己为收款人。

【思考 7 - 12】　支票记载事项中,(　　　)可以授权补记。

A. 付款人　　　　B. 支票的金额　　　C. 收款人　　　　D. 出票日期

【解析】　正确答案是 BC。

四、支票的付款

出票人必须按照签发的支票金额承担保证向该支票的持票人付款的责任,出票人在付款人处的存款足以支付支票金额时,付款人应当在当日足额付款。

支票限于见票即付,不得另行记载付款日期。另行记载付款日期的,该记载无效。持票人应当自出票日起 10 日内提示付款,超过提示付款期限的,付款人可以不予付款;付款人不予付款的,出票人仍应当对持票人承担票据责任。

票据提示承兑、提示付款期限一览表

票据种类		提示承兑期限	提示付款期限
商业汇票	见票即付	无须提示承兑	出票日起 1 个月
	定日付款	到期日前提示承兑	到期日起 10 天
	出票后定期付款		
	见票后定期付款	出票日起 1 个月	
银行汇票		见票即付无须提示承兑	出票日起 1 个月内
银行本票			出票日起 2 个月内
支　票			出票日起 10 日

禁止签发空头支票,签发印章与预留印鉴不符的支票。否则,按票面金额对其处以 5%但不低于 1 000 元的罚款;同时处以 2%的赔偿金,赔偿收款人。

支票的其他行为,诸如背书、保证行为和追索权的行使,除支票的规定外,适用《票据法》中有关汇票的规定。

【思考7-13】 甲公司向乙公司订购一批家具,授权本公司员工李某携带一张记载有本单位签章,出票日期为2025年2月6日,票面金额为10万元的转账支票前往乙公司采购。同年2月7日,李某代表甲公司与乙公司签订家具买卖合同后,将该支票交付给了乙公司,交付时声明该支票未记载收款人名称,由乙公司自己填写。乙公司收到支票后在收款人一栏填写了自己的名称。

请问:

(1)甲公司交付给乙公司的支票未记载收款人名称,是否导致该支票无效,为什么?

(2)如果乙公司于2025年2月16日前向甲公司开户银行提示付款,而甲公司在开户银行的账户上已无资金,此时,甲公司的行为属于何种性质?应受到何种处罚?

【解析】 (1)甲公司支付给乙公司的支票上未记载收款人名称,不会导致该支票无效。根据规定,支票的金额、收款人名称可以由出票人授权补记,所以甲公司支付给乙公司的支票上未记载收款人名称,该支票也是有效的。

(2)甲公司的行为属于签发空头支票的行为。根据规定,签发空头支票或者签发印章与预留印鉴不符的支票,按票面的金额对其处以5%但不低于1 000元的罚款;同时处以2%的赔偿金,赔偿收款人。所以甲公司受到的处罚是:第一,按票面的金额对其处以5%但不低于1 000元的罚款;第二,处以2%的赔偿金,赔偿收款人。

【案例解析】

【导入案例】解析:

付款人拒付的理由不合法。依照《票据法》的关于抗辩切断的规定,票据债务人不得以自己与持票人前手之间的抗辩事由对抗持票人,还有汇票上未记载付款日期的为见票即付的规定,本案中,D公司属善意持票人,其不知道C公司从B公司取得票据的行为无效,B公司无权转让该票据。此外,D公司获得的票据,不属于无对价或不相当对价之情形。因此,付款人不能以C公司通过欺诈行为从B公司获得票据的事由而拒绝向D公司付款。

【项目小结】

本项目主要知识点:我国票据法规定的票据,包括汇票、本票、支票,是指由出票人依法签发,约定由自己或委托他人在见票时或到期日无条件支付一定金额给收款人或持票人的一种有价证券。票据具有无因性、文义性、要式性等特征,票据行为包括出票、背书、承兑、保证四种,票据权利人享有付款请求权和追索权,票据的债务人依照《票据法》的规定对票据债权人享有票据抗辩的权利。汇票是一种典型的票据,汇票的出票、背书、承兑、保证、付款、追索权等规定相当全面,本票和支票的出票和付款有自己的规定,其他如背书、保证行为和追索权的行使,除特别规定外,适用有关汇票的规定。

【项目训练】

一、单选题

1.票据的特征不包括(   )。

A. 文义证券　　　　B. 要式证券　　　　C. 无因证券　　　　D. 证权证券

2. 见票即付的汇票,持票人应自出票日起(　　)内向付款人提示付款。

A. 10 天　　　　　B. 15 天　　　　　C. 1 个月　　　　　D. 3 个月

3. 背书人甲将一张 100 万元的汇票分别背书转让给乙和丙各 50 万元,下列有关该背书效力的表述中,正确的有(　　)。

A. 背书无效

B. 背书有效

C. 背书转让给乙 50 万元有效,转让给丙 50 万元无效

D. 背书转让给乙 50 万元无效,转让给丙 50 万元有效

4. 根据《票据法》的规定,下列有关汇票的表述中,正确的是(　　)。

A. 汇票未记载收款人名称的,可由出票人授权补记

B. 汇票未记载付款日期的,为出票后 10 日付款

C. 汇票未记载出票日期的,汇票无效

D. 汇票未记载付款地的,以出票人的营业场所、住所或经常居住地为付款地

5. 11 月 10 日甲公司向乙公司签发一张金额为 15 000 元的支票,乙公司于同年的 11 月 17 日向付款人提示付款时,甲公司账户上没有足够的金额,那么银行对甲公司签发空头支票的行为应处的罚款数额为(　　)。

A. 1 000 元　　　　B. 300 元　　　　　C. 500 元　　　　　D. 750 元

二、多选题

1. 汇票的基本当事人有(　　)。

A. 出票人　　　　　B. 承兑人　　　　　C. 收款人　　　　　D. 付款人

2. 下列(　　)是汇票、本票、支票共有的行为。

A. 出票　　　　　　B. 背书　　　　　　C. 保证　　　　　　D. 承兑

3. 甲为一汇票的保证人,甲在汇票或粘单上必须记载的事项包括(　　),否则保证无效。

A. 甲的名称和住所　　　　　　　　B. 表明“保证”字样

C. 保证人签章　　　　　　　　　　D. 被保证人名称

4. 根据《票据法》的有关规定,持票人行使追索权,可以请求被追索人就(　　)予以清偿。

A. 被拒绝付款后,给持票人造成的经济损失

B. 被拒绝付款的汇票金额

C. 汇票金额自到期日或者提示付款日起至清偿日止的利息

D. 取得有关拒绝证明和发出通知书的有关费用

5. 关于汇票的提示付款期限,下列说法中,正确的是(　　)。

A. 见票即付的汇票无须提示付款

B. 见票即付的汇票,自出票日起 1 个月内向付款人提示付款

C. 定日付款的汇票,自到期日起 10 日内向承兑人提示付款

D. 见票后定期付款的汇票,自到期日起 10 日内向承兑人提示付款

三、判断题

1. 背书不得附条件,否则背书无效。　　　　　　　　　　　　　　　　　　(　　　)

2. 票据的承兑附有条件的,所附条件无效,承兑有效。　　　　　　　　　　(　　　)

3. 当事人之间因合同关系而取得票据的,若合同关系无效,所取得的票据也应归于无效。
（　　）

4. 无民事行为能力人和限制民事行为能力人所为的出票行为无效,票据无效。 （　　）

5. 持票人持有转账支票,既可以用于转账,也可以支取现金。 （　　）

四、案例分析题

1. 甲公司于 2 月 10 日向乙公司发出 100 万元的货物,乙公司将一张出票日期为 2 月 15 日、金额为 200 万元、期限为 3 个月的商业承兑汇票交给甲公司。3 月 10 日,甲公司在与丙公司的买卖合同中,将该汇票背书转让给丙公司,A 企业在汇票上记载了保证事项。4 月 10 日,丙公司又将该汇票背书转让给了丁公司,但丙公司在汇票上记载"只有丁公司货物质量没问题时,该汇票才发生背书转让效力"。同年 5 月 18 日,持票人丁公司向乙公司开户银行提示付款时,银行以乙公司未能足额交存票款为由,拒绝付款,并于当日签发拒绝证明。

问题:

(1) 持票人丁公司应在什么时间之前向银行提示付款?

(2) 丙公司背书所附条件是否具有票据上的效力?

(3) 丁公司提示付款遭拒绝后,可向谁追索,为什么?

(4) 如果 A 企业代为履行票据付款义务,则 A 企业可向谁行使追索权,为什么?

2. A 公司向 B 公司购买一批货物,于 8 月 20 日签发了一张转账支票给 B 公司用于支付货款,但 A 公司在支票上未记载收款人名称,约定由 B 公司自行填写,B 公司取得支票后,在支票收款人处填写上 B 公司的名称,并于 8 月 20 日将该支票背书转让给 C 公司。C 公司于 9 月 3 日向付款银行提示付款。A 公司在付款银行的存款足以支付支票金额。

问题:

(1) A 公司签发的未记载收款人名称的支票是否有效?

(2) B 公司签发的支票能否向银行支取现金?

(3) 付款银行能否拒绝向 C 公司付款,为什么?

3. 2024 年 3 月 11 日,甲公司签发了一张商业汇票,收款人为乙公司,到期日为同年 9 月 11 日,甲公司的开户银行 P 银行为该汇票承兑。6 月 30 日,乙公司从丙公司采购一批货物,将该汇票背书转让给了丙公司,丙公司 9 月 30 日持该汇票到其开户银行 Q 银行办理委托收款,Q 银行为丙公司办理了委托收款手续,P 银行收到委托收款凭证后,拒绝付款。

要求:

根据上述资料,分析并回答下列问题。

(1) 丙公司应去银行办理该汇票提示付款的期限是(　　)。

A. 自该汇票转让给丙公司之日起 10 日内　　B. 自该汇票转让给丙公司之日起 1 个月内

C. 自该汇票到期日起 10 日　　D. 自该汇票到期日起 1 个月

(2) 该汇票的付款人是(　　)。

A. 甲公司　　　　　B. P 银行　　　　　C. 乙公司　　　　　D. Q 银行

(3) 在不考虑委托收款背书的情况下,关于确定该汇票非基本当事人的下列表述中,正确的是(　　)。

A. 背书人是乙公司　　　　　　　　B. 被背书人是丙公司

C. 承兑人是 Q 银行　　　　　　　　D. 保证人是 P 银行

(4) 关于银行是否应受理该汇票并承担付款责任的下列判断中,正确的是(　　)。

A. Q银行不应受理　　　　　　　　　B. Q银行应当受理

C. P银行不再承担付款责任　　　　　D. P银行仍应承担付款责任

(5) 丙公司委托收款被P银行拒绝后,正确的做法是(　　)。

A. 向甲公司进行追索

B. 向乙公司进行追索

C. 出具书面说明,再次要求Q银行发出委托收款

D. 出具书面说明,直接到P银行提示付款

第四模块 市场管理法律制度

项目 八

反不正当竞争法制度

【本项目涉及的主要法律法规文件】

1.《中华人民共和国反不正当竞争法(2025 修订)》,2025 年 10 月 15 日起施行。

2.《最高人民法院关于适用〈中华人民共和国反不正当竞争法〉若干问题的解释》(法释〔2022〕9 号),2022 年 3 月 20 日施行。

3. 行政规章有《关于禁止公用企业限制竞争行为的若干规定》《关于禁止仿冒知名商品特有名称、包装、装潢的不正当竞争行为的若干规定》《关于禁止商业贿赂行为的暂行规定》等。

【本项目拟实现的目标】

知识目标:(1) 了解不正当竞争的概念和特征。(2) 掌握不正当竞争行为的判断标准。(3) 区分各种不正当竞争行为。(4) 掌握不正当竞争行为的法律后果。

技能目标:(1) 能够根据经营者行为判断是否具有不正当竞争的性质。(2) 能够区分各种不正当竞争的形式。(3) 能充分反映不正当竞争行为的法律后果。

素质目标:(1) 树立公平正义的价值观。(2) 社会主义法治理念的强化。(3) 遵守合法、诚信经营的理念与规则。

［导入案例］

2024 年 11 月 5 日,广东童友卫生用品有限公司生产的清芯触感"Pannpoers"系列纸尿裤、学步裤,其外包装装潢在配色、图案设计、形状及排列组合等方面,与宝洁公司"Pampers"帮宝适清新帮纸尿裤、拉拉裤的外包装装潢相似,足以使消费者误认为该产品与宝洁公司存在特定联系;并且,该纸尿裤、学步裤外包装袋上的商标名称"Pannpoers"和图样与宝洁公司注册商标(注册号:第 11214847 号、第 37842201 号;商品:婴儿尿裤等)在字母构成、读音及整体效果、配色上近似,容易导致混淆。

当事人的行为违反了《中华人民共和国反不正当竞争法》第六条第(一)项、《中华人民共和国商标法》第五十七条第(二)项的规定,处罚决定:依据《中华人民共和国行政处罚法》第二十九条和《中华人民共和国反不正当竞争法》第十八条第一款的规定,责令当事人停止违法行为,并作出没收涉案产品和罚款 600 000 元的行政处罚。

任务一　认识不正当竞争行为及危害

一、不正当行为的含义

　　竞争是市场经济活动中最基本的运行机制,有市场必然有竞争;而竞争的不当行为往往会破坏市场的公平秩序,同时损害其他经营者和消费者的利益。为保障社会主义市场经济的健康发展,保护和鼓励公平竞争,制止不正当竞争行为,保护经营者和消费者的合法权益,《中华人民共和国反不正当竞争法》(简称《反不正当竞争法》)于 1993 年 12 月 1 日起实施。根据社会发展需要,本法于 2019 年和 2025 年做了修订。

　　反不正当竞争法属于市场秩序规制法,是国家在对经营者违反商业道德的竞争行为进行管理和规制过程中所产生的法律规范的总称。不正当竞争包含"垄断行为""限制竞争行为"和"不正当竞争行为"。"垄断行为"是指经营者通过兼并等方式形成对市场的独占式控制;"限制竞争行为"是指具有经济优势力量的经营者滥用其经济实力限制他人竞争的行为,亦包括政府及其部门滥用行政权力所实施的限制竞争行为;"不正当竞争行为"是指经营者在市场竞争中,采取非法的或者有悖于公认的商业道德的手段和方式,与其他经营者相竞争的行为。不正当竞争行为会扰乱公平竞争的市场经济秩序,阻碍市场经济竞争机制发挥其应有的活力。其次,非法经营者成本低,质量差,通过不正当竞争抢占大量的市场份额,而使合法经营者的利益受损,消费者利益受到伤害。

二、不正当行为的特征

(一)行为具有违法性

　　不正当竞争行为主要是违反了《反不正当竞争法》的规定,《反不正当竞争法》列举了 9 种不正当竞争行为,除此之外,违反商业道德和违反自愿、平等、诚实信用原则的行为,也应该被认定为不正当竞争行为。

(二)行为主体具有经营性

　　不正当竞争行为的主体是经营者,即从事商品生产、经营或者提供服务的自然人、法人和其他组织。非经营者由于与其他经营者不具有竞争关系,一般不构成不正当竞争行为的主体。但当非经营者妨碍了经营者的正当竞争时,也可能成为不正当竞争的主体。例如,政府部门滥用行政权力限制竞争的行为,也是不正当竞争行为。

(三)行为结果具有损害性

　　不正当竞争行为会给其他经营者或消费者带来损害的结果,有的企业,如霸王集团,自2010 年被诋毁商誉后,至今没有恢复元气,市场占有量一降再降,同时消费者也大受虚假宣传之害,这些都是从根本上破坏了市场经济秩序,损害了国家利益。

任务二　了解不正当竞争行为种类

【案例8-1】　2024年6月,朝阳区市场监督管理局对北京吉象万合科技有限公司立案调查。经调查发现,在该公司运营"讲真"手机短视频剪辑"0元5天手机剪辑线上训练营"客户微信群期间,工作人员在群内发布了"老师带你第一视角逛讲真集团总部""老师抖音账号总收益69万多一点"等视频内容。然而,实际上并不存在所谓的"讲真集团总部",且相关抖音账号也并非老师本人所有。此外,该公司发布的"宝妈月平均挣5~6w""老太太11月份收入过万"等视频内容,也无法提供真实有效的信息出处。

【问题】

1. 以上这些是什么行为?
2. 行为者应该承担什么责任?

在现实经济生活中,不正当竞争的种类繁多,表现形式各样,对此,《反不正当竞争法》列举了经济生活中表现突出、危害严重的,且为世界各国反不正当竞争法普遍予以禁止的7类行为,作为规定不正当竞争的法律依据。

一、混淆性行为

(1)擅自使用与他人有一定影响的商品名称、包装、装潢等相同或者近似的标识。造成和他人的知名商品相混淆,使购买者误认为是该知名商品。该行为即是仿冒名牌,被仿冒的往往是被公众所熟知的知名商品,其特有的名称、包装与该商品的品质、信誉是联系在一起的,仿冒就是利用名牌效应,"搭便车"使自己的商品与该知名商品相混淆,使购买者误解。

(2)擅自使用他人有一定影响的企业名称(包括简称、字号等)、社会组织名称(包括简称等)、姓名(包括笔名、艺名、译名等)。例如,著名的佛山照明有限责任公司,缩写为FSL,为知名品牌,其他佛山生产灯具的厂家如果用FSL企业名称及自然人的姓名,它就拥有了最基本的识别性符号,尤其是往往代表了企业极具商业价值的商品信誉。

(3)擅自使用他人有一定影响的域名主体部分、网站名称、网页等。目前广大经营者,尤其是互联网企业非常注重知识产权的保护。在互联网时代,有很多侵权者利用他人的域名,或者网站名称的主题部分在搜索引擎中占据优势,不正当占有资源,严重侵害了有一定影响力的企业利益。

(4)其他足以引人误认为是他人商品或者与他人存在特定联系的混淆行为。此处是指除以上几种情形的其他侵权形式,凡是引人误解的行为都属于混淆性行为。

(5)擅自将他人注册商标、未注册的驰名商标作为企业名称中的字号使用,或将他人商品名称(包括简称、字号等)、注册商标、未注册的驰名商标等设置为搜索关键词,引人误以为是他人商品或者与他人存在特定联系的,属于前款规定的混淆行为。经营者不得帮助他人实施混淆行为。

二、商业贿赂行为

商业贿赂,是指经营者为获取交易机会,而采用以财物或者其他手段贿赂能够影响交易的人的行为。《反不正当竞争法》第八条规定,经营者不得采用财物或者其他手段贿赂下列单位或者个人,以谋取交易机会或者竞争优势:

(1) 交易相对方的工作人员;

(2) 受交易相对方委托办理相关事务的单位或者个人;

(3) 利用职权或者影响力影响交易的单位或者个人。

经营者在交易活动中,可以以明示方式向交易相对方支付折扣,或者向中间人支付佣金。经营者向交易相对方支付折扣、向中间人支付佣金的,应当如实入账。接受折扣、佣金的经营者也应当如实入账。

商业贿赂主要表现为账外暗中给付和收受回扣。所谓"回扣",是指经营者在销售商品或提供服务,在账外暗中以现金、实物或者其他方式退回给对方单位或者个人一定比例的价款。包括现金回扣、实物回扣及服务性回扣,后者如供其子女出国留学、出国旅游等。

经营者销售或者购买商品,可以给对方折扣或者佣金,"折扣"也称"让利",是指经营者以明示并如实入账的方式给予对方的价格优惠,"佣金"是指经营者在市场交易中给予中间人的劳务报酬。"回扣"与"折扣"和"佣金"最大的区别是前者是秘密给付的,后两种是公开明示给付的。经营者的工作人员进行贿赂的,应当认定为经营者的行为;但是,经营者有证据证明该工作人员的行为与为经营者谋取交易机会或者竞争优势无关的除外。

三、虚假宣传行为

虚假宣传行为是指经营者利用广告或者其他方法,对商品做出与实际不相符的虚假宣传信息,导致消费者误解的行为。《反不正当竞争法》第九条规定,经营者不得对其商品的性能、功能、质量、销售状况、用户评价、曾获荣誉等做虚假或者引人误解的商业宣传,欺骗、误导消费者。经营者不得通过组织虚假交易、虚假评价等方式,帮助其他经营者进行虚假或者引人误解的商业宣传。

经营者具有下列行为之一,足以造成相关公众误解的,可以认定为引人误解的虚假宣传行为:

(1) 对商品做片面的宣传或者对比的;

(2) 将在科学上或者实际生活中尚无定论的观点或者现象当作定论用于宣传;

(3) 以歧义性语言或者其他引人误解的方式进行宣传。

四、侵犯商业秘密行为

商业秘密是指不为公众所知悉、具有商业价值并经权利人采取相应保密措施的技术信息和经营信息等商业信息。《反不正当竞争法》第十条规定,经营者不得实施下列侵犯商业秘密的行为:

(1) 以盗窃、贿赂、欺诈、胁迫、电子侵入或者其他不正当手段获取权利人的商业秘密;

(2) 披露、使用或者允许他人使用以前项手段获取的权利人的商业秘密;

(3) 违反保密义务或者违反权利人有关保守商业秘密的要求,披露、使用或者允许他人使用其所掌握的商业秘密。

(4) 教唆、引诱、帮助他人违反保密义务或者违反权利人有关保守商业秘密的要求,获取、披露、使用或者允许他人使用权利人的商业秘密。

经营者以外的其他自然人、法人和非法人组织实施前款所列违法行为的，视为侵犯商业秘密。

第三人明知或者应知商业秘密权利人的员工、前员工或者其他单位、个人实施本条第一款所列违法行为，仍获取、披露、使用或者允许他人使用该商业秘密的，视为侵犯商业秘密。

五、不正当有奖销售行为

不正当有奖销售行为，是指经营者违反诚实信用原则和公平竞争原则，利用物质、金钱或者其他经济利益引诱购买者与之交易，排挤竞争对手的不正当竞争行为。《反不正当竞争法》第十一条规定，经营者进行有奖销售不得存在下列情形：

（1）所设奖的种类、兑奖条件、奖金金额或者奖品等有奖销售信息不明确，影响兑奖；

（2）有奖销售活动开始后，无正当理由变更所设奖的种类、兑奖条件、奖金金额或者奖品等有奖销售信息；

（3）采用谎称有奖或者故意让内定人员中奖等欺骗方式进行有奖销售；

（4）抽奖式的有奖销售，最高奖的金额超过五万元。

六、诋毁商誉行为

商誉是社会公众对市场经营者名誉的综合性积极评价，是经营者经过长期努力追求，并投入一定时间精力取得，能够给权利人带着经济效益的资本化价值。诋毁商誉行为，是指经营者编造、传播虚假信息或者误导性信息，损害竞争对手的商业信誉、商品声誉的行为。

诋毁商誉行为的构成要件：

（1）是一种故意编造、传播信息的行为；

（2）编造、传播的是一种虚假或误导性信息；

（3）该信息是有关竞争对手的；

（4）该行为损害了竞争对手的商誉信誉或商品声誉，造成了损失。

七、利用网络技术和平台侵害经营者行为

《反不正当竞争法》第十三条规定，经营者利用网络从事生产经营活动，应当遵守本法的各项规定。经营者不得利用数据和算法、技术、平台规则等，通过影响用户选择或者其他方式，实施下列妨碍、破坏其他经营者合法提供的网络产品或者服务正常运行的行为：

（1）未经其他经营者同意，在其合法提供的网络产品或者服务中，插入链接、强制进行目标跳转；

（2）误导、欺骗、强迫用户修改、关闭、卸载其他经营者合法提供的网络产品或者服务；

（3）恶意对其他经营者合法提供的网络产品或者服务实施不兼容；

（4）其他妨碍、破坏其他经营者合法提供的网络产品或者服务正常运行的行为。

经营者不得以欺诈、胁迫、避开或者破坏技术管理措施等不正当方式，获取、使用其他经营者合法持有的数据，损害其他经营者的合法权益，扰乱市场竞争秩序。

经营者不得滥用平台规则，直接或者指使他人对其他经营者实施虚假交易、虚假评价或者恶意退货等行为，损害其他经营者的合法权益，扰乱市场竞争秩序。

第十四条规定，平台经营者不得强制或者变相强制平台内经营者按照其定价规则，以低于

成本的价格销售商品,扰乱市场竞争秩序。

八、滥用优势地位行为

《反不正当竞争法》第十五条规定,大型企业等经营者不得滥用自身资金、技术、交易渠道、行业影响力等方面的优势地位,要求中小企业接受明显不合理的付款期限、方式、条件和违约责任等交易条件,拖欠中小企业的货物、工程、服务等账款。

任务三　理解不正当竞争行为形态及规制

【案例 8-2】　某品牌珠宝为每名进入其珠宝陈列室的游客,向导游支付 30 港元的回扣,若有游客消费,则其回扣将上升到 50 港元。此外,若消费钻石首饰,导游的回扣将高达相关首饰售价的近三成。每辆开往该品牌珠宝店的旅游巴士也有价码:一辆小巴 50 港元,一辆大巴 100 港元。回扣金额在数年间不断积累,最终成为 1.7 亿港元的巨额商业贿赂,涉及 200 多家旅行社。

一、不正当竞争行为的调查及法律责任

依照我国《反不正当竞争法》的相关规定,县级以上人民政府工商行政管理部门对不正当竞争行为有权进行监督检查,另外法律有特殊规定其他部门也有监督检查权,其他部门主要包括质量技术监督部门、物价部门、卫生行政管理部门等。《反不正当竞争法》第十六条规定,监督检查部门调查涉嫌不正当竞争行为,可以采取下列措施:

(1) 进入涉嫌不正当竞争行为的经营场所进行检查;

(2) 询问被调查的经营者、利害关系人及其他有关单位、个人,要求其说明有关情况或者提供与被调查行为有关的其他资料;

(3) 查询、复制与涉嫌不正当竞争行为有关的协议、账簿、单据、文件、记录、业务函电和其他资料;

(4) 查封、扣押与涉嫌不正当竞争行为有关的财物;

(5) 查询涉嫌不正当竞争行为的经营者的银行账户。

监督检查部门调查涉嫌不正当竞争行为,应当遵守《中华人民共和国行政强制法》和其他有关法律、行政法规的规定,并应当将查处结果及时向社会公开。

此外,《反不正当竞争法》第二十条规定,对涉嫌不正当竞争行为,任何单位和个人有权向监督检查部门举报,监督检查部门接到举报后应当依法及时处理。监督检查部门应当向社会公开受理举报的电话、信箱或者电子邮件地址,并为举报人保密。对实名举报并提供相关事实和证据的,监督检查部门应当将处理结果告知举报人。

在我国,对不正当竞争行为的处理采用民事责任、行政责任及刑事责任相结合的综合责任制度。其中,民事责任主要包括停止侵害、消除影响及赔偿损失;行政责任主要包括宣布行为无效、责令改正、没收违法所得及吊销营业执照;刑事责任主要涉及性质恶劣的案件应该追究刑事责任的情形,不正当竞争行为中主要是假冒行为及商业贿赂行为。

二、具体不正当竞争行为的法律规制

经营者违反《反不正当竞争法》规定,给他人造成损害的,应当依法承担民事责任。经营者的合法权益受到不正当竞争行为损害的,可以向人民法院提起诉讼。因不正当竞争行为受到损害的经营者的赔偿数额,按照其因被侵权所受到的实际损失确定;实际损失难以计算的,按照侵权人因侵权所获得的利益确定。赔偿数额还应当包括经营者为制止侵权行为所支付的合理开支。

经营者违反《反不正当竞争法》第七条、第十条规定,权利人因被侵权所受到的实际损失、侵权人因侵权所获得的利益难以确定的,由人民法院根据侵权行为的情节判决给予权利人五百万元以下的赔偿。该规定大幅提高了赔偿数额,但对法院自由裁量的判决赔偿上限进行了限制性规定,因此在实际案例操作中,被侵权方应该尽力证明损失的准确数额,否则法院将启动自由裁量权,在五百万元以下判定。

(一)实施混淆行为的法律后果

对于混淆行为,由监督检查部门责令停止违法行为,没收违法商品。违法经营额五万元以上的,可以并处违法经营额五倍以下的罚款;没有违法经营额或者违法经营额不足五万元的,可以并处二十五万元以下的罚款;情节严重的,并处吊销营业执照。

销售《反不正当竞争法》第七条规定的违法商品的,依照前款规定予以处罚;销售者不知道其销售的商品属于违法商品,能证明该商品是自己合法取得并说明提供者的,由监督检查部门责令停止销售,不予行政处罚。

经营者登记的企业名称违反《反不正当竞争法》第七条规定的,应当及时办理名称变更登记;名称变更前,由原企业登记机关以统一社会信用代码代替其名称。

(二)商业贿赂的法律后果

经营者违反《反不正当竞争法》第八条规定贿赂他人的,由监督检查部门没收违法所得,处十万元以上一百万元以下的罚款。情节严重的,处一百万元以上五百万元以下的罚款,可以并处吊销营业执照。

经营者的法定代表人、主要负责人和直接责任人员对实施贿赂负有个人责任,以及有关个人收受贿赂的,由监督检查部门没收违法所得,处一百万元以下的罚款。

(三)虚假宣传的法律后果

经营者违反《反不正当竞争法》第九条规定对其商品作虚假或者引人误解的商业宣传,或者通过组织虚假交易、虚假评价等方式帮助其他经营者进行虚假或者引人误解的商业宣传的,由监督检查部门责令停止违法行为,处一百万元以下的罚款;情节严重的,处一百万元以上二百万元以下的罚款,可以并处吊销营业执照。

经营者违反《反不正当竞争法》第九条规定,属于发布虚假广告的,依照《中华人民共和国广告法》的规定处罚。

(四)侵犯商业秘密的法律后果

经营者违反《反不正当竞争法》第十条规定侵犯商业秘密的,由监督检查部门责令停止违法行为,没收违法所得,处十万元以上一百万元以下的罚款;情节严重的,处一百万元以上五百万元以下的罚款。

（五）不正当有奖销售法律后果

经营者违反《反不正当竞争法》第十一条规定进行有奖销售的，由监督检查部门责令停止违法行为，处五万元以上五十万元以下的罚款。

（六）诋毁商誉的法律后果

经营者违反《反不正当竞争法》第十二条规定损害其他经营者商业信誉、商品声誉的，由监督检查部门责令停止违法行为、消除影响，处十万元以上一百万元以下的罚款；情节严重的，处一百万元以上五百万元以下的罚款。

（七）利用网络技术和平台侵害经营者利益的法律后果

《反不正当竞争法》第二十九条规定，经营者违反本法第十三条第二款、第三款、第四款规定利用网络从事不正当竞争的，由监督检查部门责令停止违法行为，处十万元以上一百万元以下的罚款；情节严重的，处一百万元以上五百万元以下的罚款。

第三十条规定，平台经营者违反本法第十四条规定强制或者变相强制平台内经营者以低于成本的价格销售商品的，由监督检查部门责令停止违法行为，处五万元以上五十万元以下的罚款；情节严重的，处五十万元以上二百万元以下的罚款。

（八）滥用自身优势地位的法律后果

《反不正当竞争法》第三十一条规定，经营者违反本法第十五条规定滥用自身优势地位的，由省级以上人民政府监督检查部门责令限期改正，逾期不改正的，处一百万元以下的罚款；情节严重的，处一百万元以上五百万元以下的罚款。

此外，经营者违反《反不正当竞争法》规定从事不正当竞争，有主动消除或者减轻违法行为危害后果等法定情形的，依法从轻或者减轻行政处罚；违法行为轻微并及时纠正，没有造成危害后果的，不予行政处罚。

经营者违反《反不正当竞争法》规定从事不正当竞争，受到行政处罚的，由监督检查部门记入信用记录，并依照有关法律、行政法规的规定予以公示。违法经营者同时承担民事责任、行政责任和刑事责任，其财产不足以支付的，优先用于承担民事责任。

【案例解析】

【案例 8-1】解析：

1. 当事人上述行为构成虚假宣传的违法行为。
2. 执法机关依据《中华人民共和国反不正当竞争法》相关规定，对当事人处罚款 45 万元。

【典型意义】近年来，部分经营者采用虚构网络就业者收入等虚假宣传的方式开展营销并进行卖课，严重侵犯了消费者的合法权益。通过查处此类违法行为，有效打击了违法经营者的嚣张气焰，净化了成人教培市场环境。同时，此案也提醒了广大消费者审慎选择线上课程，切忌高薪诱惑。

【案例 8-2】解析：

商业贿赂属于严重的违法行为，情节严重的甚至会构成犯罪。该行为违反了《中华人民共和国反不正当竞争法》的相关规定，破坏了市场公平竞争秩序，给社会带来了极大危害。因此，我们应当坚决抵制各种形式的商业贿赂，自觉维护公平竞争的市场规则。

【项目小结】

本项目主要知识点：不正当竞争行为的概念与特征。不正当竞争行为的种类及其表现形式，以及各种形式不正当竞争的法律后果。

【项目训练】

一、单选题

1. 根据我国反不正当竞争法，属于正当竞争行为的是（　　）。

A. 利用信息技术，未经经营者同意，在其合法提供的网络产品或者服务中，插入链接、强制进行目标跳转

B. 恶意对其他经营者合法提供的网络产品或者服务实施不兼容

C. 甲公司为提高其市场占有率，在其宣传资料中指出甲公司保健品质量上乘，而影射乙公司产品内含有防腐剂和有毒物质，经查乙公司产品确实含有上述物质

D. 擅自使用他人有一定影响的域名主体部分、网站名称、网页等

2. 为排挤竞争对手，某商场在销售中向购买 A 品牌冰箱的顾客赠送厨具，下列说法中正确的是（　　）。

A. 如果冰箱价减厨具价小于冰箱成本，则该商场的行为构成不正当竞争

B. 商场已构成违法搭售商品的不正当竞争行为

C. 如果赠送厨具违背顾客意愿，则该商场的行为构成不正当竞争

D. 如果厨具质量不合格，则该商场的行为构成不正当竞争

3. 甲的下列（　　）行为构成侵犯商业秘密。

A. 将自己偶然拾得的乙的设计图纸自己使用

B. 将自己偶然拾得的乙的设计图纸有偿提供给丙使用，乙并不知晓

C. 经乙的授权使用乙的商业秘密，但自己又自作主张无偿提供给丙使用

D. 擅自使用乙的专利技术

4. A 企业擅自使用 B 企业知名商品特有的近似装潢，同时，A 企业在商品上使用了自己的商标。下列表述正确的是（　　）。

A. 如 B 企业在其知名商品上的商标为未注册商标，则无权禁止 A 企业使用与其知名商品近似的装潢

B. A 企业的行为只有造成了消费者误认的后果才构成不正当竞争行为

C. 如果 A 企业的行为足以造成消费者误认则构成不正当竞争行为

D. 如 A 企业的装潢在 B 企业使用后取得了外观设计专利，则只有当该专利被撤销后才能按照仿冒行为处理

5. 某期货交易所章程规定，对日交易量超过 100 手的客户，可以将手续费的 2% 作为折扣费退还给他们，有完整的财务手续。其他交易所对此规定提出异议，下列说法正确的是（　　）。

A. 该交易所的行为构成不正当竞争

B. 该交易所的行为构成行贿

C. 该交易所的行为既构成行贿又构成不正当竞争

D. 该交易所的行为不构成不正当竞争

6. 根据所学相关法规,在我国收受和给付折扣是一种(　　)。

A. 正当竞争行为　　　　　　　　B. 违法行为

C. 违背商业道德行为　　　　　　D. 违背国际惯例行为

二、多选题

1. (　　)构成不正当竞争行为。

A. 甲厂产品发生质量事故,舆论误指为乙厂产品,乙厂公开说明事实真相

B. 甲冰箱集团散布某冰箱厂售后服务差的虚假事实,虽未指名,但一般人皆可推知

C. 甲汽车厂不满乙钢铁厂拖欠其货款,起诉该钢铁厂并散布该厂产品质量低劣的虚假事实

D. 甲照明公司捏造乙灯具厂偷工减料,但只告诉了乙灯具厂的几家客户

2. 经营者有不正当竞争行为时可能承担行政责任的形式主要有(　　)。

A. 罚款　　　　　B. 赔偿损失　　　　　C. 没收违法所得　　　　　D. 吊销营业执照

3. 下列关于是否侵犯商业秘密的正确表述为(　　)。

A. 权利人虽掌握了商业秘密,但他人经自行摸索,研究出了与权利人同样内容的技术并公布于众,此行为不属于侵犯商业秘密

B. 在得知该商业秘密是通过违法途径获取后,小王仍然从该人处购买、使用并披露了此商业秘密,不应视为侵犯商业秘密

C. 某单位职工王某利用跳槽的机会,将该公司的商业秘密泄露给新公司,此行为是侵犯商业秘密

D. 以利诱手段获取权利人的商业秘密是侵犯他人商业秘密行为

三、判断题

1. 经营者使用外国名人的译名作为其商品名称。　　　　　　　　　　　　(　　)

2. 发布虚假广告、欺骗误导消费者的,能提供该经营者真实姓名的,由该经营者负责,不能提供经营者的,则无法追究其他人的责任。　　　　　　　　　　　　　　　(　　)

3. 经营者以低于成本价格销售的行为是否构成不正当竞争,要看实施该行为的动机是不是以排挤竞争对手为目的。　　　　　　　　　　　　　　　　　　　　　(　　)

4. A日用品生产商散布竞争对手B生产商生产的洗发水中含有致癌物质,经查属事实,A生产商构成诋毁商誉的不正当竞争行为。　　　　　　　　　　　　　(　　)

5. 权利人因侵权,人民法院应判决给予权利人最高三百万元以下的赔偿。　　(　　)

四、案例分析题

1. 在某地,齐齐山有限公司生产"齐齐山"牌吊炉花生,该公司在调查市场占有率时发现,同市图家园公司所生产的"图家园"牌五香花生比本公司的"齐齐山"牌销路更好,更受顾客欢迎。为了占领市场,齐齐山公司印制了与"图家园"五香花生完全相同的包装袋2万个,装入本公司加工的劣质、次品的花生,销往市场。齐齐山公司的行为使图家园公司的信誉下降,消费者纷纷投诉,图家园虽经数次降价,产品依然滞销,造成严重的经济损失。

问题:

(1)齐齐山公司的行为属于什么性质?法律依据是什么?

(2)如果你是相关监察部门,对齐齐山公司的行为应当如何处理?

2. A超市与B啤酒厂正在洽谈一笔购买该厂生产的啤酒的业务,但在价款上未达成协议。同时,C啤酒厂也派人与A超市接洽销售啤酒。C啤酒厂提议,在购销合同中订明,销售时给予15%的优惠,A超市按出厂价的85%数额通过银行转账方式付款。遂A超市放弃了与B啤酒厂的洽谈,准备与C啤酒厂签约。此时,B啤酒厂得知A超市采购科科长是丁某时,私下找到丁某提出"B啤酒厂可以给丁某个人2.5万元好处费"。丁某见个人有利,便与B啤酒厂签订了合同,并如预期获得了2.5万元好处费。

问题:

(1) B啤酒厂的行为是否构成不正当竞争? 法律依据是什么?

(2) C啤酒厂的行为是否存在违法现象? 说明原因。

(3) 丁某收到2.5万元"好处费"是什么性质? 应该怎样处罚?

项目九

消费者权益保护法制度

【本项目涉及的主要法律法规文件】

1.《中华人民共和国消费者权益保护法》,1993 年 10 月 31 日通过,2009 年 8 月 27 日第一次修正,2013 年 10 月 25 日第二次修正,2014 年 3 月 15 日起实施。

2.《中华人民共和国产品质量法》,1993 年施行,2000 年第一次修正,2009 年第二次修正,2018 年第三次修正。

3.《中华人民共和国消费者权益保护法实施条例》,2024 年 7 月 1 日实施。

【本项目拟实现的目标】

知识目标:(1) 了解消费者权益保护法的适用范围。(2) 掌握消费者九大权利的内容。(3) 了解经营者的义务。

技能目标:(1) 能够根据所学消费者权益保护的知识,在现实生活中的具体案例中保护自身权益。(2) 根据不同的侵权内容选择不同的应对方案。

素质目标:(1) 树立、践行诚信的价值观。(2) 强化社会公德意识。

［导入案例］

1. 邵小姐在某大型网购平台上的一家手表网店中购买了一款进口品牌手表,价格 2.4 万元。收到货后,经专柜验货发现手表并非正品。于是便联系卖家退货,但通过网店中所留的电话、邮件等均无法联系上。邵小姐向网购平台工作人员反映,经核实,卖家当时提供验证的身份证件系假冒,目前平台能做的只能将这家网店关闭,邵小姐所遭受的损失只能自己承担。

2. 小王在某超市购物时,看到一款促销的大米,原价 10.5 元/公斤,促销价 6.2 元/公斤。小王觉得挺便宜,便买了 1 公斤。之后,他又买了 1 公斤苹果,苹果原价 15.5 元/公斤,促销价 10.1 元/公斤。还买了一些生活用品后结账回家。后小王发现超市在结账时,均是按大米和苹果的原价进行结算的,于是他找到超市要求赔偿。

【问题】

1. 根据网购常识及你对相关法规的了解,邵小姐只能认栽吗? 如果你是邵小姐的朋友,你会给她怎样的建议来维权?

2. 根据你对《消费者权益保护法》的了解,小王如果维权成功,至少能获得多少钱的赔偿?

任务一 掌握消费者含义及消费者权益保护法的基本原则

一、消费者及消费者权益保护法

消费者是指为生活消费需要而购买、使用商品或接受服务的市场主体。这里的消费者是特定化的：

（1）消费仅限于生活消费，不包括为生产而进行的消费；

（2）消费的对象可以是商品，也可以是服务；

（3）农民购买、使用直接用于农业生产的生产资料，参照消费者权益保护法执行。

消费者权益，是指消费者在有偿获得商品或接受服务时，依法享有的权利以及在权利受到保护时给消费者带来的利益。消费者权益保护法是调整国家机关、经营者、消费者相互之间因保护消费者利益而产生的各种法律规范的总称。《中华人民共和国消费者权益保护法》（简称《消费者权益保护法》）是我国保护消费者权益的基本法，广义上的消费者权益保护法则包括所有的有关保护消费者的法律法规，包括但不限于《中华人民共和国产品质量法》（简称《产品质量法》）、《反不正当竞争法》。

二、消费者权益保护法的基本原则

《消费者权益保护法》的基本原则贯穿国家关于保护消费者权益立法的整个过程，既是立法的基本指导思想和原则，也是司法的基本准则，主要有以下几项。

（一）自愿、平等、公平、诚实信用原则

消费者与经营者进行交易，应当遵循自愿、平等、公平、诚实信用原则，这一原则要求双方交易时应当坚持当事人法律地位平等，经营者不得滥用经济实力强制交易，不得侵犯交易相对人的合法权益。

（二）特别保护原则

消费者与经营者交易活动是一种民事行为，双方在法律地位上应该是平等的，但在现实经济生活中，消费者往往处于弱势地位，受到处于经济优势和资源优势的经营者的侵害。消费者很难对商品的结构、性能、品质等问题有明确而深刻的认识，而经营者大多是拥有专业知识、实力雄厚的法人组织，致使消费者与生产者、销售者之间对商品的信息把握严重不对称。因此，国家在立法上对消费者的权益是给予特别保护的，消费者权益保护法中只规定消费者的权利，对经营者只规定义务。同时，在经营者侵权时，根据消费者权益保护法和民法上的规则，适用无过错原则、严格责任原则、举证责任倒置原则，来对消费者进行特别保护。

（三）国家监督和社会监督相结合原则

国家监督是保护消费权益的重要环节，有关国家机关依照法律、法规的有关规定，加强对经营者的监督，查处侵害消费者合法权益的违法犯罪行为。此外，国家鼓励、支持一切组织和个人对损害消费者合法权益的行为进行社会监督。

任务二　了解消费者的权益与经营者的义务

【案例 9-1】　万先生在某大酒店预订了婚宴,并留了电话。没过多久,婚庆、旅游等公司的电话便接踵而至,而且对方能准确说出万先生的姓名及婚礼的其他时间安排,甚至已经设计好了他的婚礼细节,万先生不堪其扰。万先生回忆捋顺细节后发觉,在婚礼操办过程中,唯一留号码的就是在订酒席环节。于是他找到酒店,但酒店告诉他,打电话的婚庆公司都是酒店的合作方,这是酒店为方便新人而免费提供的一项增值服务,新人在这些公司可以享受到相应的折扣优惠。

【问题】

1. 酒店的"增值服务"属于什么行为?
2. 《消费者权益保护法》对此有怎么样的规定?

一、消费者的权利

《消费者权益保护法》为消费者设立了相互独立又相互关联的 9 项权利。

（一）安全保障权

消费者在购买、使用商品和接受服务时享有人身、财产安全不受损害的权利。安全保障权包括人身安全保障权和财产安全保障权。人身安全包括生命安全和健康安全,该权利的实现依赖于经营者所提供的商品、服务具有可靠的安全保障。财产安全保障权,是指消费者购买、使用的商品或接受的服务本身的安全,同时包括除该商品或服务之外由所购商品引起的其他财产安全。消费者有权要求经营者提供的商品或服务符合保障国家标准、行业标准,不存在不合理的缺陷和安全隐患。

（二）知悉真情权

消费者享有知悉其购买、使用的商品或接受的服务的真实情况的权利。知情是消费决策的前提,消费者有权对商品和服务的真实情况进行了解,以使自己购买的商品或接受的服务的意思表示真实。根据商品或服务的不同情况,消费者有权要求经营者提供商品的价格、产地、生产者、用途、性能、规格、等级、主要成分、生产日期、有效期限、检验合格证明。售后服务的内容、费用等有关情况,经营者应当如实提供。

（三）自主选择权

消费者享有自主选择商品或者服务的权利。消费者有权根据自己的消费愿望、兴趣、爱好、需要和判断,自主地选择商品或者服务。

自主选择权包括:① 自主选择经营者;② 自主选择商品品种或服务方式;③ 自主决定购买或不购买商品,接受或不接受服务;④ 自主对商品或服务进行比较、鉴别和挑选。

（四）公平交易权

消费者的公平交易权是指消费者在购买商品或接受服务时所享有的获得质量保障和价格合理、计量正确等公平交易条件的权利。为了保障消费者的公平交易权,一方面要根据反垄断法和反不正当竞争法,对劣质销售、价格不公、计量失度等不公平交易行为加以禁止;另一方面,消费者有权拒绝经营者的强制交易行为。

（五）依法求偿权

消费者因购买、使用商品或者接受服务受到人身、财产损害的,享有依法获得赔偿的权利。人身权受到的侵害包括生命健康权,人格方面的姓名权、名誉权、荣誉权。财产损害包括直接损失和间接损失。消费者在购买、使用商品时,其合法权益受到损害的,可以向销售者或者生产者要求赔偿,一方赔偿消费者后属另一方责任的,可以向责任方追偿。

（六）依法结社权

消费者享有依法成立维护自身合法权益的社会团体的权利。依法结社权是十分重要的,它使消费者能够从分散、弱小走向集中和强大,通过集体的力量来改变自己的弱者地位,以与实力雄厚的商品或服务的经营者相抗衡。目前,包括消费者协会及地方各级消费者协会的成立,对推动我国消费者运动的健康发展,沟通政府与消费者的联系,解决经营者与消费者的矛盾,更加充分地保护消费者权益,起到了不可估量的积极作用。因此,对消费者的依法结社权必须予以保障。

（七）获得知识权

消费者享有获得有关消费和消费者权益保护方面的知识的权利。消费知识主要指有关商品和服务的知识,消费者权益保护方面及权益受到损害进而如何有效解决方面的法律知识。保障这一权利的目的,是使消费者更好地掌握所需商品或者服务的知识和使用技能,以使其正确使用商品,提高自我保护意识。

（八）维护尊严权

消费者在购买、使用商品和接受服务时,享有其人格尊严、民族风俗习惯得到尊重的权利。在市场交易过程中,消费者的人格权是消费者应享有的基本权利。人格尊严得到尊重,是指消费者在购买、使用商品或接受服务时享有姓名、名誉、人身等不受侵害,经营者不得以任何方式就消费者所购商品或接受服务为借口调戏、侮辱消费者,不得以任何借口限制、妨碍消费者的人身自由,不得强行搜查消费者的身体和携带的物品等。同时,民族风俗习惯受尊重的权利,是关系到各民族平等,加强民族团结,处理好民族关系,促进国家安定的大问题,也是尊重和保障人权的重要内容。

（九）监督批评权

消费者享有对商品和服务以及保护消费者权利工作进行监督的权利。监督批评权主要包括三个方面的内容:① 消费者有权对经营者的商品和服务进行监督,检举或者控告;② 消费者有权对国家机关及工作人员进行监督,对其在保护消费者权益工作中的违法失职行为进行检举、控告;③ 有权对消费者权益保护工作本身的机制提出批评、建议。

二、经营者的义务

为了有效地保护消费者的权益,约束经营者的经营行为,《消费者权益保护法》专章规定了经营者的义务。

（一）履行法定义务及约定义务

经营者向消费者提供商品或者服务,应该依照《产品质量法》和《消费者权益保护法》及其他相关法律法规的规定履行义务,即法定义务。经营者和消费者有约定的,应当按照约定履行义务,但双方的约定不得违背法律、法规的规定。

（二）听取意见、接受监督的义务

经营者应当听取消费者对其提供的商品或者服务的意见,接受消费者的监督(《消费者权益保护法》第十七条)。经营者履行这一义务是与消费者实现监督权相对的。这要求经营者切实把消费者当作上帝,认真听取消费者对其提供的商品或服务在质量、价格、品种、数量、服务态度、售后服务等方面的意见和建议,不断改进经营作风,提高经营水平,更好地服务于消费者。

（三）保证人身和财产安全的义务

经营者应当保证其提供的商品或服务符合保障人身、财产安全的要求。为此,经营者应当做到以下三个方面:① 对可能危及人身、财产安全的商品或服务,应做真实说明和明确警示,标明正确使用及防止危害发生的方法;② 经营者发现其提供的商品或服务存在严重缺陷,即使正确使用或接受服务仍然可能对人身、财产造成危害的,应立即向政府有关部门报告和告知消费者,并采取相应的防范措施;③ 宾馆、商场、餐馆、银行、机场、车站、港口、影剧院等经营场所的经营者,应当对消费者尽到安全保障义务。这是与消费者的安全保障权相对应的经营者义务。

（四）提供真实信息的义务

经营者应当向消费者提供有关商品或服务的真实信息,不得做引人误解的虚假宣传。同时,经营者对消费者就其提供的商品或服务的质量和使用方法等问题提出的询问,应当做出真实、明确的答复;经营者提供的商品应当明码标价;经营者应当标明真实名称和标记,租赁他人柜台或场地,应当标明自己的名称。这是与消费者的知悉真情权相对应的经营者义务。

（五）出具相应凭证或单据的义务

经营者提供商品或服务,应按照国家规定或商业惯例向消费者出具购货凭证或者服务单据。消费者索要购货凭证或者服务单据的,经营者必须出具。购货凭证、服务单据是证明经营者与消费者之间合同履行的书面凭证,具有重要的证据价值,对于界定消费者与经营者的权利义务,保护消费者的合法权益具有重要作用。这是消费者依法求偿权的前提。

（六）保证质量的义务

经营者应当保障在正常使用商品或者接受服务的情况下,其所提供的商品或服务应当具有的质量、性能、用途和有效期限,但消费者在购买该商品或接受该服务前已经知道其存在瑕疵的除外。经营者以广告、产品说明、实物样品或者其他方式表明商品或者服务的质量状况的,应当保证其提供的商品或者服务的实际质量与标明的质量状况相符。

（七）特殊商品举证倒置义务

经营者提供的机动车、计算机、电视机、电冰箱、空调器、洗衣机等耐用商品或者装饰装修等服务,消费者自接受商品或者服务之日起六个月内发现瑕疵,发生争议的,由经营者承担有关瑕疵的举证责任(《消费者权益保护法》第二十三条)。这是对消费者特殊保护的最重要体现,与民法中"谁主张,谁举证"原则相反,即消费者主张,而经营者需举证,这项规定增加了经营者的义务,消费者只需证明商品有瑕疵,不需要证明瑕疵的原因,只要经营者不能证明瑕疵是消费者的原因,或者不能证明瑕疵不是自为的,就需要对瑕疵负责。

(八) 三包义务

所谓"三包"是指包修、包换、包退。经营者在履行"三包"义务时,一是按照国家的规定,二是与消费者的约定。国家规定的"三包"义务是经营者的法定义务,要求经营者无条件执行;如果法律对某种产品或者某项服务没有明确的"三包"规定,消费者可以与经营者约定,一旦达成约定,经营者就应按约定履行自己的义务。

(九) 格式合同的限制

经营者不得以格式合同、声明、通知、店堂告示等方式做出对消费者不公平、不合理的规定,或者减轻、免除其责任,损害消费者合法权益的,应当承担民事责任。

格式合同是经营者单方拟定的,属于单方意思表示,侧重保护经营者的利益。消费者只能接受或者拒绝,无改变其内容的机会,如拒绝就无法实现消费需要。因此,针对经营者以格式合同、声明、通知、店堂告示等方式做出对消费者不公平、不合理的规定,《消费者权益保护法》予以限制,或内容无效,或承担民事责任。

(十) 不得侵犯人身自由

人身权是《宪法》赋予公民的基本权利。消费者的人格尊严和人身自由理应依法获得保障。经营者不得对消费者进行侮辱、诽谤,不得搜查消费者的身体及其携带的物品,不得侵犯消费者的人身自由。(《消费者权益保护法》第二十七条)

(十一) 缺陷产品召回义务

经营者发现其提供的商品或者服务存在缺陷,有危及人身、财产安全危险的,应当立即向有关行政部门报告和告知消费者,并采取停止销售、警示、召回、无害化处理、销毁、停止生产或者服务等措施。采取召回措施的,经营者应当承担消费者因商品被召回支出的必要费用。这是2014年修订后《消费者权益保护法》的新增条款,与国际接轨,给消费者带来更多保障。

(十二) 网购无理由退货义务

经营者采用网络、电视、电话、邮购等方式销售商品,消费者有权自收到商品之日起七日内退货,且无须说明理由,但下列商品除外:① 消费者定做的;② 鲜活易腐的;③ 在线下载或者消费者拆封的音像制品、计算机软件等数字化商品;④ 交付的报纸、期刊。除前款所列商品外,其他根据商品性质并经消费者在购买时确认不宜退货的商品,不适用无理由退货。

消费者退货的商品应当完好。经营者应当自收到退回商品之日起七日内返还消费者支付的商品价款。退回商品的运费由消费者承担;经营者和消费者另有约定的,按照约定。

(十三) 提供经营者相关信息

采用网络、电视、电话、邮购等方式提供商品或者服务的经营者,以及提供证券、保险、银行等金融服务的经营者,应当向消费者提供经营地址、联系方式、商品或者服务的数量和质量、价款或者费用、履行期限和方式、安全注意事项和风险警示、售后服务、民事责任等信息。

(十四) 消费者信息保密义务

经营者收集、使用消费者个人信息,应当遵循合法、正当、必要的原则,明示收集、使用信息的目的、方式和范围,并经消费者同意。经营者收集、使用消费者个人信息,应当公开其收集、使用规则,不得违反法律、法规的规定和双方的约定收集、使用信息。

经营者及其工作人员对收集的消费者个人信息必须严格保密,不得泄露、出售或者非法向他人提供。经营者应当采取技术措施和其他必要措施,确保信息安全,防止消费者个人信息泄露、丢失。在发生或者可能发生信息泄露、丢失的情况时,应当立即采取补救措施。经营者未经消费者同意或者请求,或者消费者明确表示拒绝的,不得向其发送商业性信息。

【拓展】

2024年3月15日,国务院正式公布第778号国务院令《中华人民共和国消费者权益保护法实施条例》(以下简称《条例》),该条例共7章53条,2024年7月1日起正式施行。

新出台的《条例》对《消费者权益保护法》基本框架进行了完善与细化,采纳了地方性消费者权益保护条例的先进治理经验,同时与《产品质量法》《电子商务法》等相关行业领域专门法律制度紧密衔接,促进了消费者权益保护法律体系的协调统一。《条例》针对我国近年来新领域出现的新情况、新问题,如虚假宣传、刷好评产业链、不公平格式条款、预付式消费侵权、"职业打假人"恶意索赔、大数据"杀熟"、过度收集消费者信息等引发社会广泛关注且实务中争议较大的问题,予以精准回应。

《条例》主要规定了以下内容:

一是细化和补充经营者义务相关规定。对《消费者权益保护法》规定的保障消费者人身财产安全、缺陷产品处理、禁止虚假宣传、明码标价、使用格式条款、履行质量担保责任、消费者个人信息保护等义务作了细化规定。补充了经营者关于老年人、未成年人消费者权益保护相关义务规定。

二是完善网络消费相关规定。规定经营者不得利用技术手段,强制或者变相强制消费者购买商品或者接受服务。经营者不得在消费者不知情的情况下,对同一商品或者服务在同等交易条件下设置不同的价格或者收费标准。经营者采取自动展期、自动续费等方式提供服务的,应当以显著方式提请消费者注意。直播营销平台经营者应当建立健全消费者权益保护制度。

三是强化预付式消费经营者义务。规定经营者应当按照与消费者的约定提供商品或者服务,不得降低商品或者服务质量,不得任意加价。未按照约定提供商品或者服务的,应当按照消费者的要求履行约定或者退还预付款。经营者出现重大经营风险,应当停止收取预付款;决定停业或者迁移服务场所的,应当提前告知消费者,继续履行义务或者退还未消费的预付款余额。

四是规范消费索赔行为。规定投诉、举报应当遵守法律、法规和有关规定,不得利用投诉、举报牟取不正当利益,侵害经营者的合法权益,扰乱市场经济秩序。商品或者服务的标签标识、说明书、宣传材料等存在不影响商品或者服务质量且不会对消费者造成误导的瑕疵的,不适用惩罚性赔偿规定。对于通过夹带、掉包、造假、篡改商品生产日期、捏造事实等方式骗取赔偿或者敲诈勒索经营者的,依法予以处理。

五是明确政府消费者权益保护工作职责。规定各级人民政府应当加强对消费者权益保护工作的指导,组织、协调、督促有关行政部门落实消费者权益保护工作职责。有关行政部门应当及时处理消费投诉、举报,开展消费预警和风险提示,加大监督检查和执法力度,及时查处侵害消费者合法权益的行为。此外,《条例》明确了消费者协会履职要求,细化了消费争议解决相关规定,对违法行为规定了相应的法律责任。

任务三 了解侵犯消费者合法权益典型形态及法律责任

【案例 9-2】 G 地商业局举办展销会,尚先生在展销会上以 1 888 元的价格购买了甲公司展销的冰箱一台,冰箱送回家后,尚先生按照说明书的要求安装、接通电源。但是过了很长时间冰箱仍然没有启动,打开冰箱后发现里面很热。第二天,尚先生到展销会反映该情况,甲公司派了一名技术人员到尚先生家里对冰箱进行维修,经过两个多小时的检修,冰箱恢复正常。但是,用了两周之后,冰箱再也不制冷了,此时展销会已经结束。尚先生打甲公司的客服电话,被告知甲公司已经被乙集团合并。

【问题】

1. 尚先生应该向谁提出修理、退换货等要求?

2. 尚先生可以通过何种途径解决纠纷?

一、争议发生的解决途径和特定规则

(一)争议解决的途径

消费者和经营者发生消费者权益争议的,可以通过下列途径解决。

1. 协商和解

消费者与经营者发生争议时,双方协商和解应作为首选方式,这是成本最低的争议解决方式。如果通过解释、谦让及简单的补救措施,便可化解矛盾,大可不用花更高的成本去平息争议。

2. 请求消协调解

消费者协会具有七项职能,其中之一就是对消费者的投诉事项进行调查、调解。调解是一种由第三方介入作为中间人,探讨双方的利益和需要,寻求共同接受的解决方案。消协依照法律、行政法规及公认的商业道德进行调解,并由双方自愿接受和执行。

3. 行政申诉

政府有关行政部门依法具有规范经营者的经营行为,维护消费者合法权益和市场经营秩序的职能。当消费者合法权益受到侵害又无法协商和解时,可以根据具体情况,向不同的行政职能部门,如物价部门、工商行政管理部门、技术质量监督等部门提出申诉,求得行政救济。

4. 提请仲裁

若消费者与经营者在发生纠纷的事前或事后就此纠纷达成仲裁协议的前提下,一方可以根据仲裁协议向选定的仲裁机关提请仲裁。仲裁机关要根据有关程序和《消费者权益保护法》的规定对双方的纠纷予以解决。

5. 提起诉讼

消费者权益受到侵害时,可以径直向人民法院起诉,也可以因不服行政处罚决定而向人民法院起诉。司法审判具有权威性、强制性,是解决各种争议的最后手段。消费者为求得公正解决争议,可以依法行使诉权。

（二）争议解决的特定规则

1. 经营者的先行赔付义务

消费者在购买、使用商品时，其合法权益受到损害的，可以向销售者要求赔偿。无论责任方是谁，销售者先行赔偿，属于生产者的责任或者属于此销售者上家的其他销售者责任的，销售者有权向生产者或者其他销售者追偿。

2. 生产者与销售者的连带责任

消费者或者其他受害人因商品缺陷造成人身、财产损害的，可以向销售者要求赔偿，也可以向生产者要求赔偿。任何一方赔偿后，属于另一方责任的，赔偿方可以向责任方追偿。销售者和生产者对消费者或其他受害人的损害承担连带赔偿责任。

3. 变更后企业仍应承担赔偿责任

消费者在购买、使用商品或者接受服务时，其合法权益受到损害，因原企业分立、合并的，可以向变更后承受其权利义务的企业要求赔偿。

4. 营业执照持有人与租借人赔偿责任

使用他人营业执照的违法经营者提供商品或者服务，损害消费者合法权益的，消费者可以向其要求赔偿，也可以向营业执照持有人要求赔偿。

5. 展销会举办者、柜台出租者的特殊责任

消费者在展销会、租赁柜台购买商品或者接受服务，其合法权益受到损害的，可以向销售者或者服务者要求赔偿。展销会结束或者柜台租赁期满后，也可以向展销会的举办者、柜台的出租者要求赔偿。展销会的举办者、柜台的出租者赔偿后，有权向销售者或服务者追偿。

6. 虚假广告的广告主与广告经营者的责任

消费者因经营者利用虚假广告或者其他虚假宣传方式提供商品或者服务，其合法权益受到损害的，可以向经营者要求赔偿。广告经营者、发布者发布虚假广告的，消费者可以请求行政主管部门予以惩处。广告经营者、发布者不能提供经营者的真实名称、地址和有效联系方式的，应当承担赔偿责任。

7. 网络平台与销售者的连带责任

消费者通过网络交易平台购买商品或者接受服务，其合法权益受到损害的，可以向销售者或者服务者要求赔偿。网络交易平台提供者不能提供销售者或者服务者的真实名称、地址和有效联系方式的，消费者也可以向网络交易平台提供者要求赔偿；网络交易平台提供者做出更有利于消费者的承诺的，应当履行承诺。网络交易平台提供者赔偿后，有权向销售者或者服务者追偿。

网络交易平台提供者明知或者应知销售者或者服务者利用其平台侵害消费者合法权益，未采取必要措施的，依法与该销售者或者服务者承担连带责任。（《消费者权益保护法》第四十四条）

二、违反《消费者权益保护法》的法律责任

生产者和销售者侵害消费者合法权益的，根据《消费者权益保护法》的规定，应依违法行为的性质、情节、程度承担民事责任、行政责任和刑事责任。

（一）民事责任

1. 产品本身问题的责任承担

依照《产品质量法》及相关法律法规的规定，经营者提供的商品或服务有下列情形之一的，销售者应当负责修理、更换、退货：① 不具备产品应当具备的使用性能而事先未作说明的；② 不符合在产品或者其包装上注明采用的产品标准的；③ 不符合以产品说明、实物样品等方式表明的质量状况的；④ 生产、销售国家明令淘汰的商品；⑤ 销售商品数量不足的，服务的内容和费用违法约定的。给购买产品的消费者造成损失的，销售者应当赔偿损失。

2. 侵犯人身权的民事责任

（1）普通人身伤害。经营者提供的商品或服务，造成消费者或者其他受害人人身伤害的，应当支付医疗费、治疗期间的护理费、因误工减少的收入等费用。

（2）造成残疾的责任。造成残疾的，应当支付残疾者生活辅助器具费，生活补助费、残疾人赔偿金以及由其抚养的人所必需的生活费等。

（3）致人死亡的责任。造成死亡的，应当支付丧葬费、死亡赔偿金以及由死者生前抚养的人所需的生活费用等。经营者侵害消费者人格尊严或侵犯消费者人身自由的，应当停止侵害、恢复名誉、消除影响、赔礼道歉，并赔偿损失。

（4）精神损害赔偿。经营者有侮辱诽谤、搜查身体、侵犯人身自由等侵害消费者或者其他受害人人身权益的行为，造成严重精神损害的，受害人可以要求精神损害赔偿。（《消费者权益保护法》第四十九至五十一条）

3. 侵犯财产权的民事责任

经营者提供商品或者服务，造成消费者财产损害的，应当依照法律规定或者当事人约定承担修理、重作、更换、退货、补足商品数量、退还货款和服务费用或者赔偿损失等民事责任。

4. 预收款方式的违约责任承担

经营者以预收款方式提供商品或者服务的，应当按照约定提供。未按照约定提供的，应当按照消费者的要求履行约定或者退回预付款，并应当承担预付款的利息、消费者必须支付的合理费用。（《消费者权益保护法》第五十三条）

5. 惩罚性赔偿

经营者提供商品或者服务有欺诈行为的，应当按照消费者的要求增加赔偿其受到的损失，增加赔偿的金额为消费者购买商品的价款或者接受服务的费用的三倍；增加赔偿的金额不足五百元的，为五百元。（《消费者权益保护法》第五十五条）

经营者明知商品或者服务存在缺陷，仍然向消费者提供，造成消费者或者其他受害人死亡或者健康严重损害的，受害人有权要求经营者依照《消费者权益保护法》第四十九条、第五十一条等法律规定赔偿损失，并有权要求所受损失两倍以下的惩罚性赔偿。这是我国在民法领域首度以法律的形式支持惩罚性赔偿，也是对消费者特别保护原则的重要体现。

（二）行政责任

经营者有下列情形之一，除承担相应的民事责任外，其他有关法律、法规对处罚机关和处罚方式有规定的，依照法律、法规的规定执行；法律法规未作规定的，由工商行政管理部门或者其他有关行政部门责令改正，可以根据情节单处或者并处警告、没收违法所得、处以违法所得1倍以上10倍以下的罚款，没有违法所得的，处以50万元以下的罚款；情节严重的，责令停业

整顿、吊销营业执照:

(1) 提供的商品或者服务不符合保障人身、财产安全要求的;

(2) 在商品中掺杂、掺假,以假充真,以次充好,或者以不合格商品冒充合格商品的;

(3) 生产国家明令淘汰的商品或者销售失效、变质的商品的;

(4) 伪造商品的产地,伪造或者冒用他人的厂名、厂址,篡改生产日期,伪造或者冒用认证标志等质量标志的;

(5) 销售的商品应当检验、检疫而未检验、检疫或者伪造检验、检疫结果的;

(6) 对商品或者服务做虚假或者引人误解的宣传的;

(7) 拒绝或者拖延有关行政部门责令对缺陷商品或者服务采取停止销售、警示、召回、无害化处理、销毁、停止生产或者服务等措施的;

(8) 对消费者提出的修理、重作、更换、退货、补足商品数量、退还货款和服务费用或者赔偿损失的要求,故意拖延或者无理拒绝的;

(9) 侵害消费者人格尊严、侵犯消费者人身自由或者侵害消费者个人信息依法得到保护的权利的;

(10) 法律、法规规定的对损害消费者权益应当予以处罚的其他情形。

经营者有前款规定情形的,除依照法律、法规规定予以处罚外,处罚机关应当记入信用档案,向社会公布。(《消费者权益保护法》第五十六条)

(三) 刑事责任

以暴力、威胁等方法阻碍有关行政部门工作人员依法执行职务的,依法追究刑事责任;国家机关工作人员玩忽职守或者包庇经营者侵害消费者合法权益的行为的,由其所在单位或者上级机关给予行政处分;情节严重,构成犯罪的,依法追究刑事责任。(《消费者权益保护法》第六十、第六十一条)

【案例解析】

【导入案例】解析:

1. 邵小姐可以根据《消费者权益保护法》维护自己的权利。根据《消费者权益保护法》的规定,在平台上商家由于逃离等不承担责任时,平台承担责任后向商家追偿。

2. 根据《消费者权益保护法》第五十五条规定,至少获得 500 元赔偿。

【案例 9-1】解析:

1. 酒店的"增值服务"属于违反消费者信息保密义务,未经明示、消费者同意泄露消费者信息。

2. 经营者收集、使用消费者个人信息,应当遵循合法、正当、必要的原则,明示收集、使用信息的目的、方式和范围,并经消费者同意。经营者收集、使用消费者个人信息,应当公开其收集、使用规则,不得违反法律、法规的规定和双方的约定收集、使用信息。

【案例 9-2】解析:

1. 尚先生可以向乙集团提出修理、退换货等要求。

2. 尚先生可以采取以下方式解决纠纷:① 和乙集团协商解决;② 协商解决不成,可以请求当地消费者协会调解;③ 仍不能解决,可以向市场监督管理局进行申诉和投诉处理;④ 可以向法院起诉处理。

【项目小结】

本项目主要知识点:《消费者权益保护法》的内容,重点详细地介绍了消费者的九大权利、经营者对应的义务,以及违反《消费者权益保护法》的法律后果。本项目与《产品质量法》内容息息相关,同时亦更新了 2014 年 3 月 15 日实施的新《消费者权益保护法》的若干项新规定。2024 年 3 月 15 日,国务院正式公布《中华人民共和国消费者权益保护法实施条例》,该条例共7 章 53 条,2024 年 7 月 1 日起正式施行。该实施条例的施行,进一步完善了我国消费者权益保护法律制度。

【项目训练】

一、单选题

1. 下列不属于《消费者权益保护法》调整范围的是(　　)。

A. 武小姐购进一批服装用于销售

B. 柳先生一行人去某 KTV 唱歌

C. 胡先生一家去批发市场买一车烧烤材料用于晚上聚会

D. 高先生买一套汉服送给高太太

2. 消费者在购买商品或接受服务时其合法权益受到损害,因原企业分立、合并的,(　　)要求赔偿。

A. 无法　　　　　　　　　　　　B. 可向原企业

C. 可向变更后的企业　　　　　　D. 可向原企业的上级主管部门

3. 经营者提供商品或者服务有欺诈行为的,应当按照消费者的要求增加赔偿其受到的损失,增加赔偿的金额为消费者购买商品的价款或接受服务的费用的(　　)。

A. 一倍,不足 500 元的补足 500 元　　B. 两倍,不足 500 元的补足 500 元

C. 三倍,不足 500 元的补足 500 元　　D. 四倍,不足 500 元的补足 500 元

4. 经营者应当保证其提供的商品或者服务符合保障人身、财产安全的要求,对(　　)的商品,应当向消费者做出真实的说明和明确的警示,并说明和标明正确使用商品的方法以防止危害发生的方法。

A. 不合格　　　　　　　　　　　B. 未经检验

C. 数量不足　　　　　　　　　　D. 可能危及人身、财产安全

5. 于先生在甲商店买了一罐乙集团生产的新品碳酸饮料,在开启时被罐内的强烈气流炸伤眼睛,(　　)符合《消费者权益保护法》的规定。

A. 于先生只能向甲商店索赔

B. 于先生只能向乙集团索赔

C. 于先生可以去消协,由消协确定由谁索赔

D. 于先生可以在甲商店和乙集团之间任意选择找谁索赔

6. 消费者对商品进行比较、鉴别和挑选的权利属于(　　)。

A. 自主选择权　　B. 公平交易权　　C. 知悉权　　　　D. 求偿权

7. 下列是某店大堂的告示内容,其中符合法律规定的是(　　)。

A. 本店商品一旦售出概不退换　　　　B. 购物总额 10 元以下者,本商场不开发票

C. 钱物请当面点清,否则后果自负　　　D. 如售假药,包赔顾客 2 万元

8. 甲为其 3 岁儿子购买某品牌的奶粉,小孩喝后上吐下泻,住院 7 天才恢复健康。经鉴定,该品牌奶粉属劣质品,甲打算为此采取维权行动。下列是甲的一些维权措施,其中属于不当措施的是(　　)。

A. 请媒体曝光,并要求工商管理机关严肃查处

B. 向出售该奶粉的商场索赔,或向生产该奶粉的厂家索赔

C. 直接提起诉讼,要求商场赔偿医疗费、护理费、误工费、交通费等

D. 直接提起仲裁,要求商场和厂家连带赔偿其全家所受的精神损害

9. 使用他人营业执照的违法经营者提供的商品或者服务,损害消费者合法权益的,消费者(　　)。

A. 应向违法经营者要求赔偿损失

B. 应向营业执照持有人要求赔偿损失

C. 可以向违法经营者要求赔偿损失,也可以向营业执照持有人要求赔偿损失

D. 应先向违法经营者要求赔偿损失,该经营者无力承担责任的,由营业执照持有人承担责任

10.《消费者权益保护法》中第一次规定了适用惩罚性赔偿制度,下列选项中,当经营者(　　),消费者可以依法按其所支付价款的两倍要求经营者赔偿其损失。

A. 不具备产品应当具备的性能而事先未做说明

B. 所售产品包装上未注明出厂日期和保质期

C. 谎称某国内私营企业产品为"进口原装"

D. 出售国家明令淘汰的产品

二、多选题

1. 经营者侵害消费者的人格尊严或者侵犯消费者人身自由的,应当负下列(　　)责任。

A. 停止侵害　　　B. 恢复名誉　　　C. 消除影响　　　D. 赔礼道歉

2. 贾小姐去某超市买了四斤特价开心果,结账回家后发现,结账金额为原价,而非标示的特价,她可通过(　　)解决自己与该超市的争议。

A. 与经营者协商调解　　　　　　B. 请求消费者协会调解

C. 向有关行政部门申诉　　　　　D. 向人民法院起诉

3. 消费者在购买、使用商品的时候,享有(　　)的权利。

A. 自主选择　　　　　　　　　B. 索要购货凭证

C. 公平交易　　　　　　　　　D. 没收经营者的不合格商品

4. 经营者不得(　　)。

A. 对消费者进行侮辱、诽谤　　　　B. 侵犯消费者的人身自由

C. 搜查消费者的身体及携带的物品　　D. 拒绝消费者强制交易的要求

5. 庞小姐在商场选购服装,由于身材较胖,试了五六件均不合适,到第七件时终于能穿上,但庞小姐一看价签 499,又觉得一件雪纺材质的非品牌 T 恤这么贵不值得买,准备离开时,被服务员拦下,说:"你长成这样,选到一件衣服已经不容易了,要是买不起就不要试啊,试了能穿就得买,要不谁在这免费服务呢!"请问,该商场侵犯了庞小姐的(　　)。

A. 安全保障权　　B. 自主选择权　　C. 维护尊严权　　D. 公平交易权

三、判断题

1. 经营者有向消费者出具购货凭证或服务单据的义务。 （ ）

2. 对于经营者提供商品或服务有欺诈行为的,为消费者购买商品的价款或接受服务费用的 1 倍。 （ ）

3. 消费者网购的商品,只要不喜欢,都适用七天无理由退货规则。 （ ）

4. 如果消费者在网上买到假货,又找不到销售者信息的时候,只能自认倒霉。 （ ）

5. 消费者在购买、使用商品时,其合法权益受到损害的,只能向销售者要求赔偿,不得向生产者要求赔偿。 （ ）

6.《消费者权益保护法》保护一切有偿取得商品和服务、满足生产消费的物质文化消费的单位和个人。 （ ）

四、案例分析题

1. 胡妈妈初来儿子家,到附近的一家超市购买生活用品。该超市在醒目位置上写着"谨慎购买,概不退换"八个大字。胡妈妈给孙子挑了一罐特价奶粉和一些其他日常生活用品。当天下午,胡妈妈的儿媳妇发现这罐奶粉已经于当天到了保质期,于是立刻来到这家超市要求退货,超市经理认为不能退货,因为早已告知消费者谨慎购买,双方产生争执。

问题:

(1) 本案中这家超市侵犯了消费者的哪些权利?

(2) 超市打出"谨慎购买,概不退换"的告示牌效力如何,为什么?

(3) 胡家可以通过什么方式解决纠纷?

2. 云先生在某商场促销活动中购买了一台特价空调,放置两个月后,到夏天开始用时发现空调制冷效果很不好,晚上睡觉开到 16 度仍然汗湿枕头。云先生拿着发票找到商场,但商场认为:① 两个月已经过了包换时间;② 云先生无法证明空调有质量问题;③ 空调的制冷效果不好,很可能是由于云先生将空调安在顶楼而且西晒的房间造成的,既不同意帮云先生免费修理,也不同意退货。

问题:

(1) 商场所持的理由成立吗?

(2) 新《消费者权益保护法》对机动车、计算机、电视机、电冰箱、空调器、洗衣机等耐用商品或者装饰装修等服务出现瑕疵的时限是怎么规定的?

(3) 云先生需要证明空调有质量问题吗,为什么?

3. "双十一"购物节时,贾小姐在某大型购物网站上看到一件连衣裙,款式新颖,价格也很便宜,贾小姐毫不犹豫地点击了购买,并支付了货款。11 月 19 日收到货后,贾小姐觉得衣服虽然新颖,但并没有图片那么好看,而且穿上去显得很土,于是便联系上网店店主,要求退货,并愿意承担来往的运费,但遭到店主的拒绝,店主称,特价商品,没有质量问题,不退不换,而且已经过了七天,不能退货。

问题:

(1)《消费者权益保护法》对网购"七天无理由"退货是怎么规定的? 七天的起算时间是何时?

(2) 贾小姐如果请消费者协会调解,她的诉求会得到支持吗,为什么?

第五模块 纠纷解决法律制度

项目 十

经济纠纷产生及调解仲裁制度

【本项目涉及的主要法律法规文件】

1.《中华人民共和国仲裁法(2017 修正)》,2018 年 1 月 1 日起施行。

2.《最高人民法院关于适用〈中华人民共和国仲裁法〉若干问题的解释》,2006 年 9 月 8 日起施行。

【本项目拟实现的目标】

知识目标:(1)了解纠纷解决的各种途径。(2)掌握仲裁的概念和申请仲裁的方法及程序。

技能目标:(1)能够根据所学,根据现实纠纷发生的性质和程度选择适当的纠纷解决途径。(2)能够掌握仲裁制度的概念和特征。(3)能在现实生活中用仲裁方式解决纠纷。

素质目标:(1)树立、践行公正、和谐的价值观。(2)锻造诚信品格。

[导入案例]

甲公司与乙公司签订了一份加工皮包五金配件的加工承揽合同,约定 2 个月后甲公司将成品交给乙公司,后者于收到货后 15 天内付清款项。2 个月后,甲公司按期将成品交付给乙公司,但乙公司认为甲公司加工的成品质量不合格,坚决不予支付货款。后双方经协商达成书面仲裁协议。一周后,甲公司向协议书约定的珠海仲裁委员会申请仲裁,而乙公司却向合同履行地东莞市第一人民法院提起诉讼。

【问题】

1. 本案中,哪方应受理此案?

2. 双方在纠纷发生后达成的书面仲裁协议是否成立,为什么?

3. 如果乙公司提出仲裁协议无效,应由谁来裁定?

任务一 认识经济纠纷产生

一、经济纠纷的概念

经济纠纷又称经济争议,是指平等主体之间发生的,以经济权利义务为内容的社会纠纷。经济纠纷有两大类:一是经济合同纠纷,如买卖合同纠纷、借款合同纠纷、承揽合同纠纷、建设工程合同纠纷、技术合同纠纷等；一是经济侵权纠纷，如知识产权（如专利权、商标权）侵权纠纷、所有权侵权纠纷、经营权侵权纠纷等。在市场经济中，合同是平等的市场主体间确立交易关系，共同实施交易行为，追求和实现经济目的的法定和普遍的形式，因此，合同纠纷是经济纠纷的主要部分。纠纷主要表现形式是契约不能顺利有效履行。

二、经济纠纷的成因

产生经济纠纷的原因很多，既有主观原因，也有客观原因。具体有以下几种原因：① 进行经济活动的依据不规范。市场主体在进行经济活动时，其依据不规范是引起经济纠纷的主要原因。"君子合同"随处可见，导致经济合同履行过程无章可循，从而产生纠纷。② 在进行经济活动中，不严守规则。有些经济法律关系主体不依约办事，根据自己的利益，故意不履行合同或订立假合同，因而产生纠纷。为了保护当事人的合法权益，维持社会经济秩序，必须利用有效手段及时解决这些纠纷。

任务二　善于利用调解制度解决经济纠纷

【案例10-1】 原告法国某公司（卖方）与被告中国某公司（买方）在上海订立了买卖200台电子计算机的合同。双方在合同中约定，如果发生争议，在中国国际经济贸易仲裁委员会仲裁。后来，双方因交货期发生争议，原告在其公司所在地的法国地方法院起诉，法院发出传票，传被告出庭应诉。

【问题】

作为被告的中国公司该怎么办？

经济纠纷的解决方式是多元的而非单一的，总体上来说，有诉讼与非诉讼两大类。

非诉讼解决突出双方的意志，通过协商、调解来解决纠纷，具有自愿和民间性质。非诉讼解决具有自主性、非对抗性、相互妥协性、经济性、灵活性等特点。诉讼解决具有权威性、终局性、客观性、可执行性等优点，但也存在程序烦琐、成本高、效率低等弊端。

一、协商制度

协商，是指发生经济合同纠纷时，当事人各方在自愿的基础上，按照法律和合同条款的约定，直接进行磋商或谈判，互谅互让达成解决争端的一种途径。协商最大的特点是没有第三者介入，费用低，简单易行。协商机制可以和平地解决纠纷，并积极培育内部的、宽容的、和谐的社会秩序，对于分流社会纠纷、缓解其他纠纷解决尤其是司法案件压力具有显著效果，可以减少不必要的调查过程和不必要的司法资源的浪费。在美国有修复性司法制度，中国台湾法院也有协商和解制度。但是，这种途径依赖于双方的自觉、自愿、平等协商，所以在争议较大时不容易达成协议。

二、调解制度

调解，是指双方或多方发生纠纷时，由当事人申请，或者法院或第三人认为有和好可能时，为了减少讼累，经法庭或者其他第三人从中排解疏导，使当事人互相谅解，争端得以解决从而消除纠纷的活动。第三人调解具有民间性质,调解人多数为争议双方信任的有德行之人。本文的调解制度主要指法院调解。法院调解制度是我国具有中国特色的一项制度,在当前和谐社会的大背景下,显得尤为突出,近年来推出了"调解年"等活动更加大了调解力度。近年来有实证研究发现,调解的结案率超过 50%。调解结案,有利于实现司法公正和司法效率的价值目标。法院调解将情、理、法三者有机结合起来,不仅使案件得以当庭审结、省时省力,而且使双方矛盾纠纷得到妥善化解、息讼止争,实现了公正高效和"化干戈为玉帛"。

长期以来,我国司法机关对于经济纠纷一直采取能调解就不开庭的态度,强调平等协商往往会收到良好效果,被誉为"东方经验"诉息止争。我国也从上庭的多、非诉的少转变为非诉的多、上庭的愈加少的局面。"诉讼不是万能的"早已成为共识,尤其在西方国家的公司对个体的经济赔偿纠纷,如果能够庭外调解,基本没有公司会选择上庭。一方面由于西方国家弱者保护、人权观念的影响,往往陪审团和法官最后给出的赔偿数额往往天价之高;另一方面,庭外调解有着快捷、省时省力等开庭望尘莫及的优势。

任务三 经济仲裁

【案例 10-2】 2024 年 9 月,甲实业公司与乙食品研究所签订一份技术合同,商定双方联合开发研制一种老人营养饮料,合同中的仲裁条款规定:"因履行本合同发生的争议,由双方协商解决;协商解决不了的,由仲裁机构进行仲裁"。2025 年 4 月,双方发生争议,乙食品研究所向本单位所在地的 A 市仲裁委员会递交了仲裁申请书。甲实业公司拒绝答辩。双方经过协商,重新签订一份仲裁协议,商定将此合同争议提交甲实业公司所在地的 B 市仲裁委员会进行仲裁。事后,乙食品研究所担心 B 市仲裁委员会实行地方保护主义,故未申请仲裁,而向合同履行地的人民法院起诉,起诉时未说明此前两次约定仲裁的情况,法院受理了本案,并向甲实业公司送达了起诉状副本,甲实业公司向法院提交了答辩状。法院经审理判决被告败诉,被告立即上诉,理由是事先有仲裁协议,法院判决无效。

【问题】

1. 2024 年 9 月合同中的仲裁条款有效还是无效,为什么?
2. 争议发生后签订的仲裁协议有效还是无效?
3. 乙食品研究所向法院起诉是否正确,为什么?
4. 法院审理本案是否合法,为什么?
5. 上诉理由是否正确?

一、仲裁概述

【案例 10-3】 A 公司与 B 照明集团签订了一份买卖节能灯的合同,双方在合同中约定:如果因合同发生纠纷,应提交中山市仲裁委员会仲裁。后来,双方发生纠纷,A 公司直接向中山市人民法院提出诉讼。

【问题】

1. 人民法院会受理该案吗,为什么?
2. 如果最终双方还是将争议提交仲裁委员会,委员会做出裁决,而 B 照明集团不服,可以再次申请仲裁或去人民法院起诉吗？

3. 如果 B 照明集团被裁决赔偿违约金给 A 公司而拒绝执行，A 公司可以走怎样的程序来保护自己的权益？

（一）仲裁的定义

仲裁，是一种调停或调解的方式。仲裁是经济纠纷的各方在争议发生前或争议发生后达成协议，自愿将其争议事项交给共同选定的仲裁机构，依法定程序做出具有约束力的裁决的活动。在实践中，仲裁通常作为审判系统的替代方式，尤其是当人们认为审判过程太慢、太消耗时间、金钱和精力，或是存在偏见时，人们会选择仲裁来解决争议。

经济仲裁是一种和平解决经济纠纷的方法，指经济合同的当事人双方发生争议时，如通过协商不能解决，当事人一方或双方自愿将争议的事项或问题提交给双方同意的第三者依照专门的仲裁规则进行裁决，由其做出对双方均有约束力的裁决。

在我国，解决平等主体之间经济纠纷的主要途径是仲裁、民事诉讼。仲裁和民事诉讼都是适用于横向关系经济纠纷的解决方式。作为平等民事主体当事人之间发生的经济纠纷，只能在仲裁或民事诉讼两种方式中选择一种解决争议。有效的仲裁协议可排除法院的管辖权，只有在没有仲裁协议或者仲裁协议无效，或者当事人放弃仲裁协议的情况下，法院才可以行使管辖权，在法律上称为"或裁或审"原则。

（二）仲裁的特征

国外通过仲裁解决经济纠纷已是非常普遍，国内随着仲裁法的颁布实施，越来越多的人开始了解、熟悉并选择仲裁方式来解决经济纠纷。仲裁与调解、诉讼相比，有其鲜明的特点。

1. 当事人意思自治

《中华人民共和国仲裁法》（简称《仲裁法》）第四条明确规定："当事人采用仲裁方式解决纠纷，应当双方自愿，达成仲裁协议。"可见仲裁采取自愿原则，仲裁是以当事人自愿为前提的，包括自愿决定采用仲裁方式解决争议；自愿决定解决争议的事项，选择仲裁机构等；当事人还有权在仲裁委员会提供的名册中选择其所信赖的人士来处理争议。涉外仲裁的当事人双方还可以自愿约定采用哪些仲裁规则和适应的法律，等等。

2. 裁决具有法律效力

《仲裁法》第六十二条规定："当事人应当履行裁决。一方当事人不履行的，另一方当事人可以依照民事诉讼法的有关规定向人民法院申请执行。受申请的人民法院应当执行。"仲裁裁决和法院判决一样，同样具有法律约束力，当事人必须严格履行。

3. 一裁终局

裁决一旦做出，就发生法律效力，并且当事人对仲裁裁决不服是不可以就同一纠纷再向仲裁委员会申请仲裁或向法院起诉的，仲裁也没有二审、再审等程序。

4. 不公开审理

《仲裁法》第四十条规定："仲裁不公开进行。"此举可以防止泄露当事人不愿公开的专利、专有技术等。仲裁方式保护了当事人的商业秘密，更为重要的是仲裁从庭审到裁决结果的秘密性，使当事人的商业信誉不受影响，也使双方当事人在感情上容易接受，有利于日后继续生意上的往来。

5.独立、公平、公正

仲裁案件可以得到公正妥善的处理,原因如下:

第一,仲裁是由仲裁庭独立进行的,任何机构和个人均不得干涉仲裁庭。

第二,仲裁委员会聘请的仲裁员都是公道正派的有名望的专家,由于经济纠纷多涉及特殊知识领域,由专家断案更有权威。而且专家在仲裁中处于第三人地位,不是当事人的代理人,由其居中断案,更具公正性。

第三,为了保证仲裁公正公平,仲裁委员会对所聘任的仲裁员进行了系统规范的严格管理,以确保仲裁员在仲裁的过程中遵纪守法。

由于仲裁具有上述特点,因而也产生了收费较低、结案较快、程序较简单、气氛较宽松、当事人意愿得到了广泛尊重的优点。

（三）仲裁的适用范围

在我国,并不是所有的民事案件都可以仲裁,只有平等主体的公民、法人和其他组织之间发生的合同纠纷和其他财产权益纠纷才可以仲裁。下列纠纷不能提请仲裁:① 婚姻、收养、监护、抚养、继承纠纷;② 依法应当由行政机关处理的行政争议;③ 劳动合同和农业集体经济组织内部的农业承包合同纠纷的仲裁。

二、仲裁协议

【案例10-4】　海南省天南公司与海北公司于2024年11月签订了一份租赁合同,约定由天南公司进口一套化工生产设备,租给海北公司使用,海北公司按年交付租金。后来天南公司与海北公司因履行合同发生争议。

【问题】

1.如果天南公司与海北公司签订的合同中约定了以下仲裁条款:"因本合同的履行所发生的一切争议,均提交珠海市仲裁委员会仲裁。"天南公司因海北公司无力支付租金,向珠海市仲裁委员会申请仲裁,请求裁决海北公司给付拖欠的租金。天南公司的行为是否正确,为什么?

2.如果存在上问中所说的仲裁条款,天南公司能否向人民法院起诉海北公司,请求支付拖欠的租金,为什么?

3.如果本案通过仲裁程序处理后,在对仲裁裁决执行的过程中,法院裁定对裁决不予执行,在此情况下,天南公司可以通过什么法律程序来解决争议?

（一）仲裁协议的定义

仲裁协议,是指双方当事人在争议发生之前或者争议发生之后,自愿达成的将特定争议事项提请约定的仲裁委员会进行仲裁审理并做出仲裁裁决的书面意思表示。

仲裁协议包括仲裁条款和仲裁协议书两类。前者是指当事人在主合同中以条款的方式约定以仲裁方式解决纠纷,一般作为合同中的最后项目,争议解决方式这一项来约定。仲裁协议书是指双方当事人在主合同之外单独签订的发生纠纷即以仲裁的方式解决争议的从合同书。

（二）仲裁协议的内容

仲裁协议应该具备以下内容:① 请求仲裁的意思表示,即双方同意将争议提交仲裁解决的共同愿望;② 仲裁事项,即当事人提交仲裁的争议范围;③ 选定的仲裁委员会,即明确约定仲裁事项由哪一个仲裁委员会仲裁。

有下列情形之一的,仲裁协议无效:① 约定的仲裁事项超出了法律规定的仲裁范围;② 无民事行为能力人或限制民事行为能力人订立的仲裁协议;③ 一方采取胁迫手段,迫使另一方订立的仲裁协议;④ 口头订立的仲裁协议;⑤ 仲裁协议对仲裁委员会没有约定或约定不明,而当事人又达不成补充协议的。

(三)仲裁协议的效力

仲裁协议依法成立,即具有法律效力,可以排除人民法院就同一争议事项的管辖,而使约定的仲裁机构取得处理该争议的权力。仲裁协议独立存在,合同的变更、解除、终止或者无效,都不影响仲裁协议的效力。

当事人对仲裁协议效力有异议的,可以请求仲裁委员会做出裁定或请求人民法院做出裁定。一方请求仲裁委员会,另一方请求人民法院的,由人民法院裁定。当事人对仲裁协议的效力有异议的,应当在仲裁庭首次开庭前提出。当事人达成仲裁协议,一方向人民法院起诉未声明有仲裁协议,人民法院受理后,另一方在首次开庭前提交仲裁协议的,人民法院应当驳回起诉,但仲裁协议无效的除外;另一方在首次开庭前未对人民法院受理该案提出异议的,视为放弃仲裁协议,人民法院应当继续审理。

三、仲裁程序

仲裁程序是有关仲裁机构、仲裁庭、仲裁员、申请人、被申请人、其他关系人在仲裁案件过程中的相互关系和活动方式的规定的总称。它包括仲裁申请和受理程序、仲裁庭的组成、开庭和裁决等事项。

(一)申请与受理

仲裁申请是仲裁机构立案受理的前提。《仲裁法》规定仲裁不实行级别管辖和地域管辖,由当事人协议选定仲裁委员会。当争议事项属于仲裁管辖范围且符合仲裁条件时,当事人可以向双方约定的仲裁机构申请仲裁。仲裁委员会自收到仲裁申请书之日起 5 日内,认为符合受理条件的,应当受理,并通知当事人;认为不符合受理条件的,应当书面通知当事人不予受理,并说明理由。

(二)仲裁庭的组成

仲裁庭可以由 3 名仲裁员或者 1 名仲裁员组成。当事人约定由 3 名仲裁员组成仲裁庭的,应当各自选定 1 名仲裁员,第 3 名仲裁员由当事人共同选定;当事人也可以委托仲裁委员会主任指定这 3 名仲裁员,第 3 名仲裁员是首席仲裁员。对于案情简单,标的额不大的案件,当事人可以约定由 1 名仲裁员成立仲裁庭,这名仲裁员或者由当事人共同选定或者共同委托仲裁委员会主任指定。

仲裁员有下列情形之一的,必须回避,当事人也有权提出回避申请:

(1)本案当事人或者当事人、代理人的近亲属;

(2)与本案有利害关系;

(3)与本案当事人、代理人有其他关系,可能影响公正仲裁的;

(4)私自会见当事人、代理人,或者接受当事人、代理人请客送礼的。

（三）仲裁员的资格

《仲裁法》对仲裁人员的资格做了比较严格的限制。按照《仲裁法》第十三条规定，仲裁委员会应当从公道正派的人员中聘任仲裁员。仲裁员应当符合下列条件之一：

（1）通过国家统一法律职业资格考试取得法律职业资格，从事仲裁工作满 8 年的；

（2）从事律师工作满 8 年的；

（3）曾任法官满 8 年的；

（4）从事法律研究、教学工作并具有高级职称的；

（5）具有法律知识、从事经济贸易等专业工作并具有高级职称或者具有同等专业水平的。

（四）开庭与裁决

1. 开庭

仲裁应当开庭进行。当事人协议不开庭的，仲裁庭可以根据仲裁申请书、答辩书及其他材料做出裁决。

与法院审判不同，仲裁不公开进行。当事人协议公开的，可以公开进行，但涉及国家秘密的除外。

2. 裁决

仲裁庭在做出裁决前，可以先行调解。当事人自愿调解的，仲裁庭应当调解。调解达成协议的，仲裁庭应当制作调解书或者根据协议的结果制作裁决书。调解书与裁决书具有同等法律效力。

调解不成的，应当及时做出裁决。仲裁庭的裁决应当按照多数仲裁员的意见做出，少数仲裁员的不同意见可以记入笔录。仲裁庭不能形成多数意见时，裁决应当按照首席仲裁员的意见做出。裁决自做出之日起发生法律效力。

当事人应当履行裁决。一方当事人不履行的，另一方当事人可以依照民事诉讼法的有关规定向人民法院申请执行。受理申请的人民法院应当执行。

【案例解析】

【导入案例】解析：

1. 应由珠海仲裁委员会受理。有效的仲裁协议可以排除司法管辖。

2. 成立。仲裁协议可以在纠纷发生前，也可以在纠纷发生后达成。

3. 对仲裁协议的效力有异议的，可以请求仲裁委员会作出决定或者请求人民法院作出裁定。一方请求仲裁委员会作出决定，另一方请求人民法院作出裁定的，由人民法院裁定。当事人对仲裁协议的效力有异议，应当在仲裁庭首次开庭前提出。

【案例 10 - 1】解析：

中国公司向法院提出管辖权异议，并主张应到中国国际经济贸易仲裁委员会仲裁。

【案例 10 - 2】解析：

1. 无效。因为约定不够明确，无法确定是唯一确定的仲裁机构。

2. 有效。因为此时的仲裁协议明确具体。

3. 在已有有效仲裁协议的情况下，乙食品研究所无权向法院起诉，因为有效的仲裁协议排除司法管辖。

4. 法院审理本案合法。因为民事诉讼法司法解释规定,当事人一方向人民法院起诉时未声明有仲裁协议,人民法院受理后,对方当事人又应诉答辩的,视为该人民法院有管辖权。

5. 不正确。一审中,甲实业公司未声明签订了有效仲裁协议,并且其应诉答辩。根据相关司法解释的规定,法院有权管辖此案件。

【案例 10-3】解析:

1. 法院不会受理。因为有效的仲裁协议可以排除司法管辖。

2. 不可以,因为仲裁实行"一裁终局",除非有证据证明仲裁违法,可以向法院申请撤销仲裁。

3. 向当地法院申请强制执行。

【案例 10-4】解析:

1. 正确。因为合同中约定的仲裁条款合法有效。

2. 不可以向法院起诉。合法有效的仲裁协议可以排除司法管辖。

3. 如果仲裁裁决被法院裁定不予执行,当事人可以根据双方重新达成的仲裁协议申请仲裁,也可以选择向人民法院起诉。

【项目小结】

本项目主要知识点:经济纠纷解决途径,特别是非诉讼争议解决办法。本项目介绍了成本低、效率高的协商与调节解决方式,并重点介绍了目前经济实务中应用最多的仲裁解决途径,包括仲裁协议的拟定、仲裁的适用范围、仲裁庭组成、仲裁员的选择等。

【项目训练】

一、单选题

1. 原某是某地一土豪,因意外去世,未留遗嘱,留下 5 个子女,其中与其妻子的 2 名婚生子女已成年,与小王的 3 名非婚生子女均未成年,原某妻子、小王及成年子女对继承问题争执不下,最后书面约定,向当地仲裁委员会提请仲裁。关于本案,下列说法正确的是( )。

A. 2 名婚生子女可以获得继承权,而 3 名非婚生子女不能享有继承权

B. 原某妻子与其所生的子女可以获得 80% 的财产,小王及其 3 名子女可获得 20% 的财产

C. 2 名婚生子女与 3 名非婚生子女都不能获得继承权,而要由其母亲代为继承

D. 当地仲裁委员会对本案无管辖权

2. 贾贾公司与吉吉公司就双方签订的买卖合同达成仲裁协议,约定一旦合同履行发生纠纷,由当地仲裁委员会仲裁。后来合同履行中发生争议,贾贾公司将吉吉公司告上法庭。对此吉吉公司没有向受诉法院提出异议。开庭审理中,贾贾公司举出充分证据,吉吉公司败诉几乎成定局,于是吉吉公司向法院提交了双方达成的仲裁协议。法院此时应( )。

A. 继续审理

B. 判决该仲裁协议无效

C. 如贾贾公司对仲裁协议效力没有异议,则裁定驳回起诉

D. 将仲裁协议的效力问题移交有关仲裁委员会审理

3. 甲公司与乙公司签订了一份合资开发房地产合同,双方当事人并未在合同中约定合同

争议的解决方法。后来双方在履行合同过程中产生争议,乙公司向甲公司的主管部门致函反映情况,称:"我们将诉诸法律,向仲裁机构或法院提出仲裁或起诉。"甲公司随即函告乙公司,表示同意仲裁解决争议,并向仲裁机构递交了仲裁申请,但乙公司直接向人民法院提起诉讼,没有向仲裁机构提交仲裁申请书。此案应当(　　)。

  A. 由人民法院受理

  B. 由仲裁机构仲裁解决

  C. 先进行仲裁再由人民法院做出最终判定

  D. 由人民法院与仲裁机构中先受理的机构处理

  4. 甲公司与乙公司签订联营合同,合同约定:甲公司出款 200 万元与乙公司联营,期限为 3 年,每年乙公司向甲公司交付固定利润 20 万元,3 年后归还 200 万元联营款。如因合同发生争议,由丙市仲裁委员会仲裁。合同签订半年后,乙公司主张合同无效,向法院起诉,对此,法院应当(　　)。

  A. 因主合同无效,仲裁协议随之无效,法院应依法受理

  B. 主合同无效并不影响仲裁协议的效力,法院应不予受理,告知当事人向丙市仲裁委员会申请仲裁

  C. 法院应就仲裁协议的效力进行审查,仲裁协议无效的,依法受理

  D. 如果甲公司向法院提出双方存在有效仲裁协议,法院则应不予受理,将案件移送仲裁委员会

  5. 关于仲裁管辖的表述,(　　)是正确的。

  A. 实行级别管辖,但不实行地域管辖

  B. 实行地域管辖,但不实行级别管辖

  C. 既实行级别管辖,又实行地域管辖

  D. 既不实行级别管辖,也不实行地域管辖

  6. 关于经济纠纷解决途径的说法正确的是(　　)。

  A. 调解是指自愿调解,不包括法院参与的调解

  B. 非诉讼的解决方式一般成本低,但时间较长

  C. 仲裁委员会做出的调解书与裁决书具有同样的法律效力

  D. 诉讼解决纠纷是最好的方式

  7. 甲医学研究所与乙投资公司签订一份联合开发磁疗设备的合同,后因乙投资公司出资不到位,导致该磁疗设备的研究工作停顿,使甲医学研究所的先期投入无法产生预期的效益。甲医学研究所根据合同中的仲裁条款向广州仲裁委员会申请仲裁,广州仲裁委员会对该争议做出裁决后,下列(　　)是正确的。

  A. 如果当事人不服,可以向人民法院起诉

  B. 如果当事人不服,可以向人民法院上诉

  C. 如果当事人不服,可以重新申请仲裁

  D. 该裁决立即产生法律效力

  8. 甲乙两公司因贸易合同纠纷进行仲裁,裁决后甲公司申请执行仲裁裁决,乙公司申请撤销仲裁裁决,此时受理申请的人民法院应(　　)。

  A. 裁定撤销裁决　　　　　　　　　B. 裁定终结执行

C. 裁定中止执行　　　　　　　　　D. 将案件移交上级人民法院处理

二、多选题

1. 某国 A 公司与中国 B 公司在履行合同过程中发生了纠纷。按合同中的仲裁条款,A 公司向中国某仲裁委员会提交了仲裁申请。问该仲裁庭的组成可以是(　　　)。

A. 双方当事人各自选定 1 名仲裁员,第三名仲裁员由当事人共同选定

B. 3 名仲裁员皆由当事人共同选定

C. 3 名仲裁员皆由当事人委托仲裁委员会主任指定

D. 双方当事人各自选定 1 名仲裁员,第三名仲裁员由当事人共同委托仲裁委员会主任指定

2. 根据《仲裁法》的规定,下列关于仲裁程序的表述正确的是(　　　)。

A. 仲裁应当开庭进行,但当事人可以约定不开庭

B. 仲裁不公开进行,但如不涉及国家秘密,当事人也可以约定公开进行

C. 对仲裁庭的组成,当事人可以约定由 3 名仲裁员组成仲裁庭

D. 当事人对仲裁的调解书不得申请撤销,对裁决书可以申请撤销

3. 下列纠纷中,不能通过仲裁途径解决的是(　　　)。

A. 老李夫妇的离婚纠纷

B. 林老汉的三个儿子继承遗产的纠纷

C. 甲公司同某区工商行政管理局就文具采购问题产生的纠纷

D. 王某与李某房屋租赁纠纷

4. 关于仲裁,下列说法错误的有(　　　)。

A. 事后达成仲裁协议的,仲裁机构不予受理

B. 仲裁协议一经成立,即具有法律效力

C. 仲裁庭根据首席仲裁员的意见制作裁决书

D. 裁决书自做出之日起发生法律效力

三、判断题

1. 经济纠纷的解决途径有诉讼和非诉方式,其中以非诉方式成本低,收效好。　(　　　)

2. 仲裁庭在做出裁决前,可以先行调解。当事人自愿调解的,仲裁庭应当调解,调解不成的,应告知当事人向法院起诉。　(　　　)

3. 婚姻、收养、监护、抚养、继承等有关身份的争议不能仲裁。　(　　　)

4. 仲裁裁决做出后,当事人就同一纠纷不能再申请仲裁或人民法院起诉。　(　　　)

5. 合同的变更、解除、终止或者无效,不影响仲裁协议的效力。　(　　　)

四、案例分析题

1. 2024 年 3 月 15 日,甲机电公司与乙机械加工公司签订一份机电设备加工合同,合同约定,乙机械加工公司于 2024 年 4 月底前为甲机电公司完成一套机电设备加工任务,部分原材料及加工费总计为 77 万元,于设备交付后 7 日内一次性付清。如果一方违约,应向对方支付合同标的额 10% 的违约金。合同签订后,双方单独签订一份仲裁协议,约定如果就标的物的质量问题发生争议,应提交广州市仲裁委员会中山分会仲裁。合同履行后,双方就机电设备质量问题发生争议。甲机电公司于 2024 年 6 月 10 日向中山市人民法院起诉,人民法院受理案件后,向被告乙机械加工公司送达了起诉状副本,并在被告进行实体答辩的情况下对案件进行

了审理判决：责令乙机械加工公司重新加工设备并支付违约金。判决做出后，乙机械加工公司以存在仲裁协议，人民法院无权受理该案为由上诉。

问题：

（1）乙机械加工公司的上诉理由是否成立？人民法院的判决是否有效？

（2）如果乙机械加工公司在接到起诉状副本后，以存在仲裁协议为理由对人民法院的管辖权提出抗辩，人民法院应当如何处理？

（3）如果就上述争议，甲机电公司申请中山分会仲裁解决，仲裁委员会受理案件后，依法做出裁决，那么，该仲裁裁决效力如何？如果乙机械加工公司拒不执行，甲机电公司可以采取何种救济手段维护自身权益？

2. A公司与B公司签订了一份买卖水晶灯的合同。双方在合同中约定：如果发生纠纷，应提交仲裁委员会仲裁。后来，B公司作为买方提货时发现A公司提供的货有严重的质量问题，于是向A公司提出赔偿损失的要求。A公司不允，双方协商未果。B公司遂向仲裁委员会申请仲裁，提出申请的时间为8月18日，仲裁委员会于8月28日受理此案，并决定由3名仲裁员组成仲裁庭。A公司与B公司分别选定了一名仲裁员，B公司作为申请方又委托仲裁委员会主任指定了首席仲裁员。B公司所选的仲裁员恰好是其上级单位的常年法律顾问。此三名仲裁员公开对此案进行了审理。当事人当庭达成了和解协议，仲裁庭依和解协议制作了仲裁调解书，此案圆满结束。

问题：

仲裁委员会在程序上有五处不当之处，请一一指出并说明理由。

项目十一

诉讼法律制度

【本项目涉及的主要法律法规文件】

1. 2023 年 9 月 1 日,第十四届全国人民代表大会常务委员会第五次会议通过全国人民代表大会常务委员会关于修改《中华人民共和国民事诉讼法》的决定,自 2024 年 1 月 1 日起施行。

2. 《最高人民法院关于适用〈中华人民共和国民事诉讼法〉的解释》,自 2022 年 4 月 10 日起施行。

3. 《最高人民法院关于审理民事案件适用诉讼时效制度若干问题的规定(2020 修正)》(法释〔2020〕17 号),自 2021 年 1 月 1 日起施行。

【本项目拟实现的目标】

知识目标:(1) 知晓诉讼的概念、民事诉讼的性质。(2) 知晓我国人民法院组织体系。(3) 掌握人民法院的管辖权规定。(4) 诉讼时效。(5) 诉讼程序。

技能目标:(1) 知道如何起诉,向哪个法院起诉。(2) 能够处理诉讼中遇到的问题。(3) 能够在法律规定的时限通过诉讼来维护自身权益。

素质目标:(1) 增强法治观念和维权意识。(2) 依法通过诉讼等法律途径解决经济纠纷。

［导入案例］

刘某因买卖合同纠纷向法院起诉,要求被告冯某履行合同并承担违约责任。法院按照普通程序审理该案件,由于被告要求由人民陪审员参加审理,法院决定由法官张某和人民陪审员乔某、吉某组成合议庭,张某任审判长。刘某得知陪审员乔某是被告的表弟,便要求其回避,但回避申请被法官张某当场拒绝。在审理中,被告提出自己未能按照合同约定交货,是由于天降大雨,冲垮了公路。法庭审理后认为,原告未及时告知交货地点是造成被告迟延履行的主要原因,因而驳回了原告要求被告承担违约责任的请求。原告不服判决,提起上诉,二审法院发回重审,一审法院组成合议庭对该案件再次进行审理。

【问题】

1. 本案合议庭的组成是否合法?

2. 张某申请回避的理由是否成立?

3. 法官张某的做法是否合法?

4. 对法院的决定不服,是否可以提出上诉?

5. 张某是否可以参加新的合议庭?新合议庭可否由人民陪审员参加?

6. 一审法院对案件的审判是否存在程序上的错误?

诉讼是解决经济纠纷的主要途径之一。当遇到经济纠纷时,如选择提起诉讼的方式维权,就必须解决下列问题:怎样起诉,书写起诉状;知晓向哪个法院起诉;在多长时间内起诉会受到法律的保护;怎样举证;随着诉讼程序的进行,当事人有什么样的权利义务。这就要求当事人必须了解诉讼的相关规定:起诉的程序;法院的管辖权规定;诉讼时效的规定;合议制度、两审终审制度;诉讼程序等。

任务一　认识诉讼

【案例 11-1】 张三、张四系两兄弟,并已各自成家多年,共同居住在祖上留下的四间平房里。去年张四分得一套两居室的楼房,张四一家将新房装修后,准备给儿子结婚用。张三认为张四已分得新房就应当搬走,因为父母去世时,张四去黑龙江插队而未尽养老送终的义务。父亲临终时说这四间房屋今后由张三继承,张四可以继承家传的字画。当张三提出让张四搬走时,张四不同意,故张三向人民法院起诉,要求确认这四间房屋归其所有,并要求判令张四腾房搬走。张四在答辩中称:张三已继承了父亲遗留的几个古董,就不应当再继承该四间房屋了,要求人民法院将这四间房屋判归其所有,并且要求张三腾房。在诉讼进行中,张三、张四的叔叔王某向人民法院主张这四间房屋应归其所有,并向人民法院出示了其父留下的遗嘱。但本案在开庭审理时,张四因争执激烈,气冲大脑,突发脑出血死亡。张三见其弟已死亡,向人民法院提出撤诉。

【问题】

1. 在本案诉讼中,张三、张四、王某各处于什么样的诉讼地位?请说明理由。
2. 张四死后,诉讼程序应如何进行?
3. 张三撤诉应经过什么程序?

一、诉讼与民事诉讼的概念

诉讼是指国家司法机关依照法律规定,在当事人和其他诉讼参与人的参加下,依法解决讼争的活动。诉讼可分为民事诉讼、行政诉讼和刑事诉讼。与之相对应的诉讼法包括民事诉讼法、行政诉讼法、刑事诉讼法。在我国,一般通过民事诉讼活动依法审理国内和涉外经济纠纷案件,调整生产和流通领域的经济关系,保护国家利益、集体利益和中外当事人的合法权益。

民事诉讼是指人民法院在双方当事人和其他诉讼参与人参加下,审理和解决民事案件的活动,以及由这些活动所发生的诉讼关系。

二、民事诉讼法

1991 年 4 月 9 日第七届全国人民代表大会第四次会议通过了《中华人民共和国民事诉讼法》(简称《民事诉讼法》)。该法经 2007 年 10 月 28 日第十届全国人民代表大会常务委员会第三十次会议通过《关于修改〈中华人民共和国民事诉讼法〉的决定》,自 2008 年 4 月 1 日起施行。2012 年 8 月 31 日,第十一届全国人大常委会第二十八次会议表决通过了全国人大常委会《关于修改〈中华人民共和国民事诉讼法〉的决定》,自 2013 年 1 月 1 日起施行。2017 年 6 月

27 日作了第三次修正,于 2017 年 7 月 1 日起施行。2021 年 12 月 24 日第十三届全国人民代表大会常务委员会第三十二次会议《关于修改〈中华人民共和国民事诉讼法〉的决定》第四次修正。2023 年 9 月 1 日,第十四届全国人民代表大会常务委员会第五次会议通过全国人民代表大会常务委员会关于修改《中华人民共和国民事诉讼法》的决定,自 2024 年 1 月 1 日起施行。凡在中华人民共和国领域内,人民法院受理公民之间、法人之间、其他组织之间以及他们相互之间因财产关系和人身关系提起的民事诉讼,适用《民事诉讼法》的规定。

三、民事诉讼参加人

民事诉讼当事人是指在民事诉讼中,以自己的名义起诉应诉,并受法院裁判约束的利害关系人。它包括原告、被告、共同诉讼人和诉讼中的第三人。凡是有诉讼权利能力的人,都可以作为民事诉讼的当事人。

(一)原告

凡因自己的民事权益受到侵犯,或者是与他人发生其他民事纠纷,以自己的名义向人民法院提起诉讼,请求法院给予依法处理,而引起诉讼程序发生的人,称为原告。原告,可以是自然人,也可以是法人或者其他组织。

(二)被告

凡是被原告提起民事诉讼,被指侵犯了原告的民事权益,或者是与民事原告发生其他民事纠纷,而被人民法院传唤应诉的人,称为被告。被告,可以是自然人,也可以是法人或非法人团体。

(三)共同诉讼人

共同诉讼,是指当事人一方或双方是两人以上的诉讼。当事人一方共同参加诉讼的人,称为共同诉讼人。两人以上的原告,称为共同原告;两人以上的被告,称为共同被告。

(四)诉讼中的第三人

在民事诉讼中,对他人之间争议的诉讼标的,具有独立的请求权,或者虽然没有独立的请求权,但案件的处理结果同他的民事权益有利害关系,这些人参加到他人正在进行的诉讼中来,称为民事诉讼中的第三人。民事诉讼中的第三人,分为有独立请求权的第三人和无独立请求权的第三人。分类的方法,以其对他人之间诉讼标的有无独立请求权为准。

(五)民事诉讼当事人以外的诉讼参加人

民事诉讼当事人以外的诉讼参加人,即诉讼代理人和无独立请求权的第三人。诉讼代理人,分为法定代理人、委托代理人和指定代理人。

任务二　　了解我国法院体系

人民法院是我国的审判机关,其组织体系是由《宪法》和《中华人民共和国人民法院组织法》(简称《人民法院组织法》)所确立的。这一体制以我国政治体制和国家结构为基础,同时借鉴了大陆法系国家的传统。人民法院组织结构由四级构成,并有普通法院和专门法院之分。普通法院包括基层人民法院、中级人民法院、高级人民法院和最高人民法院。专门法院包括军事法院、海事法院和铁路运输法院（大部分已撤销）。此外，新疆维吾尔自治区因其特殊的体制，与地方法院并列另设新疆生产建设兵团法院系统，结构与一般地方法院设置基本相同。

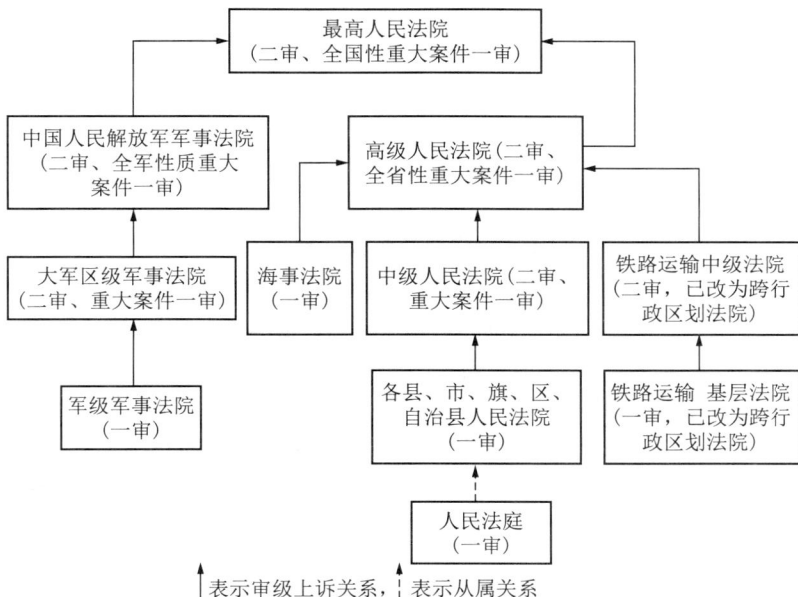

表示审级上诉关系，┊表示从属关系

根据《宪法》和《人民法院组织法》，我国法院系统分为以下三类：

（1）地方各级人民法院。地方各级人民法院分为基层人民法院、中级人民法院和高级人民法院三级。

① 基层人民法院包括县人民法院和市人民法院、自治县人民法院以及市辖区人民法院。基层人民法院审判一审案件，法律、法规另有规定的除外。基层人民法院根据地区、人口和案件情况可以设立若干人民法庭。人民法庭是基层人民法院的组成部分，其判决和裁定就是基层人民法院的判决和裁定。

② 中级人民法院包括在省、自治区内按地区设立的中级人民法院；在直辖市内设立的中级人民法院；省、自治区辖市的中级人民法院以及自治州中级人民法院。中级人民法院审判法律、法规规定的由其管辖和基层人民法院移送的第一审案件；对基层人民法院判决和裁定的上诉案件和抗诉案件以及由人民检察院按照审判监督程序提出的抗诉案件。

③ 高级人民法院包括省、自治区和直辖市的高级人民法院。审判法律、法规规定的由其管辖和下级人民法院移送的第一审案件；对下级人民法院判决和裁定的上诉案件和抗诉案件以及由人民检察院按照审判监督程序提出的抗诉案件。

（2）军事法院等专门法院。我国的专门法院包括军事法院和海事法院。铁路运输法院根据中央有关司法改革的部署，已于2012年撤销，合并入地方法院体系。

（3）最高人民法院。最高人民法院是国家最高审判机关，监督地方各级人民法院和专门人民法院的审判工作。最高人民法院审判法律、法规规定的由其管辖及其认为应当由其审判的第一审案件；对高级人民法院、专门人民法院判决和裁定的上诉案件和抗诉案件以及由最高人民检察院按照审判监督程序提出的抗诉案件。最高人民法院依法享有司法行政权、规范性司法解释制定权以及法律草案提案权等。

任务三 理解我国诉讼基本制度

一、合议制度

合议制度，是指由三名（含）以上审判人员或审判员、人民陪审员组成合议庭，对案件进行审理并做出裁判的制度。

根据我国诉讼法的规定，除适用简易程序的民、刑事案件外，一律组成合议庭审理。合议庭的组成人数为单数，评议案件实行少数服从多数的原则。合议庭可以由审判员组成，也可以由审判员、人民陪审员组成。人民陪审员参加合议庭审理案件，特别是一些专业性较强的案件，如知识产权纠纷、计算机犯罪案件等，能够有效地弥补审判员专业知识上的不足；在某种程度上，人民陪审员还发挥着监督审判工作的作用。陪审制源于英国，典型的现代陪审制度是这样的，陪审团由普通公民组成；陪审员在审前对案件没有任何倾向性意见，在诉讼过程中始终处于冷静旁观的地位；陪审员单独行使事实裁定权。但我国的陪审员制度完全不同于这种陪审制。合议制有利于集思广益，避免审判人员的个人局限性和片面性，从而保证办案质量。

【拓展】

西方陪审制度

"在古代的陪审员法庭里，根本没有法律专家，法庭庭长和审判官根本没有表决权，判决是由陪审员独立做出的。"基于民主政治传统对司法活动的深刻影响，公元前594年的古希腊梭伦改革中首创了陪审法庭制度，公元前509年的克里斯蒂尼改革和伯里克利立法中，也做了几乎相同的规定。在古罗马，大约至公元5世纪时开始实行从公民中选举法官的做法，其中便具有陪审制度的特点。后古罗马王政时期的库里亚民众会议使民众审判取得了合法化地位，仿照希腊的公民会审制度，规定凡是诉讼案件都必须经由人民集体会审。

普通法系国家的陪审制度以英国为肇端。路易一世在829年规定，在判断国王的权力时，应由当地最具名望的12位人物经宣誓后做陈述，这一制度在1066年诺曼征服后传至英格兰地区。1179年，亨利二世为了加强对司法活动的支配力，颁布了《大程序法令》，规定在解决土地及继承纠纷的诉讼中，应由12位有自由身份和法定资格的男性公民组成一个小组，在宣誓后对于谁是土地的真正所有者或者财产继承人等问题发表各自的观点，这构成了现代民事陪审制度的原型。凯姆顿勋爵曾赞誉陪审制度是"我们自由宪政的基础，失之，整个大厦将毁于一旦"。

美国从殖民地时代就继承了英国的陪审制，但最初并未发挥重要的作用，随着18世纪中叶日益高涨的反抗英国统治的呼声，陪审制成为反抗宗主国压迫的手段之一。1765年10月19日"美洲殖民地第一次代表大会"中，将"获得陪审团审判是这些殖民地每一大英帝国臣民固有的和无价的权利"的内容写入了会议决议。1787年9月17日制宪会议通过的美利坚合众国宪法对刑事陪审制度做出了明确规定："审理刑事案件，除弹劾案以外，应由陪审团审判。该项审判应于犯罪行为所在地举行。如果该犯罪不在任何州内发生时，该项审判应在由国会以法律所规定的地区举行"（第3条第2款）。此后，1791年宪法修正案（权利法案）中规定了当事人在刑事及民事审判中接受陪审的权利(第6条、第7条),同时大陪审团制度也得到保障(第5条)。这些宪法规定使陪审制度成为美国司法制度的基石之一,"这个制度不但作为美国法庭程序的一部分而有其本身的重要性,而且它也对法庭程序的其他方面产生巨大的影响。美国法律的许多特点都环绕在陪审制度的四周,就像铁砂环绕磁石一样。"

自20世纪后期开始,英美陪审制受到冷遇。有批评者指出,陪审团参与的审判旷日持久,背离现代诉讼的效率追求,并且这种不按照严密逻辑推理而做出的对案件事实的非理性判断和认定相当可笑,但是最终,支持者的声音在研究人员的调查中得到了印证。在1977年美国诉讼律师协会所做的调查问卷中,90%以上的美国法官认为应当保留陪审团制度,1998年美国律师协会所做的调查问卷中,80%以上的美国人认为建立在陪审制基础上的美国司法制度是世界上最好的。著名法官、法学家波斯纳也认为,废除陪审团制度的建议在政治上不可行,因为这不仅违反了美国宪法第七修正案,而且也丝毫无益于缓解美国诉讼案件的增加和诉讼程序的迟缓。

由于在法律文化、诉讼模式等方面的差异,法德等大陆法系国家的陪审制度表现为另一变异形态——"参审制"或"混合陪审制"。法国的陪审制度是在移植英国陪审制度的基础上结合法国的国情改造而成的,其实际运作表现为"参审制"。事实上,欧洲大陆其他国家在移植陪审制时并非参照英国版本,而是参照了法国蓝本。从这个意义上讲,法国陪审制度是欧洲大陆陪审制度的基本模式。18世纪,法国资产阶级启蒙思想家站在理性主义和人道主义的立场上,猛烈抨击宗教神学和封建专制,孟德斯鸠、伏尔泰、罗伯斯庇尔等思想家、政治家均对英国业已采用的陪审制赞赏有加。1789年法国资产阶级革命胜利后,新兴的资产阶级通过1791年召开的国民大会确立了包括陪审制在内的各类新型诉讼制度。虽然大陪审团制度在1811年因为逐渐成为控方起诉权力滥用的幌子而遭废除,但小陪审团制度得以保留,并由此诞生了独具法国特色的陪审制度,即由陪审员和职业法官共同审理并裁决案件,称为"参审制"或"混合法庭"。法国的陪审团是通过抽签方法组成的公民团体,它与专业法官一起仅在巡回法院参与重大刑事案件的审理,裁判陪审员有权参与案件事实和法律问题的判决。现在,法国对可能判处5年以上有期徒刑、无期徒刑及死刑的重罪案件,均规定由法官和陪审员共同审理,而在民事诉讼领域,则仅适用于劳动争议案件(劳动法院)、商事争议案件(商事法院)、社会保障争议案件(社会保障法院)和农业借贷争议案件(农业借贷法院)。参审制与陪审团制的最大不同在于:在陪审团模式下,陪审团和职业法官存在着严格的职责分工,前者负责认定案件事实,后者负责法律适用;而在参审制模式下,陪审员与职业法官之间并不存在这样的职责分工,两者共同负责认定事实并适用法律。不管是曾经对陪审团情有独钟的英美国家,还是固守参审制的法德诸国,都旨在公正司法、权力制约、推进民主,毕竟"陪审员能够增加对终身任职的法官或面对竞选的法官的反向平衡,并允许在很多市民之间展开对话,而这与基本上只和自己说话的法官是完全不同的。"

二、回避制度

回避制度,是指承办案件的有关人员因与案件、案件的当事人有利害关系或者其他可能影响案件公正处理的关系,不得参与办理该案的诉讼活动的制度。

回避制度的建立,旨在防止办案人员因同案件或案件的当事人之间的某种关系,而先入为主或者徇私舞弊。符合法定情形应当回避的人员包括侦查人员、检察人员、审判人员、书记员、翻译人员和鉴定人。

（一）回避的事由

承办案件的有关人员具有下列情形之一的,应当回避:

(1) 本案的当事人或者是当事人的近亲属;

(2) 本人或其近亲属与本案有利害关系;

(3) 与本案当事人有其他关系,可能影响公正审理案件的。

（二）回避的程序

回避可以由应当回避的人员主动提出(自行回避),也可以由当事人及其法定代理人在诉讼各阶段提出(申请回避),还可以由有决定权的办案机关负责人或组织指令有关人员回避(指令回避)。

审判人员、检察人员、侦查人员的回避,分别由法院院长、检察长和公安机关负责人决定;法院院长的回避,由本院审判委员会决定;检察长和公安机关负责人的回避,由同级人民检察院检察委员会决定。回避决定一经做出即行生效。刑事诉讼中,当事人及其法定代理人对驳回回避申请的决定不服时,可以申请复议一次。对侦查人员的回避做出决定前,侦查人员不停止对案件的侦查,以保持侦查工作的连续性、及时性。

三、公开审判制度

（一）公开审判制度的概念

公开审判制度,是指人民法院的审判活动依法向社会公开的制度。

（二）公开审判制度的内容

(1) 人民法院在开庭前公告当事人姓名、案由、开庭时间、地点;

(2) 除法律规定不公开审理的案件外,审判过程公开,允许公民到庭旁听,允许新闻记者采访和报道;

(3) 判决必须公开宣告。

公开审判是保障审判民主性和公正性的重要措施,有利于增强审判人员依法判案的责任心,维护诉讼参与人的合法权益,还能起到法制宣传的作用。当然,公开是有限度的,根据法律规定,涉及个人隐私、国家秘密、商业秘密以及未成年人犯罪的案件,审理是不公开的。

四、两审终审制度

两审终审制,是指一个案件经两级人民法院审判即告终结的一种审级制度。

具体地说,就是当事人对一审判决、裁定不服的,有权在法定期限内向上一级人民法院提起上诉,人民检察院认为刑事案件一审裁判确有错误时,也可以在法定期限内提出抗诉。上一级人民法院按照二审程序审理后做出的判决、裁定,为终审判决、裁定。

我国原则上实行两审终审制,但须注意以下两点:

(1) 最高人民法院是全国最高审判机关,其特殊地位决定了它的一审判决、裁定就是终局性的,不存在上诉或抗诉的问题;

(2) 刑事诉讼中判处死刑的案件,即使经过二审也还未生效,还必须经死刑复核程序,经该程序核准后的死刑判决才能最终生效。

五、举证制度

举证责任是法律假定的一种后果,即当事人对自己的诉讼主张,有提供证据加以证明的责任,否则将承担败诉的法律后果。

举证责任包含两层意思:第一,当事人对主张的事实,负有提出证据予以证明的义务,对方当事人不负举证责任;第二,如果双方当事人都提不出足够证据,则负举证责任的一方败诉。所以,举证责任是一种风险义务,与诉讼后果密切相关。

(一)民事诉讼的举证责任分配

《民事诉讼法》第六十四条第一款规定:"当事人对自己提出的主张,有责任提供证据。"该条规定设定了民事诉讼举证责任分担的一般原则:第一,当事人双方都应负担举证责任;第二,谁主张事实,谁举证。在民事诉讼中,举证责任是可以转换的,既可能从原告转移到被告,也可能从被告转移到原告。

(二)行政诉讼的举证责任分配

行政诉讼由被告即行政主体(主要是行政机关)负举证责任。当被告不能证明具体行政行为合法而法院又无法查明案件事实真相时,由被告承担败诉后果;原告不因举不出证据来证明具体行政行为的违法性而败诉。但有关程序上的事实或有关民事上的事实,仍应遵循"谁主张、谁举证"的原则。

任务四 掌握诉讼管辖制度

【案例 11-2】 甲市 A 公司(需方)与乙市 B 公司(供方)签订了一份销售合同,标的金额 400 万元人民币。合同约定的履行地为丙市某港口。此外,该合同还约定:"解决合同纠纷的方法及未尽事宜,由需方所在地有关部门处理。"后货物分别运抵丙市某港口及丁市某港口。由于货物缺损及质量等问题,A 公司与 B 公司发生纠纷。A 公司以 B 公司为被告首先起诉,甲市某区人民法院受理该案,后甲市中院提审该案。此间,B 公司也以 A 公司为被告诉诸丙市某区人民法院,后该院又将案件移送其上级法院。

【问题】
1. 本案应由何地法院行使管辖权?
2. 甲市某区法院以协议管辖为由受理本案是否正确?
3. 甲市中院提审本案适当否?
4. 假设甲市某区法院尚未开庭审理本案,甲市中院提审后,B 公司能否提出管辖异议?
5. 假设 B 公司已向甲市某区法院提出了管辖异议,但在法院就有无管辖权问题做出裁定前,B 公司的代理律师又去阅卷、办理委托手续和打听开庭日期,是否视为 B 公司有应诉行为,并已放弃了异议,接受了管辖?
6. 假设 A 公司也向丙市某区人民法院就级别管辖权提出了管辖异议,该区法院若认为该异议成立,可否做出裁定,将本案移送上级法院审理?
7. 在本案中,甲市法院与丙市法院发生管辖权争议时,应如何解决?

一、民事诉讼管辖的概念

民事诉讼管辖是指确定上下级人民法院之间和同级人民法院之间受理第一审民事案件的分工和权限,即确定人民法院受理第一审民事案件的权限及起诉人应该向哪个法院提起诉讼。只有当某个民事案件属于人民法院管辖权范围内,该法院才有权受理,拥有管辖权。

二、民事诉讼管辖的种类

我国民事诉讼管辖一般可以分为级别管辖、地域管辖、移送管辖和指定管辖。

(一)级别管辖

级别管辖是指确定各级人民法院之间受理第一审民事案件的分工和权限。级别管辖的特点在于它是从人民法院系统的纵向方面来划分第一审民事案件的管辖法院。划分级别管辖的标准包括案件影响的大小、案件的性质、各级人民法院工作的繁重程度等。根据《民事诉讼法》的规定,我国各级人民法院管辖第一审民事案件的分工如下。

(1)基层人民法院管辖的第一审民事案件:除法律规定由中级人民法院、高级人民法院和最高人民法院管辖的第一审民事案件外,其余的都由基层人民法院管辖。

(2)中级人民法院管辖的第一审民事案件:第一,重大涉外案件;第二,在本辖区内有重大影响的案件;第三,最高人民法院确定由中级人民法院管辖的案件,包括专利案件,海事、海商案件,涉及港澳台案件。此外,争议标的额较大的案件、跨省的案件一般也由中级人民法院管辖。

(3)高级人民法院管辖的第一审民事案件:在本辖区内有重大影响的民事案件由高级人民法院管辖。

(4)最高人民法院管辖的第一审民事案件有两类:一是在全国有重大影响的案件;二是认为应当由最高人民法院审理的案件。

(二)地域管辖

地域管辖是指同级人民法院之间在各自区域内受理第一审民事案件的分工和权限。级别管辖是地域管辖的前提,地域管辖是级别管辖的条件,一个具体的案件首先被确定由哪一级人民法院管辖之后,才产生同级不同地人民法院管辖的问题。地域管辖又分为一般地域管辖、特殊地域管辖、专属管辖、协议管辖以及共同管辖。

1. 一般地域管辖

一般地域管辖是指按照当事人所在地与人民法院辖区的隶属关系所确定的管辖。该类管辖遵循"原告就被告"的原则。《民事诉讼法》第二十二条规定:"对公民提起的民事诉讼,由被告住所地人民法院管辖;被告住所地与经常居住地不一致的,由经常居住地人民法院管辖。"对法人或者其他组织提起的民事诉讼,由被告住所地人民法院管辖。住所地是指公民的户籍所在地。经常居住地是指公民离开住所地至起诉时已连续居住满1年以上的地方,公民住院就医的除外。

在一般地域管辖中,也有例外情况,即由原告所在地人民法院管辖:第一,对不在我国境内居住的人提起的有关身份关系的诉讼;第二,对下落不明或者宣告失踪的人提起的有关身份关系的诉讼;第三,对被采取强制性教育措施的人提起的诉讼;第四,对被监禁的人提起的诉讼。

此外,最高人民法院关于适用《中华人民共和国民事诉讼法》的解释中又补充规定了一些特殊情形:第一,被告一方被注销户籍的,依照民事诉讼法第二十三条规定确定管辖;原告、被告均被注销户籍的,由被告居住地人民法院管辖。第二,追索赡养费案件的几个被告住所地不在同一辖区的,可以由原告住所地人民法院管辖。第三,双方当事人均为军人或军队单位的民事案件由军事法院管辖。第四,夫妻一方离开住所地超过1年,另一方起诉离婚的案件,可以由原告住所地人民法院管辖。夫妻双方离开住所地超过1年,一方起诉离婚的案件,由被告经常居住地人民法院管辖;没有经常居住地的,由原告起诉时居住地的人民法院管辖。第五,在国内结婚并定居国外的华侨,如定居国法院以离婚诉讼须由婚姻缔结地法院管辖为由不予受理,当事人向人民法院提出离婚诉讼的,由婚姻缔结地或一方在国内的最后居住地人民法院管辖。第六,在国外结婚并定居国外的华侨,如定居国法院以离婚诉讼须由国籍所属国法院管辖为由不予受理,当事人向人民法院提出离婚诉讼的,由一方原住所地或在国内的最后居住地人民法院管辖。第七,中国公民一方居住在国外,一方居住在国内,不论哪一方向人民法院提起离婚诉讼,国内一方住所地的人民法院都有权管辖。如国外一方在居住国法院起诉,国内一方向人民法院起诉的,受诉人民法院有权管辖。第八,中国公民双方在国外但未定居,一方向人民法院起诉离婚的,应由原告或者被告原住所地的人民法院管辖。

2. 特殊地域管辖

特殊地域管辖是指以诉讼标的所在地、被告住所地与法院辖区之间的关系确定的管辖。特殊地域管辖有以下几种:

(1) 因合同纠纷提起的诉讼,由被告住所地或者合同履行地人民法院管辖。合同没有实际履行,当事人双方所在地又不在合同约定的履行地的,应由被告住所地人民法院管辖,其他情况可由合同履行地人民法院管辖。

(2) 因保险合同纠纷提起的诉讼,由被告住所地或者保险标的物所在地人民法院管辖。

(3) 因票据纠纷提起的诉讼,由票据支付地或者被告住所地人民法院管辖。

(4) 因铁路、公路、水上、航空运输和联合运输合同纠纷提起的诉讼,由运输始发地、目的地或者被告住所地人民法院管辖。

(5) 因侵权行为提起的诉讼,由侵权行为地或者被告住所地人民法院管辖。

(6) 因铁路、公路、水上和航空事故请求损害赔偿提起的诉讼,由事故发生地或者车辆、船舶最先到达地,航空器最先降落地或者被告住所地人民法院管辖。

(7) 因船舶碰撞或者其他海事损害事故请求损害赔偿提起的诉讼,由碰撞发生地、碰撞船舶最先到达地、加害船舶最先到达地、加害船舶被扣留地或者被告住所地人民法院管辖。

(8) 因海难救助费用提起的诉讼,由救助地或者被救助的船舶最先到达地人民法院管辖。

(9) 因共同海损提起的诉讼,由船舶最先到达地、共同海损理算地或者航程终止地的人民法院管辖。

3. 专属管辖

专属管辖是指法律对某些具有特殊性质的案件,强制性规定只能由特定的人民法院管辖。

专属管辖的最大特点在于:属于专属管辖的案件,只能由法律规定的法院管辖;其他法院无权管辖,也不允许当事人以协议的方式变更管辖法院。

《民事诉讼法》规定属于专属管辖的诉讼包括以下几种:

(1) 因不动产纠纷引起的诉讼,由不动产所在地人民法院管辖;

(2) 因港口作业发生纠纷提起的诉讼,由港口所在地人民法院管辖;

（3）因继承遗产纠纷提起的诉讼，由被继承人死亡时的住所地或者主要遗产所在地人民法院管辖。

4. 协议管辖

协议管辖又称约定管辖或合意管辖，是指双方当事人在纠纷发生之前或纠纷发生之后，通过协商确定案件的管辖法院。法律上设立协议管辖制度的主要目的在于尊重当事人的意愿，根据当事人的意思来确定案件的管辖法院。我国在管辖的确定上采取了以法律的强制性规定为原则，同时又以当事人的协议管辖为补充的做法。《民事诉讼法》第三十四条对协议管辖做了规定，协议管辖应当具备以下条件：

（1）协议管辖只适用于合同纠纷和其他财产权益纠纷案件。

（2）协议管辖仅适用于合同纠纷和其他财产权益纠纷中的第一审案件。对于第二审案件，当事人不得协议选择案件的管辖法院。

（3）当事人必须在法定的范围内进行选择。法律规定可供当事人选择的法院是指被告住所地、合同履行地、合同签订地、原告住所地、标的物所在地等与争议有实际联系的地点的人民法院。

（4）当事人的协议管辖法院不得违反法律对专属管辖和级别管辖的规定。

（5）协议管辖必须采用书面的形式，口头协议无效。

5. 共同管辖

共同管辖是指法律规定数个人民法院对同一案件拥有管辖权的情形。对这种情形，当事人可以选择其中的一个法院提起诉讼，如原告向其中两个以上法院起诉的，由最先立案的人民法院管辖。

（三）移送管辖、指定管辖及管辖权异议

1. 移送管辖

移送管辖是指人民法院受理案件后，发现本院对该案无管辖权，依法将案件移送给有管辖权的法院。移送管辖一般发生在人民法院对案件审理之前，或者当事人提出管辖异议正确的情况下。人民法院发现已受理的案件本院无管辖权时，应当将案件移送给有管辖权的人民法院，受移送的人民法院不能拒绝接受，也不得再自行移送。如果接受移送的法院认为该案不属于本院管辖时，应当报送与移送法院共同的上级人民法院，由该上级人民法院指定管辖。

2. 指定管辖

指定管辖是指上级人民法院按照法律规定，指定其辖区内的下级人民法院对某一具体案件行使管辖权。指定管辖的发生有两种情况：一是有管辖权的人民法院由于特殊原因不能行使管辖权，由上级人民法院指定管辖。如有管辖权的人民法院的全体审判员应当回避，无法组成合议庭，则由上级法院指定其他下级法院管辖。二是人民法院之间因管辖权发生争议，协商解决不了的，报请它们的共同上级法院指定管辖。

3. 管辖权异议

管辖权异议是指当事人认为受诉人民法院对该案无管辖权，而向受诉人民法院提出的不服该法院管辖的意见和主张。提出管辖权异议必须具备两个条件：① 提出管辖权异议的主体只能是本案的被告。② 被告提出管辖权异议必须在提交答辩状期间提出，即被告收到人民法院发送的起诉状副本之日起 15 日内提出。人民法院收到当事人的管辖权异议申请后，经审查，认为异议成立的，应及时裁定，将案件移送给有管辖权的人民法院；认为异议不成立的，应裁定驳回申请。

任务五　理解诉讼时效制度

【案例 11 - 3】　王某租赁张某一套住房,租赁期间为 2024 年 1 月 1 日至 12 月 31 日,约定 2024 年 6 月 30 日之前支付房租,但王某一直未付房租,张某也未催要。

【问题】

1. 根据《民事诉讼法》关于诉讼时效的规定,张某可以向法院提起诉讼,请指出主张其民事权利的法定期间。

2. 什么是诉讼时效?

3. 为什么要规定诉讼时效?

一、诉讼时效的概念和特征

(一) 诉讼时效的概念

诉讼时效是指权利人在法定的时效期间内,未向法院提起诉讼请求保护其权利时,依据法律规定消灭其胜诉权的制度。应当注意的是,根据《民法典》第一百九十三条,人民法院不得主动适用诉讼时效的规定。诉讼时效期间届满后,义务人同意履行的,不得以诉讼时效期间届满为由抗辩;义务人已经自愿履行的,不得请求返还。

(二) 诉讼时效的特征

(1) 诉讼时效属于消灭时效,权利人在法定期间不行使权利则丧失胜诉权。

(2) 诉讼时效具有强制性,当事人不得单方或协议变更。

(3) 诉讼时效具有普遍性,除法律有特别规定外,适用各种民事权利。

二、诉讼时效的分类

诉讼时效分为一般诉讼时效和最长诉讼时效。

(一) 一般诉讼时效

一般诉讼时效是指在一般情况下普遍适用的时效,这类时效不是针对某一特殊情况规定的,而是普遍适用的。我国《民法典》第一百八十八条规定,向人民法院请求保护民事权利的诉讼时效期间为三年。法律另有规定的,依照其规定。

第一百九十二条规定,诉讼时效期间届满的,义务人可以提出不履行义务的抗辩。诉讼时效期间届满后,义务人同意履行的,不得以诉讼时效期间届满为由抗辩;义务人已经自愿履行的,不得请求返还。第一百九十三条规定,人民法院不得主动适用诉讼时效的规定。也就是说,人民法院在案件审理过程中,不得主动向当事人提醒、释明诉讼时效。

(二) 最长诉讼时效

最长诉讼时效为二十年。《民法典》规定,诉讼时效期间自权利人知道或者应当知道权利受到损害以及义务人之日起计算。法律另有规定的,依照其规定。但是自权利受到损害之日起超过二十年的,人民法院不予保护;有特殊情况的,人民法院可以根据权利人的申请决定延长。

三、诉讼时效期间的计算

（1）诉讼时效期间自权利人知道或者应当知道权利受到损害以及义务人之日起计算。法律另有规定的，依照其规定。但是自权利受到损害之日起超过二十年的，人民法院不予保护；有特殊情况的，人民法院可以根据权利人的申请决定延长。

（2）当事人约定同一债务分期履行的，诉讼时效期间自最后一期履行期限届满之日起计算。

（3）无民事行为能力人或者限制民事行为能力人对其法定代理人的请求权的诉讼时效期间，自该法定代理终止之日起计算。

（4）未成年人遭受性侵害的损害赔偿请求权的诉讼时效期间，自受害人年满十八周岁之日起计算。

四、诉讼时效的中止、中断和延长

（一）诉讼时效的中止

在诉讼时效期间的最后六个月内，因下列障碍，不能行使请求权的，诉讼时效中止：

（1）不可抗力；

（2）无民事行为能力人或者限制民事行为能力人没有法定代理人，或者法定代理人死亡、丧失民事行为能力、丧失代理权；

（3）继承开始后未确定继承人或者遗产管理人；

（4）权利人被义务人或者其他人控制；

（5）其他导致权利人不能行使请求权的障碍。

自中止时效的原因消除之日起满六个月，诉讼时效期间届满。

（二）诉讼时效的中断

有下列情形之一的，诉讼时效中断，从中断、有关程序终结时起，诉讼时效期间重新计算：

（1）权利人向义务人提出履行请求；

（2）义务人同意履行义务；

（3）权利人提起诉讼或者申请仲裁；

（4）与提起诉讼或者申请仲裁具有同等效力的其他情形。

下列请求权不适用诉讼时效的规定：

（1）请求停止侵害、排除妨碍、消除危险；

（2）不动产物权和登记的动产物权的权利人请求返还财产；

（3）请求支付抚养费、赡养费或者扶养费；

（4）依法不适用诉讼时效的其他请求权。

诉讼时效的期间、计算方法以及中止、中断的事由由法律规定，当事人约定无效。当事人对诉讼时效利益的预先放弃无效。

法律规定或者当事人约定的撤销权、解除权等权利的存续期间，除法律另有规定外，自权利人知道或者应当知道权利产生之日起计算，不适用有关诉讼时效中止、中断和延长的规定。存续期间届满，撤销权、解除权等权利消灭。

任务六　了解起诉及诉讼程序

【案例 11-4】 某县基层人民法院判决了贾某诉吴某的名誉侵权赔偿案。3 月 1 日向双方当事人送达了判决书。3 月 16 日,吴某向市中级人民法院递交了上诉状,提出上诉。市中级人民法院将上诉状退给吴某,告知其上诉状应当向县基层人民法院提出。县基层人民法院于 3 月 18 日收到上诉状以后,3 月 25 日向贾某送达了上诉状副本,并要求贾某于 10 日内提交答辩状,贾某在 4 月 2 日提交答辩状时声称吴某的上诉行为已过上诉期,其上诉不应当受理。县基层人民法院认为贾某的答辩有理,吴某的上诉过期属实,于是裁定驳回吴某的上诉。

【问题】

本案中,两级法院的做法有哪些不符合我国民事诉讼法的规定? 请简述理由。

民事诉讼程序包括审判程序和执行程序,审判程序又有第一审普通程序、简易程序、第二审程序、特别程序、审判监督程序、督促程序和公示催告程序。

一、第一审普通程序

第一审普通程序是人民法院审理第一审民事案件通常所适用的程序。它是审判程序中最基本、最完备的程序,民事诉讼法的基本原则和制度在普通程序中得以最充分的体现。因此,第一审普通程序是整个民事审判程序的基础。第一审普通程序可分为起诉和受理、审理前的准备、开庭审理等阶段。

(一) 起诉和受理

起诉是指公民、法人或其他组织认为自己的民事权益受到侵害或与他人发生争议,以自己的名义请求人民法院通过审判予以法律保护的诉讼行为。起诉必须符合以下四个条件:① 原告是与本案有直接利害关系的公民、法人或其他组织;② 有明确的被告;③ 有具体的诉讼请求和事实、理由;④ 属于人民法院受理民事诉讼的范围和受诉人民法院管辖。

原告起诉的方式有书面形式和口头形式两种。一般情况下,起诉应当向人民法院递交起诉状,并按照被告人数提交副本。书写起诉状确有困难的,才可以口头起诉,由人民法院记入笔录,并告知对方当事人。

受理是指人民法院对当事人的起诉经审查后,认为符合法定条件的,决定立案审理,从而引起诉讼程序开始的诉讼行为。起诉是当事人的诉讼行为,受理是人民法院的诉讼行为,任何一个具体民事诉讼程序的开始都是这两个诉讼行为的结合。

人民法院收到起诉状或者口头起诉,经审查认为符合起诉条件的,应当在 7 日内立案,并通知当事人;认为不符合起诉条件的,应当在 7 日内裁定不予受理。原告对裁定不服的,可以提起上诉。

(二) 审理前的准备

审理前的准备是普通程序中的一个法定阶段,其主要目的在于保证开庭审理的顺利进行。

人民法院应当在立案之日起 5 日内将起诉状副本发送被告。被告在收到之日起 15 日内提出答辩状。被告提出答辩状的,人民法院应当在收到之日起 5 日内将答辩状副本发送原告;

经合法送达而被告不提出答辩状的,不影响人民法院审理。

在开庭审判前,审判人员必须认真审核诉讼材料,调查收集必要的证据。人民法院在必要时可以委托外地人民法院调查。

(三)开庭审理

开庭审理是民事诉讼程序的重要阶段,也是人民法院查明案件事实,分清是非责任,正确适用法律,解决当事人之间的民事权利义务争议的一项重要的诉讼活动。

开庭审理的方式有公开审理和不公开审理两种。公开审理是开庭审理的基本方式,除涉及国家机密、个人隐私或者法律另有规定的以外,应当公开审理。离婚案件、涉及商业秘密的案件,当事人申请不公开审理的,可以不公开审理。

开庭审理的步骤如下。

1.开庭前的准备

其中包括开庭3日前通知当事人和其他诉讼参与人;公告当事人的姓名、案由、开庭的时间和地点;查明当事人及其他诉讼参与人是否到庭,宣布法庭纪律;审判长核对当事人,宣布案由,宣布审判人员、书记员名单,告知当事人有关的诉讼权利和义务;询问当事人是否申请回避等。

2.法庭调查

法庭调查的任务是听取当事人的陈述及核实证据,全面查清案情。法庭调查的事项有:① 当事人分别陈述诉讼请求及其理由;② 审判长根据当事人分别陈述的诉讼请求归纳案件争议焦点或者法庭调查重点,并征求当事人意见;③ 当事人各自举证及互相质证;④ 法院出示其依职权调查收集的证据及当事人质证;⑤ 审判人员认证及就法庭调查的事实和当事人争议的问题归纳总结。

3.法庭辩论

法庭辩论是双方当事人为维护自己的请求和反驳对方的主张,在法庭调查的基础上互相进行辩论的诉讼活动。法庭调查的顺序是:① 原告及其诉讼代理人发言;② 被告及其诉讼代理人答辩;③ 第三人及其诉讼代理人发言或答辩;④ 互相辩论。法庭辩论终结,由审判长按照原告、被告、第三人的先后顺序征询各方的最后意见。如有调解的,审判长还可以再次组织双方当事人进行调解。调解达成协议的应制作调解书,并终结诉讼。调解不成的,依法判决。

4.评议和宣判

法庭辩论终结后,除达成调解协议的外,由审判长宣布休庭,合议庭成员进行评议,合议庭评议案件实行少数服从多数原则。合议庭评议结束后,应制作判决书。人民法院宣告判决,一律公开进行。当庭宣判的,应当在10日内将判决书发送当事人;定期宣判的,宣判后立即将判决书发送当事人。宣告判决时,必须告知当事人上诉权利、上诉期限和上诉法庭。

5.审结期限

人民法院适用普通程序审理的案件,应当在立案之日起6个月内审结。有特殊情况需要延长的,由本院院长批准,可以延长6个月。如果在延长的6个月内仍不能审结还需要延长的,报请上级人民法院批准。

二、简易程序

(一)简易程序的概念

简易程序是我国基层人民法院及其派出法庭审理简单的民事案件所适用的程序。简易程序是与普通程序并存的独立的第一审程序之一。虽然在内容上简易程序比普通程序简化，但它并不是普通程序的辅助性程序，它有自己的适用范围。

（二）简易程序的适用范围

1. 简易程序适用的人民法院

只有基层人民法院和它的派出法庭可以适用简易程序，中级以上人民法院审理第一审民事案件不得适用简易程序。

2. 适用简易程序的民事案件

适用简易程序的民事案件仅限于事实清楚、权利义务关系明确、争议不大的简单民事案件。根据最高人民法院的司法解释，在把握简易程序的适用范围时，必须注意以下几个问题：第一，起诉时被告一方下落不明的案件，不得适用简易程序。第二，已经按照简易程序审理的案件，在审理过程中发现案情复杂，需要转为普通程序的，可以转为普通程序，由合议庭进行审理；但已经按照普通程序审理的案件，在审理过程中无论情况是否发生了变化，都不得改为简易程序。第三，发回重审和按照审判监督程序再审的案件，不得适用简易程序审理。

（三）简易程序的特点

1. 起诉方式简便

简单的民事案件可以口头起诉，人民法院对口头起诉进行审查并进行记录，以适当的方式通知对方当事人。

2. 受理案件的程序简便

简单的民事案件当事人可以双方同时到人民法院或其派出法庭，请求解决纠纷。受诉的法院或法庭可以即时审查、当即受理并予以审理，也可以另定审理日期。

3. 传唤、通知当事人或其他诉讼参与人的方式简便

人民法院审理简单的民事案件可以用简便的方式通知当事人到庭，如电话通知、托人捎信等。传唤的时间也不受普通程序所规定的时间限制。

4. 实行独任制

按照简易程序审理的简单民事案件，由审判员一人独任审理，书记员担任记录，但不得由审判员自审自记。

5. 审判程序简便

根据《民事诉讼法》的规定，适用简易程序审理的案件，可以不受《民事诉讼法》第一百四十五条、第一百二十四条、第一百二十七条规定的限制，即不受普通程序规定的法庭审理阶段的顺序限制。

6. 审结期限较短

人民法院适用简易程序审理案件，应当在立案之日起 3 个月内审结。

三、第二审程序

第二审程序又称上诉审程序，是指当事人不服第一审人民法院未生效的裁判，在法定期限内向上一级人民法院提起上诉，上一级人民法院对案件进行审理所适用的程序。第二审程序是民事诉讼程序的重要组成部分。

（一）上诉的提起和受理

上诉的提起必须具备一定的条件：① 必须是依法允许上诉的裁判，即地方各级人民法院按照第一审程序所做的未生效的判决和部分裁定。可以上诉的裁定有不予受理、驳回起诉及管辖权异议三种。② 必须有合格的上诉人和被上诉人，即第一审程序中的原告、被告、共同诉讼人、诉讼代表人、有独立请求权的第三人和人民法院判决承担实体义务的无独立请求权的第三人。③ 必须在法定的期限内提出上诉。不服第一审判决的上诉期限为 15 日，不服第一审裁定的上诉期限为 10 日。④ 必须递交上诉状。上诉状的内容包括当事人的姓名，法人的名称及其法定代表人的姓名或者其他组织的名称及其主要负责人的姓名；原审人民法院的名称、案由和案件的编号；上诉的请求和理由。

当事人提起上诉，原则上应通过原审人民法院提交上诉状，并按照对方当事人的人数提交副本。当事人不愿意通过原审人民法院提出上诉的，也可以将上诉状直接送交上一级人民法院。

（二）上诉案件的审理

第二审人民法院审理上诉案件一律采取合议制，开庭审理。审理时应当对上诉请求的有关事实和适用法律进行审查。审理中可以进行调解，达成协议的应当制作调解书，调解书送达后，原审人民法院的判决即视为撤销。合议庭认为不需要开庭审理的也可以径行判决、裁定。

第二审人民法院对上诉案件经过审理，按照下列情形分别处理：① 原判决认定事实清楚，适用法律正确的，判决驳回上诉，维持原判决；② 原判决适用法律错误的，依法改判；③ 原判决认定事实错误，或者原判决认定事实不清，证据不足，裁定撤销原判决，发回原审人民法院重审，或者查清事实后改判；④ 原判决违反法定程序，可能影响案件正确判决的，裁定撤销原判决，发回原审人民法院重审。当事人对重审案件的判决、裁定可以上诉。第二审人民法院判决宣告前，上诉人申请撤回上诉的，是否准许，由第二审人民法院裁定。第二审人民法院的判决、裁定是终审的判决、裁定。

人民法院审理对判决的上诉案件，应当在第二审立案之日起 3 个月内审结。有特殊情况需要延长的，由本院院长批准。人民法院审理对裁定的上诉案件，应当在第二审立案之日起 30 日内做出终审裁定。

四、特别程序

特别程序是指人民法院审理某些非民事权益纠纷案件所适用的特殊程序，具体指我国人民法院审理选民资格案件、宣告失踪或者宣告死亡案件、认定公民无行为能力和限制行为能力案件、认定财产无主案件、确认调解协议案件、实现担保物权案件时所适用的程序。人民法院适用特别程序审理的案件，应当在立案之日起三十日内或者公告期满后三十日内审结。有特殊情况需要延长的，由本院院长批准。但审理选民资格的案件除外。

（一）选民资格案件

公民不服选举委员会对选民资格的申诉所作的处理决定，可以在选举日的五日以前向选区所在地基层人民法院起诉。人民法院受理选民资格案件后，必须在选举日前审结。审理时，起诉人、选举委员会的代表和有关公民必须参加。人民法院的判决书，应当在选举日前送达选举委员会和起诉人，并通知有关公民。

（二）宣告失踪或者宣告死亡案件

1. 宣告失踪

公民下落不明满二年,利害关系人申请宣告其失踪的,向下落不明人住所地基层人民法院提出。申请书应当写明失踪的事实、时间和请求,并附有公安机关或者其他有关机关关于该公民下落不明的书面证明。

2. 宣告死亡

公民下落不明满四年,或者因意外事故下落不明满二年,或者因意外事故下落不明,经有关机关证明该公民不可能生存,利害关系人申请宣告其死亡的,向下落不明人住所地基层人民法院提出。申请书应当写明下落不明的事实、时间和请求,并附有公安机关或者其他有关机关关于该公民下落不明的书面证明。

人民法院受理宣告失踪、宣告死亡案件后,应当发出寻找下落不明人的公告。宣告失踪的公告期间为三个月,宣告死亡的公告期间为一年。因意外事故下落不明,经有关机关证明该公民不可能生存的,宣告死亡的公告期间为三个月。

公告期间届满,人民法院应当根据被宣告失踪、宣告死亡的事实是否得到确认,做出宣告失踪、宣告死亡的判决或者驳回申请的判决。被宣告失踪、宣告死亡的公民重新出现,经本人或者利害关系人申请,人民法院应当做出新判决,撤销原判决。

（三）认定公民无行为能力和限制行为能力案件

申请认定公民无民事行为能力或者限制民事行为能力,由其近亲属或者其他利害关系人向该公民住所地基层人民法院提出。申请书应当写明该公民无民事行为能力或者限制民事行为能力的事实和根据。

人民法院受理申请后,必要时应当对被请求认定为无民事行为能力或者限制民事行为能力的公民进行鉴定。申请人已提供鉴定意见的,应当对鉴定意见进行审查。

人民法院审理认定公民无民事行为能力或者限制民事行为能力的案件,应当由该公民的近亲属为代理人,但申请人除外。近亲属互相推诿的,由人民法院指定其中一人为代理人。该公民健康情况许可的,还应当询问本人的意见。

人民法院经审理认定申请有事实根据的,判决该公民为无民事行为能力或者限制民事行为能力人;认定申请没有事实根据的,应当判决予以驳回。人民法院根据被认定为无民事行为能力人、限制民事行为能力人或者他的监护人的申请,证实该公民无民事行为能力或者限制民事行为能力的原因已经消除的,应当做出新判决,撤销原判决。

（四）认定财产无主案件

申请认定财产无主,由公民、法人或者其他组织向财产所在地基层人民法院提出。申请书应当写明财产的种类、数量以及要求认定财产无主的根据。

人民法院受理申请后,经审查核实,应当发出财产认领公告。公告满一年无人认领的,判决认定财产无主,收归国家或者集体所有。

判决认定财产无主后,原财产所有人或者继承人出现,在《民法典》规定的诉讼时效期间可以对财产提出请求,人民法院审查属实后,应当做出新判决,撤销原判决。

（五）确认调解协议案件

申请司法确认调解协议,由双方当事人依照《人民调解法》等法律,自调解协议生效之日起三十日内,共同向调解组织所在地基层人民法院提出。

人民法院受理申请后,经审查,符合法律规定的,裁定调解协议有效,一方当事人拒绝履行或者未全部履行的,对方当事人可以向人民法院申请执行;不符合法律规定的,裁定驳回申请,当事人可以通过调解方式变更原调解协议或者达成新的调解协议,也可以向人民法院提起诉讼。

(六)实现担保物权案件

申请实现担保物权,由担保物权人以及其他有权请求实现担保物权的人依照《民法典》物权编等法律法规,向担保财产所在地或者担保物权登记地基层人民法院提出。

人民法院受理申请后,经审查,符合法律规定的,裁定拍卖、变卖担保财产,当事人依据该裁定可以向人民法院申请执行;不符合法律规定的,裁定驳回申请,当事人可以向人民法院提起诉讼。

五、审判监督程序

审判监督程序亦称再审程序,是指人民法院对确有错误的,已经发生法律效力的民事判决、裁定或调解协议,依照法律规定再行审理的程序。审判监督程序并不是审理每一个案件必经的程序,它是人民法院为纠正已经发生法律效力的错误裁判或调解协议所适用的一种补救程序。

(一)审判监督程序的发生

审判监督程序的发生,有以下三种情况。

1. 人民法院依审判监督程序决定再审

人民法院对已发生法律效力但确有错误的裁判可依一定的程序提起再审:① 各级人民法院院长对本院已经发生法律效力的判决、裁定,发现确有错误,需要再审的,提交审判委员会讨论决定再审。② 最高人民法院对地方各级人民法院已经发生法律效力的判决、裁定,发现确有错误的,有权提审或指令下级人民法院再审。③ 上级人民法院对下级人民法院已经发生法律效力的判决、裁定,发现确有错误的,有权提审或指令下级人民法院再审。

2. 当事人申请再审

当事人申请再审必须具备一定的条件:① 当事人申请再审,应当在判决、裁定发生法律效力后 2 年内提出;② 应当向原审人民法院或者上一级人民法院提出;③ 必须符合法定的情形。申请再审的法定情形包括:① 有新的证据,足以推翻原判决、裁定的;② 原判决、裁定认定事实的主要证据不足的;③ 原判决、裁定适用法律有错误的;④ 人民法院违反法定程序,可能影响案件正确判决、裁定的;⑤ 审判人员在审理该案件时有贪污受贿、徇私舞弊、枉法裁判行为的;⑥ 有证据证明调解违反自愿原则的;⑦ 调解协议的内容违反法律的。

3. 人民检察院抗诉提起再审

抗诉是指人民检察院对人民法院已经生效的判决、裁定,发现确有错误,要求人民法院再行审理,纠正错误的诉讼活动。

人民检察院提出抗诉必须符合法定的情形:① 原判决、裁定认定事实的主要证据不足的;② 原判决、裁定适用法律有错误的;③ 人民法院违反法定程序,可能影响案件正确判决、裁定的;④ 审判人员在审判该案件时有贪污受贿、徇私舞弊、枉法裁判行为的。

（二）再审案件的审判

人民法院依审判监督程序决定再审的案件,应裁定中止原判决的执行,并另行组成合议庭审理案件。对于发生法律效力的裁判是由第一审人民法院做出的,按照第一审程序进行审理,所做的判决、裁定,当事人可以上诉;发生法律效力的裁判是由第二审人民法院做出的,按照第二审程序进行审理,所做的判决、裁定是发生法律效力的判决、裁定,当事人不能上诉;最高人民法院或者上级人民法院按照审判监督程序提审的案件,适用第二审程序进行审理,所做判决、裁定是发生法律效力的判决、裁定。

六、督促程序

督促程序是指人民法院根据债权人提出的要求债务人给付一定的金钱或者有价证券的申请,向债务人发出附条件的支付令,以催促债务人限期履行义务,如果债务人在法定期间内不提出异议,该支付令即具有执行力的一种程序。

《民事诉讼法》第二百一十四条规定,债权人请求债务人给付金钱、有价证券,符合下列条件的,可以向有管辖权的基层人民法院申请支付令:

（1）债权人与债务人没有其他债务纠纷的;

（2）支付令能够送达债务人的。

申请书应当写明请求给付金钱或者有价证券的数量和所根据的事实、证据。

债权人提出申请后,人民法院应当在五日内通知债权人是否受理。人民法院受理申请后,经审查债权人提供的事实、证据,对债权债务关系明确、合法的,应当在受理之日起十五日内向债务人发出支付令;申请不成立的,裁定予以驳回。

债务人应当自收到支付令之日起十五日内清偿债务,或者向人民法院提出书面异议。债务人在前款规定的期间不提出异议又不履行支付令的,债权人可以向人民法院申请执行。

人民法院收到债务人提出的书面异议后,经审查,异议成立的,应当裁定终结督促程序,支付令自行失效。支付令失效的,转入诉讼程序,但申请支付令的一方当事人不同意提起诉讼的除外。

七、公示催告程序

公示催告程序是指人民法院根据当事人的申请,以公示的方式催告不明的利害关系人,在法定期间内申报权利,逾期无人申报,做出宣告票据无效(除权)的判决程序,属于非诉讼程序。

《民事诉讼法》第二百一十八条规定,按照规定可以背书转让的票据持有人,因票据被盗、遗失或者灭失,可以向票据支付地的基层人民法院申请公示催告。依照法律规定可以申请公示催告的其他事项,适用本章规定。申请人应当向人民法院递交申请书,写明票面金额、发票人、持票人、背书人等票据主要内容和申请的理由、事实。

第二百一十九条规定,人民法院决定受理申请,应当同时通知支付人停止支付,并在三日内发出公告,催促利害关系人申报权利。公示催告的期间,由人民法院根据情况决定,但不得少于六十日。

第二百二十条规定,支付人收到人民法院停止支付的通知,应当停止支付,至公示催告程序终结。公示催告期间,转让票据权利的行为无效。

第二百二十一条规定,利害关系人应当在公示催告期间向人民法院申报。人民法院收到利害关系人的申报后,应当裁定终结公示催告程序,并通知申请人和支付人。申请人或者申报人可以向人民法院起诉。

第二百二十二条、第二百二十三条规定,没有人申报的,人民法院应当根据申请人的申请,做出判决,宣告票据无效。判决应当公告,并通知支付人。自判决公告之日起,申请人有权向支付人请求支付。利害关系人因正当理由不能在判决前向人民法院申报的,自知道或者应当知道判决公告之日起一年内,可以向做出判决的人民法院起诉。

八、执行程序

执行程序是民事诉讼的最后阶段,是在负有义务的一方当事人拒不履行法律文书确定的义务时,人民法院依法强制其履行义务所适用的程序。执行程序是实现生效的民事判决、裁定及调解协议所确定的内容的程序。执行必须具备三个条件:① 执行以生效法律文书为根据;② 执行根据必须具有给付内容;③ 执行必须以负有义务的一方当事人无故拒不履行义务为前提。

作为执行根据的法律文书有两类:一类是发生法律效力的民事判决、裁定中的财产部分;另一类是其他应当由人民法院执行的法律文书,如调解书、仲裁机构的生效裁决、公证机关依法赋予强制执行效力的债权文书等。前一类由第一审人民法院执行,后一类由被执行人住所地或者被执行的财产所在地人民法院执行。

当事人拒绝履行发生法律效力的民事判决、裁定的,可以由对方当事人向人民法院申请执行,也可以由审判员移送执行员执行。当事人拒绝执行调解书和其他应当由人民法院执行的法律文书的,则只能由对方当事人向人民法院申请执行。申请执行的期限为 2 年。

在民事诉讼中,执行措施主要有以下几项:① 查询、冻结、划拨被执行人的存款;② 扣留、提取被执行人的收入;③ 查封、扣押、冻结、拍卖、变卖被执行人的财产;④ 搜查被执行人隐匿的财产;⑤ 强制被执行人交付法律文书指定的财务和票证;⑥ 强制被执行人迁出房屋或退出土地;⑦ 强制被执行人完成法律文书指定的行为;⑧ 强制被执行人支付迟延履行金或迟延履行期间的债务利息。

有下列情形之一的,人民法院应当裁定中止执行:① 申请人表示可以延期执行的;② 案外人对执行标的提出确有理由的异议的;③ 作为一方当事人的公民死亡,需要等待继承人继承权利或者承担义务的;④ 作为一方当事人的法人或者其他组织终止,尚未确定权利义务承受人的;⑤ 人民法院认为应当中止执行的其他情形。中止的情形消失后,恢复执行。

有下列情形之一的,人民法院裁定终结执行:① 申请人撤销申请的;② 据以执行的法律文书被撤销的;③ 作为被执行人的公民死亡,无遗产可供执行,又无义务承担人的;④ 追索赡养费、扶养费、抚育费案件的权利人死亡的;⑤ 作为被执行人的公民因生活困难无力偿还借款,无收入来源,又丧失劳动能力的;⑥ 人民法院认为应当终结执行的其他情形。

【案例解析】

【导入案例】解析:

1. 合法。合议庭由 1 名审判员、2 名人民陪审员组成。

2. 表弟属于其他关系,必须证明可能影响公正审理案件的理由。否则,表弟不属于近亲属,不属于应当回避的情形。

3. 不合法。审判人员的回避,由法院院长决定。

4. 可以。一审驳回诉讼请求的可以上诉。

【案例 11-1】解析:

1. 张三是原告,张四是被告,王某是民事诉讼中的第三人。

2. 中止审理,等待被告的继承人是否参加诉讼。变更被告,如果继承人愿意参加诉讼,法院应当变更继承人为被告,继续审理。如果继承人不愿意参加诉讼,法院可以依法作出判决,并强制执行被告的遗产。

【案例 11-2】解析:

1. 本案应由丙市某港口法院管辖。属于港口作业的专门管辖。

2. 不正确。本案应依据专属管辖规定,由丙市某港口法院管辖。

3. 不适当。本案应由丙市某港口法院管辖。

4. 可以。根据《民事诉讼法》第一百三十条,人民法院受理案件后,当事人对管辖权有异议的,应当在提交答辩状期间提出。人民法院对当事人提出的异议,应当审查。异议成立的,裁定将案件移送有管辖权的人民法院;异议不成立的,裁定驳回。

5. 不视为。因为如果裁定异议不成立,B 公司必须应诉,为防止开庭时毫无准备而导致诉讼不利,B 公司有权委托代理律师去阅卷、办理委托手续和打听开庭日期。

6. 不能。应当报请上级法院指定管理,不得自行移送。根据《民事诉讼法》第三十七条,人民法院发现受理的案件不属于本院管辖的,应当移送有管辖权的人民法院,受移送的人民法院应当受理,受移送的人民法院认为受移送的案件依照规定不属于本院管辖的,应当报请上级人民法院指定管辖,不得再自行移送。

7. 由争议双方协商解决;协商解决不了的,报请它们的共同上级人民法院指定管辖。根据《民事诉讼法》的规定,有管辖权的法院由于特殊原因,不能行使管辖权的,由上级人民法院指定管辖。人民法院之间因管辖权发生争议,由争议双方协商解决;协商解决不了的,报请它们的共同上级人民法院指定管辖

【案例 11-3】解析:

1. 从 2024 年 6 月 30 日之日起算三年内。

2. 诉讼时效是指权利人在法定的时效期间内,未向法院提起诉讼请求保护其权利时,依据法律规定消灭其胜诉权的制度。

3. 为了督促权利人积极行使权利。同时,时间越长,证据越难保留,也为有效利用司法资源。

【案例 11-4】解析:

1. 上诉时间超过 15 日,不应当受理。

2. 上诉状不应退回给上诉人。根据相关法律法规,当事人可以直接向第二审人民法院提交上诉状,但第二审人民法院应在规定期限内将上诉状移交原审人民法院,并确保上诉状副本送达同级人民检察院及对方当事人手中。

3. 上诉状副本 3 月 25 日才送达,超过了 5 日法定期间。根据《中华人民共和国民事诉讼法》的规定,原审人民法院在收到上诉状后,应当在五日内将上诉状副本送达对方当事人。

4. 提交答辩状期间 10 日,不对,应为 15 日。根据《中华人民共和国民事诉讼法》的相关规定,被上诉方在收到上诉状副本之日起的十五日内有权进行答辩,提交答辩状。

5. 没有过上诉期,应当受理。

【项目小结】

本章主要知识点:诉讼和民事诉讼的概念。诉讼包括刑事诉讼、民事诉讼和行政诉讼。民事诉讼是解决经济纠纷的主要途径之一。民事诉讼参与人包括原被告、共同诉讼人和第三人。我国的人民法院体系包括四级法院,最高人民法院和地方高级、中级和基层人民法院。我国民事诉讼基本制度有合议制度、回避制度、公开审判制度、两审终审制度和举证制度。我国民事诉讼管辖一般可以分为级别管辖、地域管辖、协议管辖、移送管辖和指定管辖。地域管辖分为一般地域管辖和特殊地域管辖。一般地域管辖原则是原告就被告原则。特殊地域管辖按合同纠纷、保险合同纠纷等不同而不同。诉讼时效包括一般诉讼时效和最长诉讼时效。一般诉讼时效为 3 年,最长诉讼时效为 20 年。诉讼时效的中止、中断和延长。民事诉讼的程序分为第一审程序(普通程序和简易程序)、第二审程序、特别程序、审判监督程序、督促程序和公示催告程序。当然,若败诉方不履行生效判决义务,还有执行程序。第一审程序包括起诉与受理、审理前的准备、开庭审理。开庭审理分为庭前准备、法庭调查、法庭辩论和案件评议、宣告判决。

【项目训练】

一、单选题

1. 原告的起诉被法院受理后将会产生的法律后果是( )。

A. 诉讼时效中止

B. 不影响当事人就该案向其他法院起诉

C. 当事人不能撤诉

D. 当事人取得相应的诉讼地位

2. 根据《民法典》合同编规定,当事人签订合同时可以约定管辖法院,若没有约定,当事人可以向( )法院提起诉讼。

A. 合同签订地　　　B. 原告住所地　　　C. 标的物所在地　　　D. 合同履行地

3. 根据民事诉讼法律制度的规定,对始终不知道自己权利受侵害的当事人,其最长诉讼时效期间是( )。

A. 2 年　　　　B. 5 年　　　　C. 20 年　　　　D. 30 年

二、多选题

下列案件中,适用《民事诉讼法》的有( )。

A. 公民名誉权纠纷案件

B. 企业与银行因票据纠纷提起诉讼的案件

C. 纳税人与税务机关因税收征纳争议提起诉讼的案件

D. 劳动者与用人单位因劳动合同纠纷提起诉讼的案件

三、案例分析题

老李家住某市 A 县农村,早年丧妻,一人抚养三个儿子——李大、李二、李三长大成人。后三个儿子成婚后分别居住在该市甲区、乙区、丙区。2024 年 6 月以来老李患某种老年慢性病需要长期治疗,然而三个儿子因为花费太高拒绝支付治疗费,并不给其生活费。老李无劳动能力又无生活来源,被迫于 2025 年 3 月向 A 县法院起诉,要求三个儿子给予赡养费和医疗